大学英语翻译教学中跨文化交际能力的培养探究

武佩虹　纪　靓　刘沙沙◎著

北京燕山出版社
BEIJING YANSHAN PRESS

图书在版编目（CIP）数据

大学英语翻译教学中跨文化交际能力的培养探究 / 武佩虹，纪靓，刘沙沙著. -- 北京 : 北京燕山出版社，2023.6

ISBN 978-7-5402-6901-2

Ⅰ. ①大… Ⅱ. ①武… ②纪… ③刘… Ⅲ. ①英语－翻译－教学研究－高等学校 Ⅳ. ①H315.9

中国国家版本馆 CIP 数据核字(2023)第 069431 号

大学英语翻译教学中跨文化交际能力的培养探究

作　　者　武佩虹　纪　靓　刘沙沙

责任编辑　李　涛

出版发行　北京燕山出版社有限公司

社　　址　北京市西城区椿树街道琉璃厂西街20号

电　　话　010-65240430

邮　　编　100052

印　　刷　北京四海锦诚印刷技术有限公司

开　　本　787mm × 1092mm　1/16

字　　数　258千字

印　　张　14.75

版　　次　2023 年 6 月第 1 版

印　　次　2023 年 6 月第 1 次印刷

定　　价　80.00 元

作者简介

武佩虹，女，汉族，生于 1988 年 2 月，山西省吕梁市人，讲师，硕士研究生，毕业于太原理工大学，现就职于山西科技学院。曾参与过 2021 年度山西省哲学社会科学专项课题（外语教育课程思政）大学英语课程思政教学评价机制研究（2021YE021）。

纪靓，女，汉族，生于 1983 年 11 月，山西省怀仁县人，讲师。本科毕业于山西财经大学英语专业，硕士毕业于太原理工大学，现就职于大同煤炭职业技术学院。研究方向为英语教育教学。主讲课程有公共英语、专业英语等。参编教材有 21 世纪高职高专“十二五”规划精品教材实用英语，发表数篇论文。从教多年来，多次被评为山西省优秀教育工作者、大同煤炭职业技术学院优秀党员等。

刘沙沙，女，汉族，生于 1982 年 2 月，黑龙江省哈尔滨市人，毕业于哈尔滨师范大学，硕士研究生学历，现任三亚学院外国语学院讲师。研究方向为外国语言学及应用语言学专业、英语教学、语言服务等。发表论文十余篇，参与编写多部英语方向著作、教材等，参与并完成三亚市院地科技合作项目一项、三亚学院校级教改研究项目一项、海南省哲学社会科学规划课题项目一项。

前　言

语言与文化密切相关。大学英语学习实际上是一种语言文化方面的学习，而要想学好英语就必须了解英语国家及其相关方面的文化，尤其要熟悉母语与英语文化之间的差异。因此，除了培养大学生的听、说、读、写、译等方面的基本技能，大学英语教学更应该重视的是对大学生跨文化方面的教学，让学生了解所学语言的文化背景，加强对母语文化的掌握，以达到培养其跨文化意识的目标。培养学生跨文化意识对于学生更好地掌握和运用英语有极大的帮助，使他们认识到英语学习不仅仅是语言学习，同时也是文化学习，只有通过这种方式才能真正掌握英语这门语言。

英语教学是一个系统工程，培养的是学生全面的语言能力、交际能力和社会文化能力。英语翻译课作为英语教学中的一个课程，在一些高等院校已被列为必修课。作为文化交流的媒介，语言翻译的作用及意义得以凸显。近年来，全球经济和科技快速发展，各国之间的联系也越来越紧密，随之而来的是文化的趋同和融合，而文化因素对翻译的影响也越来越深。为了保证学生能够获得丰富的文化知识以及实现文化交流，大学英语教学应该基于文化的差异性，有目的、有计划地开展跨文化交际教学。大学英语教学应该着重培养学生的跨文化交际能力，使学生不仅获得语言知识与语言技能，还能够在此基础上提升自身的跨文化意识，从而学会运用英语知识进行跨文化交际。基于此，作者精心策划并撰写了《大学英语翻译教学中跨文化交际能力的培养探究》一书，以期将跨文化交际教学提升到应有的高度，解决当前大学英语教学的问题，为大学英语教学的创新发展尽一份力。

本书从大学英语翻译教学介绍入手，针对大学英语教学与语言文化以及大学英语翻译教学与跨文化交际进行了分析；另外，对大学英语翻译教学模式与跨文化人才培养、英语翻译教学中本土文化身份的重构及大学英语翻译教学的跨文化交际能力培养体系提出了一些建议；还探讨了文化自信视角下跨文化交际能力培养路径的革新。本书在写作过程中，参考和借鉴了国内外学者的相关理论和研究，在此深表谢意。由于时间紧迫，书中不足之处在所难免，烦请读者提出宝贵意见，以便修正。

目 录

第一章 大学英语翻译教学

第一节 英语翻译教学的定位

翻译教学是翻译理论与实践相结合的重要领域。翻译教学研究也是翻译研究的重要组成部分，对提高翻译教学水平有着直接的推动作用。翻译教学的理论研究在很大程度上制约着翻译教学实践的发展，也决定着翻译人才的整体水平和未来发展，因此，随着翻译人才需求的增加，对于翻译教学的相关探讨具有越来越重要的意义。

一、英语翻译教学的思考

（一）完善英语课程设置体系

无论教授什么内容，首先必须有一个科学合理的宏观课程体系，对整个课程的实施进行宏观的指导。英语课程体系应该跟上时代发展的步伐，在课程设置上须更加注重市场需求和学生实际应用能力的培养。大学英语课程设置不应简单地分为听说课和读写课，应该加上翻译课。大学英语基础阶段学时有限，也是学生打基础的阶段，不必单独开设英汉翻译课。但到了第二学年，可以为学生举办翻译讲座或开设翻译选修课，讲解一些基本的翻译理论和技巧，鼓励对翻译感兴趣的学生进行自主训练和深入学习。

（二）优化教材

为了有效地提高教师的翻译教学水平和学生的翻译能力，编写适用于非英语专业的翻译教材迫在眉睫。这种教材应当有别于英语专业学生使用的翻译教材。因此，在组织大学英语翻译教材编写的过程中，应充分考虑“难易程度是否与师生水平相适应”以及“教材自身的系统性”，编写出融知识、理论和技能训练于一体的有针对性、科学性的系列教材。应当将英汉对比和应用翻译列为该教材的主体，适当增加篇章翻译、各类文体翻译、文化与翻译，修辞与翻译、不同题材、不同风格的译文赏析等内容。翻译课离不开理论与实践，作为非英语专业的翻译教材，翻译理论应当简明扼要，翻译的基本知识、原则及翻译技巧都可以简洁明晰，重点在于培养和提高学生的实际翻译能力，所以各章节后须附有相关的翻译练习，通过大量的课堂讨论与实践使学生掌握各种翻译技巧，培养其实际应用能力，以便对今后的学习和工作有所帮助。

（三）更新翻译教学模式

翻译教学的核心任务是培养学生的翻译能力和强化学生对翻译的认知。可以将翻译能力分为五大方面：语言分析和运用能力、文化辨析和表现能力、审美判断和表现能力、双向转换和表达能力；逻辑分析和校正能力。就大学英语翻译教学而言，可以将翻译理论与翻译技巧穿插在翻译实践之中。英汉互译的方法有许多种，教师应该把基本的方法介绍给学生，以提高学生的翻译能力。常用的翻译方法有直译法、意译法、直译意译结合法、增译法、删略法、词类转换法、长句拆译法、替代法等。这势必对教师提出了更高的要求。教师首先要努力丰富自身的翻译理论和技巧知识，这样才能有效提高翻译教学的水平和效果。翻译理论的指导性在于减少实践的盲目性、因循性，从而提高科学性、功效性。中国的许多翻译理论都是从翻译实践中得来的宝贵经验，对于指导实践十分有效。同时，许多国外的翻译教学理念也为国内的翻译教学提供了借鉴。

在翻译训练的体裁上，除了传统的文学翻译外，还应加大应用文翻译的比重，包括科技论文、政府文件、新闻报道、商贸信函、产品说明书等。在教学过程中，以学生的需求为中心，使教学内容多变，教学方法灵活、多样化，最终使学生在整个学习过程中主动并且积极地掌握翻译的基本理论和技巧，提高自己的翻译能力。21 世纪是一个国际化的高科技经济时代，讲授各种实用文体的翻译技巧，对振兴我国的国民经济及对培养和造就大批科技人才都具有十分重要的现实意义。

在实践中，教师应摒弃传统的“教师讲解多，学生实践少”的模式，取而代之的应是“精讲多练”的教学模式。翻译能力的提高离不开大量的实践练习，课堂上教师应充分调动学生的积极性，努力培养学生的独立思考能力。同时，要引导学生自主学习，让学生利用课余时间进行翻译实践。

（四）重视培养学生的语言能力

语言能力指的是语言理解能力和表达能力。翻译的过程既是理解原文的过程，又是创造性地用另一种语言再现原文的过程，而理解原文是表达的前提。鉴于此，着重培养学生的语言能力是大学英语翻译教学的主要目标。通过翻译教学提高学生语言能力的具体途径有：①通过互联网自主学习，提高自身的语言感受能力。让他们通过互联网或其他途径来构建自己的语料库，感受名作、范文的遣词造句、布局谋篇，并定期、不定期地与学生交流，分享阅读后的感受和收获。②课堂上开展适量的翻译欣赏，或让学生翻译一些名家名作，然后把他们的译文与名家的译作比较，并总结心得体会。③以小组为单位进行合作型翻译活动。教师可以将学生分成小组进行翻译。在一个宽松的学习氛围中，学生可以充分发表自己的意见而不受约束，同学间对译文互评互改，相互取长补短。通过译文比较和讲评领悟翻译的基本原则和技巧，这不仅能启迪学生的思维，加深他们对翻译的理解和思考，同时也培养了其译文欣赏与翻译批评的能力。

二、英语翻译教学的重要性

（一）翻译有助于写作能力的提高

翻译有助于写作能力的提高，特别是“中译英”对于学生的写作能力大有帮助。比如：“我们通常在家和地铁之间来往，这是他上班的必由之路。不管什么样的天气，无论自己的身体状况如何，他都坚持上班，从不旷工。在别人不能坚持的情况下，他也会到办公室去工作，因为这对他来说是一种自豪。”翻译成：“We usually stay at home and the subway between，this is the route one must take him to work。No matter what the weather is like，regardless of their own physical condition，he insisted to go to work，never absenteeism。In the case of others can not insist on，he will come to the office to work，because it is a kind of pride.”

（二）翻译可以提高大学生的阅读能力

大学英语中的翻译，可以将这一过程分解为准确的理解、恰当的表达、校对三部分。其中的理解是表达的基础，大学英语教学过程中，针对校对这一环节，是在对原文翻译的准确基础上，通过口语的表达衡量学生对课文的理解程度。

比如：“Wherever they occurred，inefficiency and waste were attacked and nonessential projects were brought swiftly to an end.”“他们的出现，我们要反对效率不高和浪费现象，还要控制工程项目。”出错的原因在于学生对于“他们”涵盖的主要内容是什么并没有理解，也就是并没有对全文加以理解，只是把字面上的内容翻译下来了而已，句子中的“效率不高和浪费现象”根本就是适合英语的表达习惯的。英语中，一般是名词做主语，主、从复合句中的主语相同的情况下，从句的主语是要用代词代替的。根据这一习惯，就可以看出句中所指为一件事物。我们根据语境在译成汉语的基础上，需要根据西方英语的用词习惯和语境做调整。那么上面的句子就应翻译为效率低下与浪费的现象。

可见，良好的阅读理解能力是英语翻译的基础，英语翻译又能促进学生良好的阅读习惯的养成，对关键词句的推敲，可以促进学生阅读水平和效率的提高。

第二节　英语翻译教学的本体与互动

一、英语翻译教学的本体

（一）翻译教学与汉语文化素养

翻译是一种语言替代另一种语言的过程。语言承载着信息、知识、文化、思想，而这几个要素常常呈现某种递进关系：最基本、最基础的是准确无误地传达外语承载的信息、知识，更进一步则是关照文化和思想。虽然翻译教学是关于如何进行双语转换的一种教学，但是绝非仅仅教授如何通过语言符号之间的转换来表达信息和知识内涵，翻译教学的更上位要求是通过语言符号之间的转换传递，准确表达其所蕴含的思想和文化内涵。翻译就是把源语中的信息用译入语最切近、最自然的对等语再现传递出来。翻译不仅是单纯的字词匹配，二者需要文化信息的传递。但是在翻译过程中，由于汉语文化缺失造成的错译、误译屡见不鲜。首先，从英译来看，“直译”现象过于严重，译文无法表达原文真正的含义。其次，从汉译的角度来看，译者汉译的语言表达过于直白、简单、单一。对于中国译者来说，如果真正达到交流的目的，并准确传达意义，仅仅精通英语是不完整的，必须有相应的汉语水准相符合。现实翻译过程中，常常不是英语“卡壳”，而是因汉语水平不到位，难以将英语翻译成准确、优美的汉语，至少造成了交流的不顺畅，或者说造成了“来而无往”“有来无往”的后果。因此，无论从文化植入、文化阻断、文化诠释、文化归化还是文化融合等基本翻译策略来看，“中国文化素养的根基作用不可小觑”。无论什么形式的交流与语言之间的转换，为使交流顺畅，转换后的语言协调、准确，对交流双方的语言要求应当是一致的，并达成某种平衡。英语翻译的教与学不仅要通过英语让国人了解世界，更应该通过英语让世界了解中国，两者同等重要；不仅要把国外的先进理念、知识介绍给国人，也有义务将博大精深的中国优秀文化展示给外国人。尤其需要注意的是，学术界曾经批评过的“失语症”现象，在今天高等院校英语翻译教学实践中已成为公认的“汉语失语症”，不免令人忧虑。这种“失语症”一方面说明了汉语言文化素养有待提高，另一方面，与“汉语失语症”并存的“中国文化失语症”已经降解了英语翻译对外交流与交往的价值意义。为了真正达到交流、交往之目的，英语翻译的教与学，必须关注教与学双方的语言结构，保持某种平衡，不可顾此失彼。一个不需要过多论证的理念是，无论英语水平多么高深，“如果不服务于本民族语言，不能转换成为真正的汉语信息，不能实现与汉语的平衡”，英语教与学的真实价值意义势必会大受贬损。因此，高等院校英语翻译教学实践及其课程设置，应围绕母语和英语之间达成平衡结构，应着力解决当下翻译教与学双方语言结构“失衡”问题。产生这种“失衡”的主要原因在于，在一个相当长的时间内，翻译教学仅强调“英语至上”，甚至在翻译专业关于汉语言、中国文化、国学基础知识等基本处于“零设置”状态。这种课程结构下培养出的英语翻译人才，只可称得上“专门人才”，因为此种模式下的受教育者的汉语知识、中国文化基础甚为薄弱，很难实现真正意义上的跨文化交际与交流。或者说，只能将英语作为工具，进行纯技术层面对等翻译，谈不上文化传达，难免出现“逆差”。

（二）翻译教学改革

时下英语翻译教学中汉语知识、中国文化知识的阙如已经得到了学术界的高度重视，值得更深入讨论的议题是，如何在教与学的实践中改变现有和教与学相关的各种结构。也就是说，唯有教与学双方的语言结构、知识结构发生了根本性变革，方能实现预设的翻译教学目标。

1. 课程结构的改革

针对“汉语失语症”，首先应在课程设置上予以解决。不论是英语专业，还是英语翻译专业，课程设置时有计划地、适当地增加汉语言文化内容，通过课程设置结构改革，改变时下汉语言、中国文化被人为冷落的局面。尤其在翻译教学实践中，必须专门设置中国文化相关课程，凸显民族文化的重要性。目前，大多数院校明确要求教师在英语课堂上使用英语授课，目的是强化学生的“英语意识”，增加对英语语言的感受。这种要求当然不能否定，但一个被人忽视的事实是，今天在校大学生大多数汉语言功底并不让人乐观，很大程度上抵消了这种感受，从不同层面反映出“汉语失语症”的消极作用。如何在保证英语水平提高的同时，通过提升汉语水平强化英语训练的确是一个值得认真研讨的命题。鉴于此，高等院校在设置英语专业课程时，应刻意增加相关汉语言内容——绝非简单地等同于“大学语文”。比如，适当增加翻译课程的内容、数量，增加中国文化、汉语言文学方面的课程与教材等，至少应着力改变英语翻译教学实践中汉语“零设置”的局面。英语专业课程设置结构中对汉语的“冷漠”“漠视”“轻慢”不仅直接影响到了素质教育的推进，而且制约着英语专业学习的终极效果。英语翻译学习过程中，应当让学生们懂得：“母语是外语学习的起点和参照，英语的学习都是建立在一定的汉语基础之上的，我们对于英语的词句及相关文化的理解不可完全脱离以母语文化为基础的思维模式。”结合英语专业教学、英语翻译专业教学，有针对性增加汉语言知识教学内容，改变现有大学生语言知识结构不是目的，而是手段，这种关系不应倒置。需要进一步说明的是，课程结构改革必须突出服务于英语翻译教学，除了大学语文之外，所增设相关课程一方面应关注英语教学的需要，另一方面，还不应忘记英语教学本身所特有的规律。否则，不仅难以达到课程结构改革的目的，还可能适得其反。如今，许多高等院校师生双方均深切地感受到，汉语言知识的贫乏、汉语言水平的低下直接制约了英语学习的效果。基于此，笔者完全赞同有学者提出的在英语教学课程中增设中国哲学、中国文化课程主张。

2. **知识结构改革**

这里讨论的知识结构包括两个大的方面：专业知识结构和文化知识（人文知识）结构。不止一位学者倡导，在英语教学中引入中国文化，其终极目的之一便是改变知识结构。当然，知识结构及其改变并不应仅仅依靠汉语或汉文化知识，但比较而言，对英语学习帮助最大者——汉语言文化凸显其无法替代的作用。也就是说，英语学习过程中，和语言专业知识联系比较紧密的、当下应当尽快予以解决的问题是增加汉语知识，或通过其他渠道强化汉语知识技能。通过文化学习外语早已成为学术界的共识。但到底怎样的文化知识结构能够促进外语研习，似乎没有一个令人信服的结论，也未听说达成什么共识。一个普遍存在的悖论是：人们一方面看重、强调语言的教与学应注重文化传达；另一方面，真正涉及文化内涵的教学课程内容并不多，许多时候，教材的背景介绍、背景知识的一般性描述取代了文化知识的传达。可以开诚布公地说，即使有文化传达，大多只是停留在文化现象层面，还谈不上对文化的学理剖析，更谈不上对文化内涵的评议。因此，英语翻译教学在课程结构改革的基础上，必须有以文化知识为核心的知识结构改革。但以什么样的文化知识充实课堂教学、强化文化知识训练？仍是一个众说纷纭、莫衷一是的论题。文化本身是一个内涵丰富的概念。英语翻译教学过程中的文化导入无非两部分，一部分为“英语所承载的西方文化”，另一部分则是“需要对西方文化加以评判、分析、理解的中国文化”。增加英语翻译教学中的中国文化含量，不仅是改变知识结构的需要，也是如何正确对待、理解英语所承载的西方文化的需要。众所周知，西方社会的部分科学技术是相对先进的，也是我们需要引进的，但西方社会的文化价值观念、是非曲直的判定标准，以及属于意识形态领域的某些知识还需要辩证地对待。这些评判的能力主要还应依靠对汉语言文化知识的掌握。

（三）阅读结构改革

阅读是任何一门语言学习不可替代的路径，是提升语言水平的必由之路。但今天大学生的阅读数量、质量令人忧虑。由于大学生经常性忙于各种证书、资格证等考试、应试，也由于“读图时代”的到来以及网络文化的发展，更主要由于课程结构等原因，学生关于提升语言素质的阅读量十分有限。不仅英语阅读读物数量有限，而且汉语读物的阅读量也十分有限。相当数量的学生对“四大名著”是通过电视连续剧了解的，至于更深奥的“四书五经”，很多学生基本上一无所知。汉语言知识的匮乏，导致了知识结构的简单。鉴于此，在倡导课程结构改革、知识结构改革时，还应倡导阅读结构的改革。这里所说的阅读结构改革主要指，既要求学生大量阅读专业书籍、文本，也应主动阅读英语、汉语文本，不仅丰富学生的知识储备，也是提升文化素养特别是提升汉语言文化素养的捷径。因此，无论怎样设计课程结构、教材结构，大量的阅读对于提高文化素养，优化知识结构是非常重要的路径。从某种意义上讲，阅读结构改革属于学习方法论方面的问题，但联系到英语翻译教学，联系到本文中心论题，我们仍要回归到汉语言文化素养这一基础问题上进行研讨。除了课程、教材结构等方面刻意增加汉语言文化知识外，还应有计划、有步骤地指导学生阅读古今中外名著，亦应成为英语翻译教学的重要内容。制订教学计划过程中，应增加阅读书目内容，并规定哪些为必读书目，甚至可以将阅读量的多寡与考核成绩联系在一起。必须在教学计划、教学大纲中增列名著阅读，包括许多西方名著译本。尤其是汉译名著的阅读对英语学习大有裨益。阅读这些名著不仅能够增进学生对西方文化、历史、社会的了解，也有助于英语学习——从名家、大师的文笔中领略中西两种文化、语言、文笔的风采，并从中体会“跨文化交际”的真实价值意义。一个人的文化素养是由多重要素构成的，但本民族语言文化素养应是核心中的核心，并决定着其他素养要素的结构与发展。这也是学术界反复强调在英语翻译教学实践中引入、强化汉语言文化知识的根本原因所在。由强化汉语言文化知识讨论、倡导与英语翻译教学相关的各种结构改革，终极目的之一是促进英语翻译教学水平的提升，并使学生强化对汉语言文化认知的前提下，从文化内涵层面深化英语翻译的教与学。

二、英语翻译教学的互动

全球化背景下，国际的交流与互动愈加频繁，对于翻译人才的需求也随之增长。翻译作为一种重要的语言交流方式，不仅仅是纯粹的语言符号表层的意义转换，更是两种不同文化的相互沟通和移植，翻译涉及两种语言，更涉及两种文化。语言是文化的载体，不同国家之间文化和贸易的交流离不开翻译，语言翻译和文化交流是密不可分的，一个优秀的翻译人才必须具备基本的跨文化翻译意识和能力。从当前的大学英语翻译教学来看，从文化视角切入开展翻译教学，重视翻译教学中的文化导入是大学英语翻译教学的必然选择，也是培养实用型翻译人才的基本保障。

（一）加强对英语翻译跨文化教学的重视

任何语言的翻译教学都无法脱离其文化背景，有效的翻译活动需要在语言文化环境下进行。所以，英语教师需要提高对英语翻译跨文化教学的重视程度，有针对性地培养学生的跨文化意识和翻译能力。一方面，教师要改变现有的教学观念，在各个翻译教学环节穿插英语文化教学，培养学生的跨文化意识。例如，在词汇的翻译教学中，要给学生讲解其在中外不同文化背景下的不同含义、不同用法，让学生对英语词汇背后的文化知识有更加深入和全面的理解，并在翻译实践中实现对中英词汇的科学和规范应用。另一方面，英语教师可以将英语文化学习列入学生翻译学习的考核体系，确立相应的考核内容和具体目标，将英语文化作为学生英语翻译学习的一部分进行测试，将成绩计入学生翻译成绩的综合测评中，以便激发学生对英语跨文化学习的重视程度，减少文化负迁移对英语翻译学习的不良影响。此外，英语教师还可以有意识地加强学生专业知识与英语翻译文化教学的有机结合，让学生更加真实地感受到跨文化学习的重要性，正确把握专业知识文化差异产生的历史渊源和文化背景，从而提高岗位适应能力。

（二）促进学生英语跨文化知识的积累

大学英语翻译教学的知识面非常广，知识点比较零散，其中涉及的文化元素也纷繁复杂，这就需要学生在平时的英语翻译学习中重视对英语跨文化知识的不断积累，实现跨文化翻译素养的不断提升。鉴于此，高校可以专门开设英语文化选修课，培养学生文化课翻译能力。因为课堂上教师穿插讲解的英语文化知识不能满足学生学习翻译实践中的具体需求，而要增加跨文化教学课程的灵活性和多样性，选修课是一种很好的方式。教师可以开设“中西文化比较”“西方文化介绍”等课程，还可以通过电影、视频、戏剧等形式让学生全面了解西方文化，增加学生的文化积累。同时，英语教师在翻译教学之余，应当多鼓励和指导学生阅读课外英文素材，拓宽翻译学习渠道和学生跨文化知识点的学习视野。如可以向学生推荐相关的英语文化、历史、地理、社会风俗等方面的书籍，让学生对英语文化的理解更加全面和具体，减少文化负迁移的影响。

（三）科学运用中西方文化对比开展翻译教学

翻译的目的是交际与文化交流，所以无论在大学英语的基础课教学中，还是在具体的翻译教学中，都应当引导学生加强对中西方文化的对比性学习。基于跨文化视角下的英语翻译教学是在两种文化并存的情况下进行对比性的翻译教学，这就需要师生充分尊重中西方文化，认真看待其中存在的差异，并科学运用到翻译实践中。如将涉及某一方面的中英文化进行对比时，教师要引导学生观察和思考，对比汉语和英语中词汇的含义差别、表达方式差别、文化习俗差别等，在此基础上了解相关英语知识的翻译运用，并在翻译实践中熟练和准确运用，从而不断提高学生的跨文化翻译能力。

（四）为学生创造良好的跨文化翻译学习环境

学生在英语翻译课堂上学习了相关的知识和技巧后，最重要的是能够在不同的文化背景下保证翻译过程的规范性和有效性，将学到的知识与技能应用于跨文化翻译的具体实践。因此，学校和教师要尽可能多地为学生创造跨文化交流与学习的平台，为他们提供与社会翻译人才的需求更加接近的跨文化学习环境。如可以定期举办“英语角”等翻译学习活动，鼓励留学生、外教等以英语为母语的人参与其中，让学生在良好的英语氛围中学习标准的英语表达方式，了解中西方的文化差异，不断提升自身的跨文化翻译水平。同时，学校应当组织丰富多彩的课外活动，如电影赏析、戏剧表演、台词翻译、英语演讲比赛等，为学生创造良好的跨文化翻译学习环境，促进其英语翻译素质与跨文化交际能力的良好发展。

（五）提升英语教师的跨文化素质与能力

教师是大学英语翻译教学的组织者、引导者和实施者，其教学水平、角色与地位至关重要。英语教师的跨文化素质与能力也将会对翻译教学成绩产生直接的影响。因此，基于跨文化视角的大学英语翻译教学不仅要培养学生的跨文化意识和能力，还要注重对英语教师跨文化素质与能力的提升。一方面，教师要通过各种途径学习英语文化知识，如通过自学或听讲座、参加培训等不断汲取英语文化知识，充实和完善跨文化知识结构，提升跨文化修养，便于在教学中为学生提供更加丰富的翻译教学和文化学习资源；另一方面，教师应转变思维方式，在翻译教学中多使用英语，避免汉语文化思维模式对学生翻译学习的影响，让学生在英语文化语境下进行翻译学习，养成英语文化思维习惯。

第三节　英语翻译教学的实效性与艺术性

一、概述

俗话说“勤学苦练”，对翻译学习过程而言，“练”当然是指翻译实践，而“学”则是指学知识、学规律，也就包括学理论。翻译者要获得高水准的技能与技巧，关键在于有一种强烈的自我完善的意识，即力求以翻译理论（包括方法论）指导自己的翻译实践的自觉性，能够或力求以翻译理论的准绳（常表现为某种技能规范）自觉地指导或检验自己的译作及整个翻译过程。

就目前情况而论，翻译的基本理论虽然仍处在创建的雏形阶段，但它对翻译实践的指导意义已充分地显示了出来，并为教学的积极成果所证实。多年来，在国内和国外，我们可以听到不少这类的质疑：翻译是一种实践技能，学外语、从事翻译的人，研究翻译理论有什么用？他们不了解，实践技能要提高，必须建立技能意识，而翻译理论则是培养和发展技能意识的关键。概括来说，翻译理论具有的指导意义可以从以下几方面来分析：

（一）从翻译理论的意识分析

很显然，翻译者通过理论学习力求通晓翻译艺术和翻译科学的客观规律，力求掌握翻译的方法论，功到之日，也就是他摆脱盲目摸索、踌躇徘徊之时。可以说，激发技能意识是翻译者跨人翻译殿堂的第一步。在理论指导下投入自我完善的意识建立得越早，登堂入室之时就会来得越快，反之亦然。这也正是古人所谓“昏昏”与“昭昭”之间的差别。敏锐的技能意识是保证高质、高效翻译的基本因素之一。

（二）从实践的需要来分析

众所周知，世界历史进入20世纪60年代以来，自然科学的进展提升了人类整体的认知水平。由于科学技术发展的结果，语际超文化的科学技术交流和人际活动的大大加强，促使语言接触达到前所未有的深度和广度。这一切要求语际转换具有更高的准确性与速度，具有对科技发展及人际活动更强的适应力。因此，可以断言，人类社会进步对整个翻译实践水平已提出越来越高的要求。翻译实践水平的提高，不能依靠增加“劳动强度”，只能依靠与自然科学和社会科学发展水平相适应的理论指导。

（三）从教学的需要来分析

近几十年来，外语教学的发展经历了曲折的道路。实践证明，外语教学的进步与语言理论特别是双语教学理论的研究是紧密相连的。可以断言，如果没有语言学研究从结构主义到功能学派的发展，双语教学是不可能达到今天的水平的。翻译教学也是这样。社会进步要求翻译实践在质量上达到更高的水平，而翻译实践水平的提高又依靠翻译教学的努力。翻译教学水平的提高，特别是着眼于提高学习者的全面翻译能力的教学对策研究。如果没有理论的指导，是绝不可能实现的。

（四）从学习的规律来分析

根据现代语言学的研究，人的语言交际能力包括四个方面，即语言组合能力，指按基本语法规范组织语句的能力；社会语言能力，指按社会情境调整语言，使之与社会功能相适应的能力；对答能力，指交谈中做出反应；表达意义的能力；应策能力，指在语言交际中遇到障碍时能采取对策，运用常规或变通的表达手段的能力。对翻译来说，技能训练的目的就在于培养和发展学习者在语际交流中的以上四个方面的能力。可见，翻译技能训练是一项十分复杂的任务，没有理论指导是不行的。此外，现代语言学研究还表明，成年人发展外语的能力依靠两个途径，一是“语言习得”，这是一个不自觉的、下意识的反复过程，被称为“自然领会”；另一个途径是“语言学习”，这是有意识的语言规则的学习过程。在这里，语言习得固然是第一性的，是基础，但语言学习也很重要，它们是相辅相成、互相促进的两个方面。因此，我们说翻译技能训练包括基础理论知识和基本技能训练两个方面，二者缺一不可。前者具有导向性，后者具有能动性。我们都知道，没有理论指导的实践是盲目的实践，翻译也不例外。固然，有些人没有学过翻译理论，长期摸索，也学会了翻译。但学与不学有高低之分、快慢之分。理论的导向功能可以使知识迅速转化为能力，并促进迁移，就是所谓的“举一反三”。

二、英语翻译教学的实效性

（一）翻译评判上：翻译无定本

在翻译教学中，很多学生期待有最佳译文的出现。这很大程度上与教师在翻译课堂上提供的“范文”有关。教师提供范文，其初衷虽然是为了帮助学生课后学习，但是在一定程度上也误导了学生。这让学生误以为总有一个标准的范文存在。因此，学生们对教师提供的范文产生了依赖心理。他们在翻译过程中努力模仿范文中的翻译方式，而对自己的译文则信心不足。这在很大程度上抑制了学生创新能力的发展。从语言本身来说，标准的“范文”本身就存在一定的问题。范文的出现与语言学的本质是相背离的。语言的翻译不同于解一道数学题，它没有唯一的答案。译文不可能与原始文本具有相同效用，因为译者向别人表述的是自己所理解的，译者自我的理解取决于译者本身的因素。翻译在本质上就是以译者为主体进行的两种语言之间的转换。翻译受到了翻译主体的经历、文化内涵、心理素质以及语言掌握程度等方面的影响。所以翻译无定本早已经是公认的。在实际的教学中，为了向学生传授这种意识，我们可以对某一原文进行翻译，在翻译的作品中找出不同的译文，让学生对翻译效果进行评价。不同的译文各有所长。因此，高校应鼓励学生形成自己的翻译风格。这可以帮助学生们开阔眼界，破除“范文”的观念。

（二）翻译取义上：原文词典为蓝本

对翻译者来说，英语词典的恰当使用是一项重要的能力。词典一般分为对照词典和原文词典。在初学翻译的时候很多学生喜欢使用对照词典。这样可以明确地把一种语言翻译成另外一种语言，但是我们经常在翻译的时候发现翻遍所有的词典也没有相对应的词汇，这是因为从语言学来讲，有些词汇在某些语言中根本没有相对应的词。所以说对照词典对于学生来说具有一定的蒙蔽性。我们可以在教学中让学生使用原文词典，原文词典最大的优势在于使用原文解释词义，避免了解释不到位的情况。原文词典的利用可以让译者在更大程度的理解中重塑文本。这也弱化了学生在寻找文本对照词中的纠结。

在实际教学中，我们可以让学生在查字典的时候首先使用原文词典，搞清楚词原有的含义。在很多经典翻译作品中，译者可以根据语境或者创造语境来把握游离不定的词汇含义。教师要让学生形成使用原文词典的习惯，不要盲目以词典为权威。

（三）翻译体例上：文本类型规范化

明确文本类型和确定翻译策略是翻译教学意识启蒙的主题之一。学术界一般将文本类型分为信息类、文献类、工具类。职业翻译家在对于不同文本的处理上翻译策略也是不同的。在王京平教授看来，文献类文本需要侧重源语文本，判断译文好坏的标准在于和原始文本是否等值。工具类文本需要侧重译文受众的理解，判断译文好坏的标准在于功能上是否等效。两种不同的文本从翻译策略上来说，一个是侧重原文本身，而另一个是侧重受众，并且文本不同翻译的策略也是不同的。因此，在日常教学中要让学生相信意译也是对的。

（四）翻译技法上：翻译技能全面化

在翻译教学中，很多学生认为只要上课时对知识点掌握得好就能把翻译技能学到手。这样的想法是极其错误的。因为翻译教学的目标是培养翻译的技能型人才，所以学生的翻译技能需要与实践相联系。学生只有通过大量的翻译实践，才可以掌握好翻译这一技能。学生的翻译技能是运用知识的能力。学生对于翻译不仅要知而且要会。因此，翻译教学要练字当头，这在学术界已经达成共识。学生只有通过长期的翻译的实践才可摸索出翻译的经验，将感性认识上升到理性认识。翻译技能和翻译技巧是有高低之分的，因此，学生要想有较高的翻译技能和技巧就要不断练习。要想达到具备翻译实践能力的水平至少需要 10 万到 15 万字的翻译量。只有这样才能消除两种语言之间转换的障碍感。因此，翻译技能意识的培养应从第一节翻译课开始。

三、英语翻译教学的艺术性

为了确保大学英语翻译教学的效果，一定的辅助性策略必不可少，艺术性的英语翻译教学便是其中之一。对于具体教学策略的选择和设计，研究者们依据不同课程，从不同视角出发，观点各异。对于大学英语翻译教学而言，这里重点结合具体教学对象的层次和学习积极性等诸多因素，最终设计部分辅助实施其艺术性的翻译教学。

首先，建立专门的视频网站和视频库，以便能提升学生的学习兴趣，扩展他们的课外知识，扩充其知识面和视野。在翻译训练上，将相关翻译题设置成游戏模式，旨在丰富具体教学过程。游戏模式为单词、短语、单句、段落逐层递进的模式，相当于闯关游戏。每位游戏者必须先通过单词关，才能进入下一关——短语关，以此类推。

其次，在对大学英语翻译教学方法艺术性改革之后，教学效果的检验上系列竞赛将被设计。这些竞赛具体包括单词式竞赛、短语式竞赛、短文式竞赛等。它们不但能促使教学手段的变化，而且还将提升学生的学习积极性。

最后，借助网络媒体等现代化技术手段，以加强对学生课后学习的监管和引导。例如，建立专门的网络交流群，由教师发布相应翻译素材，小组成员在线实时讨论。这种教学策略不仅可以突破传统教学在课堂上进行的固定模式，打破空间限制，而且在时间上也相对灵活，从而打破时域限制。

总而言之，在大学英语翻译教学的艺术性上，课堂设计应遵循“X+1+Y”模式，即“课本训练+网络训练+课后训练”模式。在总方针上，大学英语翻译教学应该遵循知识的“输入—输出—训练—巩固”的一般性规律和基本发展过程。无论是怎样的教学设计，何种教学手段及教学设备，教师在大学英语翻译教学艺术性策略的设计和选择上要充分考虑学生的主体性地位。在具体的实施过程中，艺术性大学英语翻译教学策略应以促进学生学习积极性为目的，以提升教学效果为主旨。

第四节　英语翻译教学环节与应用

一、翻译教学中应注意的环节

（一）技巧知识传授与理论知识讲解相结合

大学英语的翻译教学大都以教授翻译技巧和翻译知识为主要内容。但是，如果教师能把翻译理论融会贯通在技巧和知识的传授中，则会有助于学生在翻译实践中学会独立解决问题，通过理论分析克服实践中遇到的困难，认识翻译活动的基本规律，尽快提高自己的翻译实践能力。就非英语专业课程而言，大学英语精读课中的单句或段落翻译练习是基础阶段综合训练的一个非常重要的组成部分。大学生有一定的英语基础，又有较高的汉语修养，如果教师能在授课中增加一定的翻译理论指导，对学生稍做点拨，便会收到事半功倍的效果。

（二）翻译能力与其他能力的提高相结合

翻译教学是包括理解与表达的教学，涉及英语的理解能力和汉语的表达能力。对学生翻译能力的培养，不应只依赖单方面的翻译理论及相关知识的传授和技巧的训练。听、说、读、写、译五种语言基本技能不是孤立的，而是相辅相成的。所以在语言教学中，培养翻译能力还要从诸多方面入手，通过加强词汇和语法教学，夯实学生的语言学习基础：通过精听、泛听、精读、泛读训练增加学生的语言输入，为语言输出做好质量上的前提准备；通过加强中西方文化的对比分析，培养学生语言学习和运用中的文化意识，提高文化素养。

（三）阅读的“面”式教学与翻译的“点”式教学相结合

翻译教学与阅读教学有着紧密的联系。阅读和翻译对理解的要求不尽一致，对阅读的要求是理解准确率不低于 70%，而对翻译准确率的要求则是 100%。因此翻译教学是以阅读教学为基础，翻译教学经常融于阅读教学中。在阅读教学中进行“点”式翻译教学，对于阅读教学的深化大有裨益。阅读教学中一部分学生不求甚解，对难句、关键句或难度较大的段落含义不甚清楚，因而要通过翻译表达的反作用，加深学生对原文的理解，进而完全消化吸收。翻译教学有机地融于阅读教学过程中，作为阅读教学过程的一个环节，也将传统的语法翻译教学法与现代的交际教学法有机地结合起来，使之相得益彰又各取所需。

（四）英语理解的准确性与汉语表达的审美性相结合

尽管大学英语翻译的教学和测试标准主要是考查学生的准确理解力，但表达的问题也不可忽略。表达水平直接反映对原文理解的程度和翻译的质量。理解的程度只有凭借表达，才能得以显现。虽然大学英语教学对翻译教学在语言形式上要求并不很高，但翻译作为一种语言活动必然涉及审美问题。在翻译过程中，审美意识是一种积极主动的心理活动。对翻译语言做美学上的评价和欣赏，必须把语言所表达的思想感情内容与语言形式统一起来，把语言表达与交际语境统一起来，才能对文本语言做出恰当的审美判断并获得美感。语言审美包括语音、文法、修辞等方面。在翻译教学实践中，学生自身因忙于做抽象的词义及语法分析而忽视语言审美，教师需要在讲授翻译知识和技巧时，注意唤醒学生的审美意识，引导学生在理智分析语义的同时，联系具体语境中的语言形式、交际场合、交际目的等诸多因素，进行具体或整体的感性理解。要说明的是，大学英语翻译教学毕竟不同于其他类型的翻译教学，审美意识的渗透和培养要适时适量，不可喧宾夺主。翻译教学作为大学英语教学的一个重要组成部分，应当予以充分重视。

二、翻译教学中的实践应用

翻译理论的重要性更体现在它对翻译实践的指导意义上。古人云，凡事须由其途，得其法，方能终其果。英汉互译自然也需要科学理论的指导，此处的理论其实就是翻译实践的必由之路和原则法度。翻译实践水平的提高，不能依靠提高劳动强度，只能依靠与自然科学和社会科学水平相适应的理论指导。翻译理论的启蒙性、实践性与指导性不容我们忽视对其基本理论的传播。另外，翻译理论也能促进翻译教学水平的提高。深刻参透新的翻译理论，必然会扩大教师的专业视野，丰富教师的专业知识。这些新的理论经由教师的筛选，融入翻译教学，进而指导学生的翻译实践，必将更快、更有效地为国家培养翻译人才。

（一）关联理论与翻译

1. 关联理论

语用学家斯伯博（Sperber）和威尔森（Wilson）综合认知科学、语言哲学和人类行为学的研究成果创立了关联理论，不仅在语用学界反响强烈，对语言学、文学、心理学、哲学等领域也产生了一定影响，对翻译研究也同样具有积极的意义。他们的学生格特（Gutt）运用关联理论对翻译进行了专门研究，并在《翻译与关联：认知与语境》一书中进一步发展了关联理论，阐述了他对翻译研究的启示，提出了一种全新的关联翻译理论，为翻译研究开辟了新的领域。

关联理论认为：若文本话语的内在关联性很强，则读者在阅读中无须付出太多推理努力，就能取得好的语境效果（语境含义或假设）；反之，若文本话语的内在关联性很弱，则读者在阅读过程中须付出较多推理努力，才能取得好的语境效果。从文本的创作或翻译看，好的文本或译本并不是要向读者提供最大的内在关联性，而是要提供最佳的内在关联性。从文本或译本的解读看，读者理解话语的标准就是在文本话语与自己的认知语境之间寻求最佳关联，而不是最大关联。这里的最佳关联就是用最小的推理努力，取得最大的语境效果。文本的内在关联性往往与文本的创作意图、社会功能、写作风格和文体色彩等有关。例如，以信息功能为主、含义单一明确的实用文体，往往提供较清楚的内在关联性，读者很容易直达其意；而意境深远、蕴含丰富的文学作品，其内在关联性较为含蓄，为读者留下丰富的想象和推理空间。但无论文本的文体、风格或功能如何，都应该设想为读者提供最佳的内在关联性，才能使读者从文本话语中获得最大语境效果。

任何一个交际行为都是明示—推理的过程。听话人为了理解说话人的意图，必须根据关联理论把对方具有最佳关联性的言语刺激以及当时的交际情景当作信息输入，并从记忆中提取相关的百科知识与之匹配（即做出语境假设），在大脑中枢系统中采用演绎规则对它们进行综合加工（付出一定的努力），最终获得语境效果。因此，话语理解的过程就是通过语境进行推理的过程。翻译的本质也是一种言语交际活动，原作作者与译者构成交际双方，译者和译语读者（接受者）又构成交际双方。原作中的每一个语句、每一段话语对译者而言即是明示刺激（ostensive stimuli），这种明示刺激或明示性话语就是一组语境线索，译者在这种言语刺激作用下，就会激活其认知语境，利用词汇知识、逻辑知识及百科知识寻找关联，进行推理，推导出作者的意图，进而理解原文；另外，译者要将自己的理解传达给接受者，就要调用译入语方面的认知语境，尽量将原作内容和形式忠实地表达出来，使译文符合接受者的期待。因此，关联理论框架下的翻译就是一种对原语进行语内或语际阐释的明示-推理活动，这种明示-推理活动要依靠语境实现。

关联理论认为语境不是在话语生成之前预先确定的，而是听话者在话语理解过程中不断选择的结果，它会随着交际过程的发展而不断发展和变更。语境是一系列假设，是一个大范围的概念。在话语理解的过程中也使那些最为相关的语境被激活，通过推理做出判断。要使交际成功，就要寻找话语与语境之间的最佳关联，也就是要找到对方话语同语境假设的最佳关联，通过推理推断出语境暗含，最终获得语境效果。制约相关性的两大因素就是语境效果与推理努力。语境效果大，推理时所付出的努力小，关联性就强，反之亦然。由于认知语境是因人而异的，对同一话语的推理往往也有不同的暗含结果。

翻译的本质是一种交际活动，译者扮演着信息输入（对原作的理解）和输出（言语产出）的双重角色。不同的译者有着不同的认知语境，同一个译者处在不同的时间、地点也会有不同的认知语境。在翻译过程中，译者必须依赖语境，从原作的言语或语句的刺激中寻找最佳关联，再把这种关联传递给译语读者，也就是说译者把自己的理解传递给译语读者。由于译者的认知语境是动态的，加上不同语言构成的语篇或文本受不同语义、文化等诸多因素的制约，译文不可能完全对等于原文。也就是说，翻译是动态的、波动的。那么，是否说翻译的这种动态和波动性就使译文无章可循了呢？不是的。翻译的成功取决于相关因素间的趋同。趋同与趋异是相对的两个概念。“翻译的成功”指的是翻译的效度（validity），它与趋同度成正比，与趋异度成反比。即趋同度越高，则趋异度越低，翻译的效度就高；反之，趋同度越低，则趋异度越高，翻译的效度就低。所以，要提高翻译的效度，必须尽量使译文向原文趋同，以提高翻译的信度（fidelity）和质量。

翻译的本质是一种交际活动。译者必须从原作的语句刺激中寻找最大关联，通过认知语境进行演绎推理，识别作者的交际意图，进而用正确的语码传递给接受者。译者只有在原语和译语之间找到它们最大的语义和语用关联时，才能使译文最大限度地趋同于原文。因而，翻译的趋同可分为语义趋同和语用趋同。

语义趋同指在语言形式和规约意义上的趋同，语用趋同则指在内容和隐含意义上的趋同。规约意义的识别受语境的干扰较小，而隐含意义的识别必须借助语境进行推理才能实现。翻译中，译者必须依赖语境，寻找关联，通过推理识别作者的交际意图，并对接受者的认知语境做出正确的假设，选择适当的译语，努力使原作作者的意图与译语读者的期待相吻合。翻译的本质是交际的、语用的。因此，质量好的译文必须兼有语义趋同和语用趋同，仅有语义趋同，有时译文可能传达不出原作的意图，变成“曲译”或“死译”，当然，在无法兼顾语义趋同和语用趋同时，就应该想方设法做到译文的语用趋同，以传达出作者的意图。

2. 关联理论在翻译教学中的作用

关联理论对翻译教学有很大启示，它首先告诉人们，要翻译，先要理解原文。根据关联理论，要准确无误地理解原文的语境，根据语境做出认知假设，找出原文与认知假设间的最佳关联，从而理解原文语境效果。寻找关联要靠译者的百科知识，原文语言提供的逻辑信息和词语信息。因此，寻找关联就是认识推理的理解过程。更为重要的是，翻译是作者—译者—读者的三元关系，原文作者和译者的认知环境不同，作者力图实现的语境效果同译者从原文和语境中寻找关联而获得的语境毕竟是两回事。这样一来，原文信息和译文传达的信息就不可能完全对等，翻译只能做到“达义”“对体”“求形”。所谓“达义”，就是正确地表达原文的意义，意义是交际的核心内容，意义的篡改、歪曲，谈不上是在翻译，只有准确无误地表达原文的意义才是翻译的首要任务。无论是明说还是暗含，意义的语码转换是可行的。

综上所述，关联理论对外语教材的编写、词汇的记忆、阅读理解教学、翻译等有着十分重要的借鉴作用，语言教师应学点语言学，改进教学方法，掌握教学技巧，培养更好的人才。

（二）认知语言学意义观与翻译教学

1. 认知语言学意义观

传统的意义观主要包括指称论、使用论、行为主义论、真值条件论、概念论、成分论等。这些意义观是四种主要语言学范式的意义观的具体体现，即传统哲学、对比语言学、结构主义语言学和转换深层语法。这四种语言学范式虽有其不足之处，但都属于客观主义语言学范畴。客观主义语言学对于意义的核心观点是语言对现实世界的直接的镜像反映，意义来自语言本身，现实世界可以通过语言的意义得到准确的理解。

然而，认知语言学则与客观主义语言学持明显不同的观点，它认为意义不是来自语言本身而是来自对体验的理解。语言只是起激活意义的作用，语言与意义之间是导引与被导引关系，而意义就是概念化。具体地说，意义存在于人们的大脑中，而不是语言中，语言的作用只是激活意义和其所属的概念框架。意义或概念化存在于现实世界和概念结构之间的人类认知过程的结果，而认知过程是指人类识解现实世界的过程。因此，意义或概念化是人类用识解方式感知体验现实世界过程的识解结果，每一层意义不仅包括具体的概念内容，还含有相应的识解方式。语言意义应该由概念内容和识解构成，一种有挑战性的意义观尤其不能忽视后者。由此可知，能够激活相应概念框架中的某一意义的表达必定反映隐含在意义中的某一识解方式。换句话说，某一具体语言构造的使用，事实上赋予了所构造的场景某一具体的意象。

另外，为了说明认知语言学的意义观，句子尤其是被动句常常用来作为说明例子。在此，必须指出这一做法大大局限了普通读者对认知语言学语义观的理解，甚至会使其误认为认知语言学语义观只适用于句法层面。事实上，词汇和句法都可用来示例这一意义观，因为两者之间没有明显的区分。词和句子形成了一个符号元素的连续体。这就意味着词和句法都是语言构造，都可以构造该概念或场景，赋予概念或场景识解方式。名词属于词的范畴，由此可推导出指称每一个指称概念的名词实际上都体现了相应的识解方式，以下将以认知语言学意义观为指导具体探讨名词的翻译教学问题。

2. 认知语言学意义观对名词翻译教学的启示

在具体名词翻译教学过程中，教师首先须结合认知语言学意义观探索出具体的名词翻译原则，然后在此原则的指导下以引导的方式与学生探讨具体名词的翻译。意义由概念内容和识解方式构成，译者在用某一名词激活某一意义的同时也是在选择某一意象、构建某一场景，而翻译的性质又是在目的语中再现源语的意义。据此，可以认定翻译名词的原则，即名词翻译应该以认知意义为导向，即意义的概念内容和识解方式都应该在目的语中再现。然而，词本身所具有的特点使得这一名词翻译准则的具体实施困难重重。首先，与句子相比，词虽与句子构成一个连续体，两者没有明确的界限，但是词在结构上比句子稳定，而句子较灵活，更具有兼容性以及词无法可及的优点，比如，英语句子“His disappointed feelings became the object of her compassion”，孙致礼就充分利用句子的灵活性，把其译为“他的沮丧情绪也引起了她的同情”。显然，原句的意义在译文中得到了很好的再现，因为原句的识解方式和概念内容在目的语中得到实现。另外，人们所涉及的名词都已经深深扎根于汉英两种语言中，因为这些名词所指称的名词性概念主要来自人类所共有的基本领域，如衣食住行等，这就意味着这些概念汉英两种语言都存在并且都有自己约定俗成的词汇表征。因此，如果按照上述翻译原则把汉语名词直接翻译到英语里，结果就会是：虽然原词所激活的概念内容和识解方式在英语里得到体现，但有可能在英语里无法激活与在汉语里一样的概念，甚至会导致误解，反之亦然。因为汉英两种语言在概念化同一实体时所采用的识解方式完全不同，自然无法激活同一概念，如“床头柜”，如果根据上述翻译原则把其译为 bed-head cabinet，就很有可能在英语读者头脑里激活的是像衣柜那样的实体，而不是摆在床边的小桌子。因此，以上提出的名词翻译原则只是描述了一种理想状态，考虑到原语意义的成功传递和目的语读者的理解两个因素，名词翻译原则应进一步修正为：在翻译名词时，译者首先应该尽量在目的语中再现源名词的概念内容和识解方式，若无法达到两者的同时再现，译者应该舍弃源名词的识解方式，而选择与目的语一致的识解方式。基于以上观点，以下将探讨概念共享情况下的名词翻译教学及概念缺失情况下的名词翻译教学。

（1）概念共享下的名词翻译教学

汉英在词汇表征同一名词性概念时存在两种情况。第一种情况是同一名词性概念在汉英两种语言中都有词汇表征，且汉英词汇表征体现相同的识解方式。这种情况的名词翻译策略为：如果源名词所表征的概念为汉英两种语言所共有，且在目的语中由体现相同识解方式的词来表征，那么源名词所激活的概念内容和识解方式都应在译文中体现出来，如概念 BOOKSHELF 在汉语里词汇表征为“书架”，该词体现了功能视角识解方式，即该词所表征的实体是用来放书的。而在英语里，该概念词汇表征为“bookshelf”，其所激活的识解方式与“书架”一样。因此，英译“书架”时，其所激活的概念内容和识解方式都应在英语中得到再现，翻译为“bookshelf”。由于这种名词翻译方法沿用了源名词的识解方式，因此把其命名为传承法。第二种情况则是名词所表征的概念为汉英两种语言所共有，但在两种语言中分别由其约定俗成的词汇表征，即源名词所表征的概念为两种语言所共有，但目的语中表征此概念的名词体现不同的识解方式。由于两种语言采用了不同的识解方式，如果硬要在目的语中再现源名词的概念内容和识解方式，其结果只会是在目的语读者头脑中无法激活同一概念内容。因此，为了激活同一概念内容，只有舍弃源名词的识解方式以适应目的语中已经存在的识解方式，如一种发型在英语中表征为“Afro”，其体现了转喻的识解方式，即整个范畴被用来指代这一范畴所特用的特征。而在汉语中此概念表征为“爆炸头”，其体现的是隐喻识解方式，即头发的形状与爆炸时的情景很相似。当汉译 Afro 时，如果其所包含的识解方式保留在汉译译文中而把其译为“非洲”，那么很有可能无法在汉语读者头脑中激活“发型”这一概念。因此，汉译 Afro 时，应该在汉语目的语中选择体现相同识解方式的词，如“爆炸头”“蜂窝头”以及其他体现类似的隐喻识解方式的词。鉴于此种翻译方法涉及参照目的语中的识解方式，把其命名为参照法。

（2）概念缺失下的名词翻译教学

以上主要在阐释翻译性质和认知语言学意义观的基础上提出了名词翻译原则，并在此原则的基础上提出概念共享下的名词翻译策略，即传承法和参照法。本小节主要运用这两种翻译策略来探讨概念缺失情况下的名词翻译，以期能为以后相关名词翻译提供翻译依据，并为评价已有的名词翻译提供评估标准。概念缺失是指源名词所表征的概念是源语所独有的，在目的语中不存在这一概念。对这种情况下的名词翻译方法则为传承法和参照法的结合，即参照与原概念所在的原框架相似的目的框架中相关概念的识解方式，然后决定是否传承源名词所激活的识解方式。例如，“毛笔”所表征的概念是汉语所独有的，英语则无此概念，但是英语有这些概念如 QUILL PEN（羽毛笔）、STEEL PEN（钢笔）和 LEAD PEN（铅笔），其与源名词所表征的概念处在同一框架下，即 PEN（笔）框架。那么翻译“毛笔”时，就须参照原概念的识解方式。如果原概念的识解方式与相关目的概念的识解方式一致，那么原概念的识解方式就在目的语中得到传承。例如，概念 QUILL PEN（羽毛笔）、STEEL PEN（钢笔）和 LEAD PEN（铅笔）分别表征为 quill pen、steel pen 和 lead pen。这些名词表征表明英语是从质地材料视角来概念化相关实体的。而汉语表达“毛笔”也反映了相同的质地材料视角识解方式。因此，“毛笔”可翻译为“hair pen”。这样，不仅原概念中的识解方式在目的语中得到再现，而且也便于目的语读者的理解，因为目的语读者可以通过人类普遍存在的识解方式即类比思维方式来理解 hair pen。通过类比，目的语读者可推导出 hair pen 与 quill pen、steel pen、lead pen 一样，也是一种笔，与其不同的是前者的笔尖是用毛做的，后者的笔尖则分别是以羽毛、钢、铅（最初的铅笔含有铅）做的。鉴于此，可试做评价，即前人把“毛笔”英译为 brush pen 这一做法是值得商榷的。此外，如果原概念的识解方式与目的语相同概念的识解方式不一致，那么其应该适应目的语中的识解方式。

综上所述，翻译则是指在目的语中再现源语的意义。根据认知语言学的意义观，意义就是概念化，由概念内容和识解方式构成。在此基础上，人们提出了名词翻译原则：在翻译名词时，译者首先应该尽量在目的语中再现源名词的概念内容和识解方式，如无法达到两者的同时再现，译者应该舍弃源名词的识解方式，而选择与目的语一致的识解方式。在该翻译原则的指导下，人们提出了名词翻译的三种策略，即传承法、参照法及传承参照结合法。传承性翻译策略是指源语名词所表征的概念为两种语言所共有且此概念在目的语中也体现相同识解方式的词汇，翻译时源语名词所表达的概念与体现的识解方式在目的语中同时获得再现。参照性翻译策略则指源语名词所表征的概念为两种语言所有，但源语名词表达的概念在目的语中是以不同识解方式得以表征的，翻译时则采用符合目的语识解方式的词语。传承参照结合法则指参照与原概念所在的框架相似的目的框架中相关概念的识解方式，然后决定是否传承源名词所激活的识解方式。

3. 翻译教学中认知语言学的意义观与译者主体性

传统意义观根植于客观主义，认为意义是客观存在的，每个句子都有一个客观意义，这个意义并不关乎任何一个人，而是独立存在的。而现代意义观的哲学基础是经验现实主义，认为没有独立于人的认知以外的所谓意义，语言符号不是对应于客观外部世界，人的认知参与了语言的意义和推理。因此，人们说意义不能独立于人的认知以外而存在，而这也同样适用于隐喻的意义。在分析隐喻的工作机制时认为，同一种语言和文化中的交际双方共享的语境知识、文化因素、常规模式等因素是隐喻得以实现其交际价值的基础。在这个基础上隐喻意义才得以形成和识别，即双方达成对某隐喻意义的共识，这样隐喻也才获得其存在的可能，才会具有生命力。但是他同时指出人的认知能力是有差别的，这会导致对隐喻理解的偏差。从跨文化交际的翻译角度来说，这种偏差是大量客观存在的。不同文化背景的目的语读者能否通过翻译来感知到源语中作者要表达的隐喻意义，无疑是检验翻译质量的一个重要标准。翻译是一种语际交流，是一种跨文化交际，也是意义通过译者从作者向目的语读者传递的过程。传统翻译观认为译者居于从属地位，是原作者和读者之间的隐形人。解构主义颠覆了这一想法，认为译文不再是原文的附庸，从此，译者在作者和读者间逐渐开始显露其存在和作用。

20 世纪 70 年代，翻译界出现的文化转向也一定程度上凸显了译者的主体性。译者从被动、从属的地位中解放出来，享有翻译主体的充分自由，使平等对话与创译成为可能，译者也因此能突显个人的意志，张扬个性，发挥译者的主观能动性。但是谈译者的主体性并不意味着译者可以任意妄为。译者的主观能动性必须是建立在客观文本的基础之上的，也必须以译者本身的认知结构为依托，并体现作者的认知结构和对目的语读者认知能力的预测。无论译者在翻译过程中体现怎样的个人意志，采取怎样的翻译策略，译者主体性所起到的作用最终还是为传达意义，即为跨文化交际这一目的服务的。也就是说，译者既要面对原作者、原作，又要面对读者，考虑到读者在自身文化中的接受能力。

（三）言语行为理论与翻译教学

言语行为（speech act）早在20世纪50年代就是语言哲学家的研究对象。所谓言语行为指人们为实现交际目的而在具体的语境中使用语言的行为。言语行为并非“言语的行为”，而是一种交际活动，涉及说话者说话时的意图和他在听话者身上所达到的效果，即言语就是行为。言语行为理论的创始人是英国哲学家Austin。他设想了言语行为的三分说：言内行为、言外行为及言后行为。

言内行为指的是“说话”这一行为本身，即发出语音，说出单词、短语和句子等。这一行为本身不能构成语言交际。言外行为是通过“说话”这一动作所实施的一种行为，如传递信息、发出命令、问候致意等。言后行为指说话带来的后果，即说话人说出话语后在听话人身上产生了哪些效果。例如，“我饿了”这一言语行为，其言内行为就是说出这三个字；言外行为是实施说话人的一种“请求”行为，请求听话人能提供一些食物；对方提供食物与否就是言后行为。在这三种言语行为中，语用研究最感兴趣的是言外行为，因为它是同说话人的意图一致的。说话人如何使用语言表达自己的意图，听话人如何正确理解说话人的意图是研究语言交际的中心问题。

1. 理解原文的内涵

翻译是一种跨语言、跨文化的交际行为。根据认知语用学的观点，要确定话语意义，就必须充分考虑说话人的意图或语用用意、交际场合及听话人的背景知识、信念、态度等语境因素，而语境因素往往又不止一个，它“可以是语言语境（上下文），也可以是具体语境（交际场合），也可以是认知语境（记忆和知识结构）”，说话人正是通过这一系列语境信息来传达他意欲表达的话语意义。从言语行为角度论述翻译，就是要求译者正确领会原作者的主观意图，教师要使学习者认识到，翻译绝不仅仅是一种从原作到本族语的转换，根据言语行为理论，译者在翻译过程中，不仅要理解原文的字面意义，更重要的是要弄清原作者的真正意图，同时根据不同的交际情景、文化传统、社会条件、思维方式、语言结构和表达方式等有的放矢，才能译出精品佳作来。

2. 翻译时注意言外之意

翻译最主要、最根本的任务是再现原文的意义。意义及语用意义是翻译的出发点和归宿点。由于美国翻译理论家尤金·A. 奈达（Eugene A. Nida）设计了两种语言的语用原则，推导出原文所示的言外之意并使译文读者理解这一言外之意，使两种不同的语用意义的差异得到沟通、融合。

所以，教师在教授学生时，要让学生了解不同文化内涵及其言外之意。英语和汉语之间有着由人类共性所决定的语言共性，这是英汉语之间得以互译的前提。但英汉语言分属于两种截然不同的语系，两种语言在语音、词汇、语法、语义等各方面差异很大。尤其是两种语言根据其语法关系的习惯用法表现在句子结构和表达方式上存在很大的差异，正是这种差异给两种语言的顺畅互译带来了障碍。在教学中，教师适时地指导学生对两种语言的异同进行对比，增强他们对英汉语言差异的理性认识，力求引导学生在语言学习中自觉探寻并逐步掌握两种语言相互转换的基本规律，掌握英汉互译的基本原理知识和常用技巧，以便有效地指导自己的翻译实践，提高自己的翻译能力。

第二章 大学英语教学与语言文化

语言是文化的载体，是一种特殊的文化现象，是折射民族文化的一面镜子，而文化包括语言，对语言有制约作用，两者相互依赖，共生共长。毋庸置疑，文化教学是语言教学中必不可少的环节。文学是社会文化的承载，文学作品是现实社会生活的写照，是人与人之间社会关系的反映，它通过描述生动的故事情节及人物起伏跌宕的生活经历与命运、思想与情感，栩栩如生地折射了当时的社会文化背景，勾勒出人类普遍而永恒的精神体验，渗透着犀利的社会批判，指引着人们对于真善美的追求，浇灌着读者的心灵。因此，经典文学作品本身的美学价值和愉悦功能不仅可以有效提高大学英语的趣味性和生动性，而且能有效提高学生的人文素养。

第一节　交际与跨文化交际

一、交际

（一）交际的概念

“交际”是一个特别古老的概念，它来源于拉丁语中的“共享；共有”一词。因此，“共享”和“共有”是交际的前提，而且也是交际的目的。通过交际，人们可以获得更多“共享”和“共有”的东西，如知识、技能等。在交际中，具有同一文化背景的人们可以进行有效的交流，而来自不同文化背景中的人们，因为共享的东西有限，在交流时常常会产生沟通的障碍。这就是我们所说的跨文化交际。

随着交际学在美国的兴起、发展和逐渐成熟，“交际”的概念连同这门学科一起被迅速地传播到各个国家。这里所提及的“交际”一词，主要是指英语中的“communication”。有趣的是，交际这个词在俄语和英语中的拼写和发音有着一定的相似性。这似乎成为一个坚实可靠的根基。不同语言间文化习俗的比较可以帮助在跨文化交际中不同文化背景下的人们相互了解，使其获得更多“共有”和“共享”的共同点，从而消除跨文化交际过程中的障碍。

（二）交际的特征

基于交际的定义，我们知道，交际通常指人与人之间相互作用而产生的一个过程。这个过程由传递方、接收方、信息、传媒、噪声等因素构成。

1. 交际是一种运用符号的过程

特定符号能够表达一定的意义，这是因为一个群体的成员对于某一符号所代表的意义已经达成了相对一致的认识。在这里，符号可以是一个动作、一个眼神、一件物品或是一句话，它是表达意义的有效单位。来自同一个文化背景下的两个人比较容易通过交流来达到交际目的，因为他们对于同一符号的表述意义有着相近的理解，但绝对不是一模一样的复制理解。而对于来自不同文化背景的人们来说，他们对于同一个符号可能就会有大相径庭的认识，这容易造成交际上的不顺畅。

2. 交际是一个传送和解释信息的过程

一个交际过程的组成因素包括传递方、接收方和信息等。由一系列特定符号形成表达一定意义的符号群所传递的就是“信息”。信息传送是指将思想、情感或态度等转换成他人可以理解的形式的过程。其中，传送信息的形式可以是言语的，也可以是非言语的。解释信息是指根据一定的环境理解信息所承载的意义，其意义是信息接收方对信息的自身理解。因此，同一文化背景下，不同交流者对于同一信息有不同的理解，信息的传递方和接收方对信息就会有不同的理解。而交流者对信息意义的理解是否相同就决定了交际是否成功，是否会出现较大障碍而无法继续进行。此外，在传递方和接收方进行的交际中，信息的传送和解释不是一个静态的状态，而是一种动态的、处于变化之中的过程。同时，交际还是一个不可逆转的过程，也就是说，交际中一旦发出的信息被对方接收后，就不可能反悔重来，即便经过修正后重新发出，对接收方而言，那又是一个新的信息了。交际的过程一旦完成，就是一个不可撤销的过去完成时。

3. 交际是一种共享意义的获取

交际中，传递方和接收方传送和接收的是一系列符号所表述的信息，也就是说，信息可以被传递，而信息的意义则取决于传递方和接收方的理解，因为它的意义受社会中众多因素的影响和制约，如双方的文化取向、社会地位以及交际发生的场合等。成功的交际过程要求传递方在发送信息时将他要表达的意义赋予特定的“符号串”，同时，必须考虑信息发送的环境、方式、渠道等因素，接收方通过接收“符号串”来获取信息意义。此时的信息，虽然与传递方所要传递的意义有一定的误差，但是仍然可以看作传递方和接收方所共享的意义。因此，交际是信息接收方与传递方共享意义的获取过程。

4. 交际活动是一个有规律可循的行为

交际可以分为言语交际和非言语交际。言语交际需要遵循一定的语法、语用和语篇规则，非言语交际也需要遵循一定的社会文化规则，这就导致不同文化背景下的交流者进行交际时，往往因为上述规则的不同而变得举步维艰。但是，只要双方掌握了这些不同文化背景下的不同社会文化规则，就能够实现有效的跨文化交际。此外，交际双方可以根据交际活动的规律性预测交际行为的结果，预测的准确程度则取决于双方对交际因素的掌握程度。同一个文化背景下，人们的交际遵循的是同一套规则，因此更容易预测交际行为的结果，而不同文化背景下人们交际遵循的可能是两套不同的规则，或者一方对另一方的规则不太熟悉，这都会导致交际者在交际时出现一定障碍。但交际具有适应性的特点，处于交流中的人总是有意无意地尽力去适应对方，适应各种外界的社交环境。

（三）交际的模式

信息的交际大概可以分为四个主要层次：人际交流、组织交流、大众传播和群体交流。这里涉及的主要是交流的第一个层次——人际交流。

1948 年，美国的政治学家哈罗德 · D. 拉斯韦尔（Harold D. Lasswell）最早提出信息交际的 5W 模式。至今，这种简单直观的方法仍是指导人们交际过程的一种极为便捷的综合性方法，但它更多地关注效果，却没有考虑交际双方的反应和反馈。1949 年，香农（C. Shannon）提出了传播的“数学模式”，但是该模式没有摆脱线性模式缺乏反馈的局限。1966 年，德弗勒（Defleur）发展了香农的模式，显示出信源是如何获得反馈的，但他的模式更为适合描述大众传播。1954 年，施拉姆（W. Schramm）在奥斯古德（Osgood）的基础上，进一步提出了自己的环形交际模式。在这个模式中，交流的参与者既是信息的传递方也是信息的接收方，每一个循环中他们不断变换着角色，它更加注重的是交际的过程。它对于人际交流的情境更具有概括性和适应性，这不仅是一个宜于分析人际交流的模式，而且有助于我们理解跨文化交际关系。

（四）建立良好关系所应遵循的交际原则

1. 尊重原则

尊重包括两个方面：自尊和尊重他人。自尊就是在各种场合都要尊重自己，维护自己的尊严，不要自暴自弃；尊重他人就是要尊重别人的生活习惯、兴趣爱好、人格和价值，只有尊重别人才能得到别人的尊重。

2. 真诚原则

只有诚以待人，胸无城府，才更容易产生感情的共鸣，才能收获真正的友谊。没有人会喜欢虚情假意。

3. 宽容原则

我们在人际交往中，难免会产生一些不愉快的事情，甚至产生一些矛盾冲突。这时候我们就要学会宽容别人，不斤斤计较，正所谓退一步海阔天空。人不犯我，我不犯人。人先犯我，礼让三分。不要因为一些小事而陷入人际纠纷，这样我们会浪费很多时间，同时变得很自私自利，变得很渺小。

4. 互利合作原则

互利是指双方在满足对方需要的同时，又能得到对方的报答。人际交往永远是双向选择、双向互动。你来我往的交往才能长久。在交往的过程中，双方应互相关心、互相爱护，既要考虑双方的共同利益，又要深化感情。

5. 理解原则

理解是成功的人际交往的必要前提。理解就是我们能真正地了解对方的处境、心情、好恶、需要等，并能设身处地关心对方。有道是“千金易得，知己难求”，人海茫茫，知音可贵啊！善解人意的人，永远受人欢迎。

6. 平等原则

与人交往应做到一视同仁，不要爱富嫌贫，不能因为家庭背景、地位职权等方面的原因而对人另眼相看。平等待人就不能盛气凌人，不能太嚣张。平等待人就是要学会将心比心，学会换位思考，只有平等待人，才能得到别人的平等对待。

二、跨文化交际

(一) 跨文化交际的必要性

作为人类的一种社会活动，跨文化交际由来已久。人类从远古时代就开始了跨文化的交流。一国之内不同种族之间的战争与通婚，人们到全球各地的经商，传教和探险都是在进行跨文化的交流。但是在过去漫长的历史中，大多数人生活在有限的空间内，跨文化交流并不是普遍的现象。人类频繁而大规模地进行跨文化的交流只是近几十年发生的事情，特别是进入 21 世纪以来，跨文化交际更成为人们生活中不可或缺的一部分。新世纪如此广泛而深入的跨文化交际主要是受到以下因素的影响：

1. 交通和通信技术的发展

科学技术的进步改变了人类交往的方式和频率。特别是近几十年来，交通工具和通信技术的发展大大缩短了人们之间的空间距离。各种交通工具如飞机、火车、汽车的方便和快捷，使人们到不同国家和地区进行政治、经济、文化活动和旅游观光成为很平常的事情，这样，人们与不同文化背景的人或事接触的频率便大大提高了。而通信技术的发展，无论是卫星电视还是电脑网络，都把世界各地所发生的事情几乎是同步地展现在人们面前，让人们足不出户就能知道世界各地发生的新闻，同时了解生活在不同文化环境中的人们的生活方式。总之，科学技术的发展使跨文化交际已成为人们日常生活的一部分，如何有效地进行跨文化交际已成为人们普遍面对的问题。

2. 经济的全球化

经济的发展向来是影响人们生活方式和交往方式的非常重要的因素。跨文化交际的发展与目前经济的全球化有很大关系。经济全球化的最主要特征是全球经济的互相关联和互相依存，每个国家的经济发展越来越依赖国际大环境和地区间的合作与互补。遍布世界各地的跨国公司、合资公司、合作项目的存在，促成了不同文化背景的人们在工作环境中进行跨文化交流。为了提高工作效率，员工需要学会与不同文化背景的上司、同事和客户进行有效交流的方式。而公司也必须了解来自不同文化背景的客户的特点和需求，有针对性地开展商务活动。例如，现在西方国家的许多商店就专门雇用懂汉语和中国文化的职员为中国游客提供服务。由此可见，全球化的经济活动促进了跨文化交流的深入和广泛发展。

3. 人口的流动

世界范围内的人口流动是促进跨文化交流的另一个原因。人们由于各种原因，如为了躲避战争或出于经济等原因而移民到别的国家。人口的流动使接受移民的国家形成了文化的多元化格局。如何适应新的国家的文化环境，如何尽快融入其主流文化，如何与不同文化背景的人们和谐相处，是新移民面临的现实问题。而如何化解不同文化背景的人们之间的误解和冲突也是移民国家的政府面临的挑战。特别是像美国、加拿大、澳大利亚等移民国家，人口结构的多元化使跨文化交流成为个人和政府都关注的问题，这也是跨文化交际学科在美国兴起和发展的原因之一。

4. 广泛的国际交流与合作

当前国际的文化交流日益频繁。很多人到别的国家旅游、留学或从事各种形式的文化交流活动。中国的汉语教师到海外任教，中国学生到海外留学，外国人在中国学习汉语和中国文化，都是国际文化和教育交流的例子。这些文化的旅居者到别的国家并不是以移民为目的，也没有融入当地主流文化的迫切需要。但是他们需要适应新的文化环境，与当地人进行有效的沟通和建立良好的人际关系。他们在新的环境中常常会由于语言和文化的不同而产生心理上的不适或者交际上的障碍，感受到“文化休克”。如何在短期内适应新的文化环境，提高跨文化交际能力，就成为这些旅居者所面临的重要课题。另外，面对全球变暖、环境恶化、恐怖主义、区域性领土争端等世界性难题，不同国家和文化的人们需要进行广泛而深入的对话与合作。不同文化背景的人们具有国际化的视野、开放而宽容的态度和良好的跨文化沟通技能，才能让这个世界变得更和平、更美好。

（二）跨文化交际的定义

跨文化交际既是指一种人类的社会活动，也是指一门研究跨文化交际活动的学科。跨文化交际是不同文化背景的人们之间的交际，跨文化交际是通过象征符号来实现的，跨文化交际是一种动态的过程，跨文化交际是一种双向的互动，跨文化交际的目标是创建共享的意义。

跨文化交际是不同文化背景的人们之间的交际。这里的跨文化交际实际上包含着两个层面：一个层面是指不同国家和不同民族的人们之间的交际，例如，中国人与日本人、美国人、阿拉伯人之间的交际是跨文化交际；另一个层面是指同一个国家或民族中，不同性别、年龄、职业、地域的人们之间的交际，这也是跨文化的交际。在中国，南方人与北方人、城市白领与进城农民工、老年人与青年人之间的交际其实也都构成了跨文化的交际。美国不同族裔的人们之间的交流也是跨文化的交际。在某种意义上，不同人群之间的交往都是跨文化交际。

（三）跨文化交际的特点

1. 跨文化交际主要指人与人之间面对面的交际

虽然跨文化的交流包括国家之间的交流、组织之间的交流和人与人之间的交流，但是跨文化交际更多地侧重人际交流的层面，特别是人与人之间面对面的交流。跨文化交际主要是指不同文化背景的人们面对面的交流。面对面的交流既包括了语言交际也包括了非语言交际，而且是一种双向交流和互动的过程。这也是为什么早期的跨文化交际研究特别关注非语言交际，而不太关注大众传媒的原因。因为传统的大众传媒是一种单向的交流，是传播与接受的关系，缺少面对面交流的互动性。

2. 跨文化交际中涉及很多差异性

跨文化交际是不同文化背景的人们之间的交往，因此涉及了许多差异性。跨文化交际的特点之一就是差异性。跨文化交际涉及了深层文化，如文化传统、价值观、信仰、态度等方面的差异，也涉及了行为方式和习俗方面，如手势、衣着、语言使用的差异。另外，跨文化交际还涉及个人文化身份和社会角色方面的差异，如性别、年龄、职业、地域等方面的不同。这些存在差异的因素相互作用，影响了跨文化交流的过程和结果。

3. 跨文化交际容易引起冲突

由于语言、交际风格、非语言行为、思维模式、社会准则、价值观等方面的差异，跨文化交际很容易产生误解和冲突。差异性是导致跨文化交际出现冲突的主要原因。

4. 跨文化交际的误解和冲突大多属于“善意的冲突”

虽然跨文化交际充满了冲突性，但是许多冲突往往不是出于人们恶意的动机，而是来源于人们良好的愿望。自己文化中得体而礼貌的行为到了另一种文化中可能会成为无礼的举动，善良的意图可能会产生意想不到的误解和不愉快。这样的误解叫作“善意的冲突”。跨文化交际中的大多数误解和冲突都属于这种“善意的冲突”，而不是人们有意地伤害别人。

5. 跨文化交际常常引起情感上的强烈反应

跨文化交际是一种很容易造成心理紧张的活动。人们经常提到的“文化休克”就是形容在跨文化交际中产生的心理反应。由于跨文化交际是不同文化背景的人们之间的交际，交际的过程和结果都充满了模糊性和不确定性，而这种模糊性和不确定性容易使人产生心理上的焦虑。

6. 跨文化交际是一种挑战，更是一种收获

跨文化交际是一种挑战。因为跨文化交际中充满了误解、失败甚至冲突，所以成功的跨文化交际不是一件容易的事情。但是跨文化交际又是一种能给人带来深刻变化的活动。跨文化交际的经历使人们具有更开阔的视野、更丰富的阅历、更成熟的性格、更复杂的思维、更宽容的态度。许多有过出国经历的汉语教师都表示，跨文化交际的经历给他们的人生带来了积极的影响，不仅使他们变得更加独立，具备更强的适应能力和交往能力，更重要的是使他们更深刻地感受到世界上存在着不同的人生方式，并且学会了理解和欣赏这种文化的差异。

第二节　跨文化交际能力

跨文化交际是一种交际行为，就交际的种类来看，可以是人际的交流，也可以是个人与公众（群体）间的交流。个体的交际能力体现于个体在特定场合中得体、有效的交际行为。在跨文化交际语境中，交际双方共同点减少，差异增多，会使交际难度增加。影响有效交际的变量包括语言差异、文化差异、世界观、价值观等。跨文化交际能力是个体所具有的内在能力，能够处理跨文化交际中的关键性问题，如文化差异、文化陌生感、本文化群体内部的态度，以及随之而来的心理压力等。

从宏观上把握交际能力和跨文化交际能力，即交际能力体现在交际行为的“得体性”和“有效性”上，跨文化交际体现在交际场景，即“特定场合”中。

理解跨文化交际能力的概念需要考虑构成概念内容的基本要素的意义。交际技巧可以体现交际能力，但是行为本身并不是能力。能力是一种社会评价，交际能力可以表现为得体的交际行为。

行为的得体性取决于交际场景和交际对象。某一场合中“得体的行为”，在其他场合有可能变得不得体。一个精通中国文化的美国人在与中国人交往时表现出很强的交际能力，而在与阿拉伯人打交道时却表现得手足无措。交际能力是交际双方给对方的印象或评价，或者说，交际能力是对于交际者交际行为的社会评价。交际行为的得体性是指交际者的交际行为符合交际语境中交际对象的社会文化规范和行为期待。交际双方的关系也是影响交际行为得体性的因素之一，有时人们会以违反交往规范的方式建立新的规范或关系。例如，按照规则，公司同事在上班时间内的谈话内容应该只限于业务信息，但实际上，人

们在交谈中往往会夹杂个人信息或其他与工作无关的话题。从交际场景来看，这样的行为是不得体的，但是就交往双方的私人关系而言，谈论私人话题是可以接受的，交际双方行为的得体性体现在对规则违反程度的把握和对交际语境的选择。此外，不同文化中人们的行为习惯、交际模式、言语和非言语符号的差别使判断行为得体与否更加困难。

有效，即效力（effectiveness），与效率（efficiency）相关却不相同。有效交际指成功的交际，实现交际目标的交际，代表满意；效率指交际的直接性、立即性，代表速度。一般来讲，人们认为，效率较高的交际会更有效，因为高效率意味着低消耗（时间、精力）。然而，想要实现预期的交际效果，只有效率是不行的。

交际行为的得体性和交际结果的有效性决定交际的质量。交际行为不得体，交际结果无效是交际质量最低的模式；行为得体却达不成交际目标的是社交变色龙，在交际中他们不违反交际规则却也不能实现交际目标；能够实现交际目标，但是行为不得体也是不可取的。例如，那些通过欺骗、强迫等手段，牺牲他人利益，为达到目的不择手段的行为；高质量的交际是交际者既能够实现交际目标，同时交际行为又符合特定场景的文化习惯。

跨文化交际能力是一种内在的力量，可以通过输入跨文化交际的知识增加能力，能力通过运用技巧的方式体现于行为上，但是行为本身并不代表能力。跨文化交际能力强的交际者的交际行为得体，即符合交际场景的社会文化规范、交际对象间的角色关系和交际功能，同时有效，即可以实现交际目的。交际的有效性代表满意度，但是有时有效的交际不能达到完全满意的效果。

理解跨文化交际能力的内涵是进一步研究跨文化交际能力构成的基础，对于跨文化交际研究和跨文化交际能力培养研究都有重要的意义。

跨文化交际能力的构成是规划教学内容的蓝本。跨文化交际学是新兴学科，国外学者在跨文化交际能力方面的研究成果颇为丰富。如鲁本（Ruben）的七大交际维度理论对交际能力的解释是：以与具体环境中的个体的需要、能力、目标和交际期待基本一致的方式进行交际的能力，同时要满足交际者自身的需要、能力、目标和交际期待。跨文化交际情境中使个体能够有效交际的七大行为要素，具体如下。

1. 尊重：个体显示出对他人价值和潜在价值的高度尊重。

2. 互动中的姿态：交际中以一种描述性而非评价性的态度来回应对方。

3. 对知识的取向：将自身的知识与认知看作个人的知识而非四海皆准的知识。

4. 移情：设身处地从对方的情况入手，考虑问题，争取达到“将心比心，感同身受”。

5. 角色行为：特定的群体情境中完成相关的任务与扮演相关角色。

6. 互动中的管理：适当调控交际对象的互动表现。

7. 对模糊性的容忍：能够适应与预期不同的模糊情况，能够对其充分容忍而不感到过分的不适。

拜伦（Michael Byram）的欧盟模式认为跨文化交际能力，“要求学生获得跨文化交际方面的知识、技巧、态度和客观评判型的文化意识”。他提出跨文化交际能力的构成要素为如下五个方面。

1. 跨文化交际的态度：对文化问题要保持好奇和开放的态度，不再对其他文化和自身文化持怀疑态度。这就意味着，交际者愿意去比较描述自身的价值观、信仰和行为，而且不再假定它们是唯一的和绝对正确的，能够客观地从其他文化的角度看待自身的价值观、信仰和行为。简单地说，跨文化交际的态度就是不再将自身的文化看作“中心文化”。

2. 知识：知识是指社会群体的成就性“产品”和自身文化或其他文化的行为规则，以及社会交际和个体交际的具体过程。因此知识包括两大要素：社会交际过程的知识以及解释这些社会交际过程和产物的知识，后者包括他人如何认识你和你对他人的认识与理解。

3. 解释与讲述的技巧：解释来自其他文化的文献或事件，从自身文化的角度来解释或是讲述其他文化的文献或事件。

4. 发现和互动的技巧：能够习得文化和文化实践中的新知识并且运用这些知识、态度和技巧来处理实际交际中互动上的一些问题。

5. 客观评判型的文化意识：能够根据来自自身文化和其他文化的外在显性标准、洞察力、实践和结果来客观评判文化问题。

第三节　大学英语教学中的文化导入

语言是文化不可分割的一部分，是文化的载体，其丰富的文化内涵和文化负荷传递着无尽的文化信息。在人类社会中，文化几乎无处不在。“文化”一词的含义很广泛，一般认为它是一个民族在自己的社会历史发展中形成的独特的风格与传统。世界上每一种语言都充满了文化色彩，语言中的文化现象除狭义地指社会意识形态外，还泛指社会历史、自然地理等各方面人类所独有的特征。

在当今高科技迅速发展的信息时代，国家、民族、团体、个人之间合作和交流日趋频繁。文化差异是导致跨文化交际产生障碍的重要因素。一个国家的哲学、信仰、伦理、心理乃至政治等诸多因素确定了在该国的文化中，社会交往必须遵循其特定的规范，其中包括与之有关的语言规范。对于一个讲母语的人，本国这些约定俗成的规范已经成为日常生活中极其自然的事情。然而，对于不熟悉这一文化背景的外国人而言，这些规范可能就会形成一个文化障碍，影响交际的顺利进行。语言教学不仅包括语言知识的教学，而且包括文化知识的教学。在大学英语教学中文化导入是很有必要的，文化导入的方法和途径应贯穿于大学英语教学之中。

一、大学英语教学中文化导入的必要性

语言不仅是人类交流的工具，同时也是文化的载体。一个国家的语言必然会反映这个国家、这个民族的文化特征、思维方式。它们之间的关系是密不可分的，如果不了解目的语的文化，我们就不可能真正理解和运用外语。在经济全球化深入发展的今天，各国之间的交往日益频繁，各种文化之间的碰撞也日益增多。单纯掌握一门外语而不了解其背后深厚的文化底蕴并不能有效地帮助人们跨越文化鸿沟，成功地实现交流。因此，在大学英语教学中渗透文化教育是非常必要的。

（一）大学英语课程教学的基本要求

大学英语的教学目标是培养学生的英语综合应用能力，增强其自主学习的能力，提高其综合文化素养，使其适应我国经济发展和国际交流的需要。然而，不论是语言学的基础理论，还是指导语言学习的各种教学法，无一例外都是指向同一目标即语言自身的规则。从索弗迪南·德·索绪尔（Ferdinand de Saussure）结构主义语言学的二项分析，到乔姆斯基（Avram Noam Chomsky）的转换-生成语法，从传统的语法翻译法、静默法到直接教学法等，都未给我们外语教学实践指出语言是一种交际工具。也正是由于这样的理论指导，在传统的大学英语教学中，我们总是对学生进行一种“纯语言能力”的培养，要求他们造出合乎语法规则的句子、篇章，使其凭借一种含有投机成分的应试技巧顺利地取得各种等级证书。这种做法“强调了对语言表层结构即应试要求语言点的分析，而放弃了对语言深层结构即社会文化背景的讲析”。因此，为了培养学生的交际能力，大学英语教学必须在进行语言知识教学的同时，进行文化导入，从而避免因文化差异而引起的语用失误。

（二）语言和文化的关系

文化语言学研究表明，语言中储存了一个民族所有的社会生活经验，反映了该民族的全部特征。学生在习得一种民族语言的同时，也是在习得该民族的文化。外语教学的任务是培养在具有不同文化背景的人们之间进行交际的人才。同时，语言和文化紧密相连、不可分割。语言是一种符号，是文化的载体，又是文化的重要组成部分。文化是语言赖以生存的环境，文化在一定程度上也限定并塑造了特定的言语表达方式。总之，语言就好比树木，文化就好比森林，不了解语言生存的环境就好比只见树木不见森林。正如萨丕尔所言，“语言基本上是一种文化和社会的产品，因此它必须从文化和社会的角度去理解”。然而，传统的英语教学更注重语言知识的管束和积累，而忽视语言所处的文化，从而出现了英语语言能力强的人其跨文化语用能力不一定强的现象。在大学英语教学中适当渗透一些文化知识，开展一些文化对比的讨论，有助于学生更深刻地理解语言，增强其对文化差异的敏感性，进而提高其跨文化交际能力。由于语言和文化相互依存和影响，因此，我们在进行英语教学的同时有必要导入与英语语言有关的文化内容。

二、大学英语教学中文化导入的内容

文化导入教学模式是一种通过引导的方式让学生主动建构语言与文化知识，促进英语综合应用能力提高的相对稳定的操作性框架。该模式主张教师在一定的教学环境中，根据教学大纲、教材和学生实际，运用正确的方法对学生进行积极引导，激发他们的思考与想象，促进学生主动进行内部心理表征的建构，从而培养学生对文化差异的敏感性、宽容性以及处理文化差异的灵活性，提高学生综合运用英语的能力。那么在大学英语教学中应该从哪些方面构建学生的文化知识呢？

关于大学英语教学中文化导入的内容，学者们有着不同观点。所谓交际文化，指的是两个文化背景不同的人进行交际时直接影响准确传递的语言和非语言的文化因素，包括问候、致谢、称呼、习语、委婉语和禁忌语。而知识文化，指的是两个文化背景不同的人进行交际时，不直接影响准确传递信息的语言和非语言的文化因素，一般是指政治、经济、历史、地理、科技、文教等相关背景知识。文化行为作为动作系统，是外显的、受文化心理支配的，处于文化的表层，可逐层细分出不同的文化项目如购物、住宿、称呼等；文化心理是文化行为背后的价值观念系统，是内隐的、支配文化行为的，处在文化的底层。文化心理对人们的语言或行为起着规定性作用，它决定了人的处世哲学、评价事物的标准和行为规范等。比如，在西方很多国家忌讳询问对方年龄、婚姻状况、收入等是出于对隐私的尊重，但这只是一种外在的文化现象，其本质是反映了西方个人主义价值取向的基本社会文化心理。这些观点在一定程度上具有积极作用，对外语教育有很大的现实意义和指导意义。因为文化本身的复杂性和层次性，不同文化的划分在某种程度上相互交叉，很难将文化细分，但我们必须注意文化导入的多样性并且根据学习者的需求进行合理导入。这就要求不同的外语教育工作者根据不同的教学对象，以及教学中须达到的不同目的，具体问题具体分析。

目的语国家的文化是一个宽泛的内容，涉及植根于民族语言中的社会习俗、传统习惯、思维模式、世界观、价值观及反映目的语民族的生活背景。任何民族的个体都生活在一个特定的社会环境之中，他所使用的语言必然会反映其所处社会的文化特征，带有该民族特有的文化印记。

我国英语教学的目的是培养学习者的跨文化交际能力。跨文化交际是指不同文化背景的人们（信息的发出者和信息的接收者）之间的交际。根据跨文化交际学的理论（贾玉新），跨文化交际与同一主流文化内的交际在本质上是一致的，二者所涉及的变量或组成要素基本一致。交际是信息的传送和接收，“共同”或“共享”是交际的前提。除了共享同一语言系统之外，有效的沟通还依赖于交际双方对其他相关因素的理解和掌握。交际行为是文化行为，也是社会行为，它必然发生在社会和文化之中，并受众多社会文化因素的影响和制约。对这些相关社会文化因素的了解和掌握是实现有效交际的前提。而影响交际的众多社会文化因素主要包括：宽泛的交际环境，包括文化环境、心理环境和自然地理环境因素等；具体的交际环境——情景因素，这受制于宽泛的文化环境，并直接影响交际的环境，包括交际双方的社会地位、角色关系、交际发生的场合、所涉及的话题等；规范系统，规范是交际环境和语码（语言和非语言）之间的中介系统，不仅是交际行为的制约系统，也是交际行为的解释和评价系统。同一主流文化内的人们之间之所以能够顺利地进行有效交际，是因为大家在很多方面具有共享的交际环境知识（即情景方面的知识）以及社会规范文化等。因此，跨文化交际双方要想实现有效交际，双方在以上这些方面的“共享”也是必不可少的。

教学目的与教学内容都是教学活动的主要构成要素，其中教学目的决定着教学内容的选择，教学内容是教学目的得以实现的媒介，因此英语教学的目的是英语教学中文化导入内容确定的主要依据。英语教学的目的是培养学习者的跨文化交际能力，那么，制约和影响学习者跨文化能力获得的主要文化因素应该成为英语教学中文化导入的主要内容。

基于心理环境属于心理学的范畴，因此英语教学中的宽泛文化环境知识主要包括价值观和地理文化知识。具体交际环境知识主要指与情景因素有关的文化知识，即交际所必须遵循的情景适应性规则。而社会规范体现在交际层面主要包括言语和非言语规则。因此，英语教学中文化导入的内容主要应包括以下几个方面的内容：

（一）情景文化

情景因素直接影响交际的环境，它受制于宽泛文化环境，包括交际双方的社会地位、角色关系、交际发生的场合、时间、所涉及的话题等。有效的交际不仅依靠对宽泛文化环境的认识，也离不开对它赖以生存的情景的认识，因为语码（语言和非语言符号）的使用受制于情景——情景中的社会因素决定谁在什么时候说什么、怎么说、对谁说、为何目的等。

不同文化在具体的情景规约，即情景适应性规则方面存在着差异。了解这些差异是实现有效交际的前提。符合某一文化中情景规约的行为在不同文化的相同情景中，很可能是违约的行为，它可能会导致严重的后果。也就是说，相同的情景在不同文化中其情景适应性规则是不完全相同的。例如，在我国文化中，师生之间在某一特定情景中，如在学校里交往时，所应遵循的情景适应性规则与英语文化中师生之间在相同情景中所应遵循的情景适应性规则不尽相同。这是两种文化在深层文化上的差异在交际层面上的体现。

（二）基础背景文化

基础背景文化指某种语言产生和使用的社会历史文化背景。大学英语教学中对基础背景文化的导入应包括有助于学生理解所学内容的文化背景知识：目的语的政治、经济、天文、地理、历史、文学等方面的背景材料。缺乏这些知识会导致理解困难，而了解相关的文化背景更能帮助学生进一步理解教材，更恰当地接受并运用材料中的语言知识，我们应在课堂教学中及时讲授有关文化背景知识。在教学过程中，教师应设法帮助学生了解目的语国家的文化背景并避免用本族的文化标准来衡量其他民族文化，努力培养学生的跨文化意识，避免由于文化差异而导致理解上的错误。

（三）词语文化内涵

词汇在语言中占有重要的地位，没有语法不能很好表达意思，而没有词汇则什么也不能表达。目前学生中普遍存在一个误区，即认为背单词是提高英语水平的唯一途径。有些学生学习英语相当努力，也确实背了不少单词，但是考试时的成绩总不令人满意。原因是他们只是记住了词语的字面意义，而在具体的语言环境中词语的意义常常是依据上下文而出现很大差别的。因此掌握词语的文化内涵就更为重要。词语文化内涵比较丰富的有习语、典故、委婉语、借代等。

（四）社会规范文化

规范是“社会或群体对所期望的和接受的行为所共享的标准或规则”。它与交际紧密相关，它是一套系统的规约，告诉人们应该做什么，怎样做，不该做什么。它是环境和符号（语言符号和非语言符号）之间的中介系统。

将规范分为三个范畴：民俗、道德规范、法律。法律属于政治的范畴，不是我们文化导入的重点。文化导入中的规范主要包括前两个范畴。事实上，道德规范也属于民俗的范畴，只不过它包含了道德和伦理的意义。民俗的范畴中与外语学习密切相关的内容主要有言语规则和非言语规则。道德规范反映在言语规则和非言语规则中主要指一些禁忌语和忌讳的体态语等。

一个社会中人们的言语行为必须遵守其社会或群体所共享的言语规则。言语规则是约定俗成的规则，它制约着一个社会或群体中人们的说话方式与内容，反映了不同社会在文化背景和价值取向等方面的差异。英汉两种语言在日常言语行为方面存在着很大差异，如在实施“问候”这一言语行为方面，汉语中人们一般可以根据对方的具体情况即景即情问话。

人际交流是通过两种形式进行的，一是言语行为，二是非言语行为，后者也是极其重要的交际形式。非语言交际在交际活动中也是非常重要的。很多非语言行为都是约定俗成的，为不同文化所独有。因为文化差异的存在，相同的非语言行为可能表示不同的意义，而不同的非语言行为则可能具有相同的含义。

（五）自然地理文化

不同的地理环境会塑造出不同的民族性格。掌握一个国家自然地理环境的知识不仅有助于我们了解和理解一个民族的国民性格、价值观念，还有助于我们理解一些语言单位所蕴含的文化意义。如“west wind”和“西风”在中国文化和英语文化中有不同的含义。由于中国和英国地理位置的不同，当西风吹起来的时候，英国正是万物复苏的春天；而在中国则正是深秋或隆冬，天气变冷，树木凋零。因此“west wind”在英语中是希望和力量的象征，而“西风”在汉语中则是凄凉和萧条的代名词。因此，了解一个国家或民族的地理环境是理解这个国家或民族文化的基础。

（六）社会习俗和价值观

语言反映文化，文化的不同必然导致语言的不同。在跨文化交流中，一种文化中人们习惯交流的话题可能是另一种文化中人们设法回避的话题。正确掌握文化禁忌是实现跨文化交际的前提。中国人见面时常问“你吃了吗”“你去哪儿”，交谈中习惯于问对方的年龄、收入、家庭状况等，而这些在西方国家都是交谈的禁忌。此外，在中国，个人主义一般是贬义的，中国更强调集体表现和合作精神；而在西方，则强调个人表现和竞争，他们认为不愿意显露自己才华的人是不可思议的，这就是文化差异，即价值观不同的问题。这些社会习俗和价值观的差异会给英语语言的顺利交流与应用造成一定障碍。鉴于此，教师的教学目标和任务是帮助学生跨越或者是填平这些文化差异的鸿沟。大学英语教学中的价值观引导，也就成了教师要注重培养学生的逻辑思维能力和批判分析能力，即是非善恶的判断与分析能力，教师应将其有机地贯穿于培养学生语言知识的积累与创新、语言运用能力的开发与提高、文化知识的积累和跨文化交流能力的过程中。一种文化，最根本的性质是指一系列的价值观念。教师必须以科学价值观为指导来培养学生的语言、文化知识与应用能力，这样才能真正帮助大学英语教学，推动学生科学和人文素质的协调发展。

三、大学英语教学中文化导入的原则

不同文化在价值取向、生活方式、思维方式、社会规范等方面都存在差异，不同的社会，人们举手投足，一言一行都恪守各自的风俗习惯，并反映其价值观念。交际过程中，在遵守其行为准则和社会规范的同时，人们都带着与其自身文化相应的社会期望。交往规则或社会语言规则，不仅因文化而异，而且具有无意识性质。这意味着尽管一个人对自己的母语的使用规则能达到炉火纯青的地步，他们对规则的存在却毫无意识，因为他们是毫无意识地习得这些规则，而且能无意识地用这些规则去判断别人的言语或交际是否正确得体。由于语用迁移，人们在使用第二语言或外语交际时，尽管语言能力很强，但常常会遇到一些障碍，致使双方难以沟通而产生误解，甚至导致意想不到的后果。这种失误表现在语言使用的各个方面，包括言语功能、言语行为的实施（尤其表现在问候、恭维、感谢、抱歉、拒绝等言语行为方面），篇章组织结构，交际风格，交际方略，交际规则，礼貌规则等方面。教师应要求学生理解目标语文化以及相关的观念或交际期待。为提高学生的语用能力和交际能力，教师在教学中应注意加强文化内容的导入。由于文化涵盖极广，我们必须遵循有效的导入原则。

（一）主体性原则

新课程标准强调“以学生为主体”的教学原则，这一原则体现在课堂教学中学习任务的设计，即学生在老师的指导下，通过语言实践来感知和体验，达到实现语言目标的学习，这样就保证了学生主体作用的发挥。因为，只有在语言活动中，学生才自始至终是自觉主动的语言实践者和学习者，而不是传统意义上的被动的知识接受者。学生通过自己的实践和思考活动，可以了解语言知识和能力的获得过程，经历语言学习价值的生成过程，体验成功或失败。由此可见，课堂导入中的学习任务提供了一条有效培养学生情感态度和人文精神的理想途径，学习任务给予学生体验语言学习的意义，培养完美人格的机会，是学生主体性原则的最好体现。

（二）简洁性原则

从系统论的观点来看，教学过程是一个系统结构，由导入、呈现、理解、巩固和结尾构成，五者是一个连续的整体，缺一不可。如果只重视课堂导入，而忽视其他环节，再精彩的课堂导入也不能达到整个教学过程预想的结果。所以教师在一堂课开始时就要尽量在尽可能短的时间内激发学生的兴趣，吸引学生的注意力。一旦学生学习的自觉性被调动起来，教师就要抓住这个教学过程的“黄金时刻”，进入下一个环节，开展正课学习。

导入只是一种准备教学活动，是安定学生的情绪，集中学生注意力，引发学生兴趣，明确学习的目的、任务和要求的过程。其主要功能是集中地让学生为新的学习做好充分的心理准备和知识准备。因此，课堂导入不宜费时过多，通常以3~5分钟为宜，应力求做到“简约而不简单”。若导入时间过长，就会使课堂起始阶段显得冗长，内容复杂，这容易引起学生的厌烦情绪，进而影响整节课的进程。

（三）适用性原则

教师要结合教材内容和跨文化交际本身需要，传授与文化交际密切相关的适用性文化知识，凡涉及影响语言信息准确传递的文化知识，都应是导入的重点，如果所导入的文化知识与学生能力的提高密切相关，学生的学习兴趣将会大大提高。

（四）实用性原则

文化的内容丰富而又复杂，因此教师在导入过程中应选取对跨文化交际使用价值大的文化差异，对日常生活交际密切相关的文化差异及有广泛代表性的内容应精简。实用性原则要求所导入的文化内容与学生所学的语言内容密切相关，与日常交际所涉及的主要方面密切相关，也要考虑学生今后从事的职业性质等因素。这样做一方面不至于使学生认为语言与文化的关系过于抽象、空洞和捉摸不定；另一方面使文化教学紧密结合语言交际实践，可以激发学生学习语言和文化的兴趣，产生良好的循环效应。

（五）差异性原则

学生的学习程度和水平层次存在着差异，这就要求教师在实施课堂导入时要加以充分的关注，让处于不同水平层次的学生都有“用武之地”。例如，对一般水平的学生，要求他们能听懂，按要求去做；对于英语水平较高的学生，则要求他们能用英语来表达思想和开展交流等。同时，教师在设计不同的课堂活动时，还要考虑不同性格的学生的需要。对于性格外向、活泼开朗、表现力强的学生可以考虑让他们去表演对话；而对于性格内向、不善言辞的学生，可让他们回答一些自己有把握的问题，以得到老师及同学的肯定，增强学习英语的自信心。这样的教学有助于发展师生之间、学生之间的情感，进而形成一个和谐的学习氛围，激发学生的学习动机。新课程标准把注重学生的情感列为课程目标之一，强调认知与情感的协调发展，体现“以人为本”的教育思想。

“导”与“教”一样无定法，切忌生搬硬套。对于不同的教材和教学内容，教师也应采用不同的课堂导入方式；即使同一教材、同一教学内容，对不同班级的课堂导入也要有不同的导入设计，使用不同的导入方法。这需要教师根据所教班级的具体特点，进行具体分析。如较沉稳班级和较活跃班级的导入设计应有所不同。对于同一个班级来讲，课堂导入的方法也要经常变换，这样才有利于保持学生的新鲜感。一堂好课必须有一个良好的导入作为前奏。课堂开始时的组织教学在于集中学生的注意力，引起学生的兴趣，那么新课的导入方法就更为重要了。针对不同类型的课题，教师可以用不同的导入语言和导入方法。根据课题的类型、学生的实际情况或者教学实际条件，教师可以选择不同的导入方式，如讲故事、提问、播放视频、表演、猜谜语、集体讨论、演讲等不同的方式，甚至可以用游戏或竞赛等方法，尽可能让每堂课都有新鲜感，让学生始终对英语学习充满兴趣和热情。

（六）阶段性原则

阶段性原则就是要求文化内容的导入应遵循循序渐进的原则，根据学生的语言水平、接受和领悟能力，确定文化教学的内容，由浅入深，由简单到复杂，由现象到本质。具体地说，初、中级阶段应着重交际文化的导入，因为它直接影响交际过程中信息的传递，属于表层文化；高级阶段则应重点导入知识文化，虽然知识文化在交际过程中不直接影响信息的准确传递，但它属于深层文化，是交际文化的“根”，是更深层次的理解，是掌握交际文化的钥匙。在实施阶段性原则的同时，教师必须注意文化内容本身的内部层次性和一致性，使教学内容不至于过于零碎。

（七）目的性原则

导入一定要有较强的目的性，让学生明确将要学什么、怎么学、为什么要学。教学的目的不同，侧重点则不同，各环节的时间分配和组织处理也应有所区别。教师在导入新课时常直接或间接地让学生预先明确学习目的，从而激发其内在动机，使其有意识地控制和调节自己的学习，但不论使用哪种导入方式，都应当有明确的目的。为达此目的，用于导入的故事、图片、游戏、歌曲以及所采用的语言材料都要与课堂教学内容密切相关。否则，导入形式再新颖，也不会有好的效果。

（八）母语文化与目的语文化兼容并举原则

在跨文化交际中，人们关注更多的是母语文化对语言交际活动形成的负迁移影响，却往往忽略母语文化同样可以发挥正迁移作用。作为与目的语文化进行对比的工具，母语文化能更深刻地揭示目的语文化的一些主要特征，从而加深学生对民族文化本质特征的了解。有学者在研究中发现，跨文化交际的文化制约并不是来自对目的语文化的不了解，而是来自对目的语文化和母语文化之间差异的不了解。因此，外语教育中的文化教学既要关注目的语文化的导入，也有必要更好地学习掌握本族语文化的精华，二者应兼容并举。对两种文化进行对比研究是消除语用失误和文化失误的重要途径。

（九）文化教学坚持中西文化并重的原则

目前大学英语教学中存在的问题之一是一味强调目的语文化的传授，而对中国文化及其表达式的传授没有给予足够的重视。许多英语学习者由于长期模仿和浸透英美文化，清空母语文化积淀，对英语国家文化的认同超过对自己国家文化的认同，削弱了对母语文化的了解，在一定程度上变成了西方文化的“语言工具”。所以，在大学英语教学中，教师应结合中西文化的关联性，适时、适量增加中国文化元素，使学生了解中国文化知识的水平与了解西方文化知识的水平呈同步增长之势，加深他们对中西文化的差异性认识。同时，在教材编写方面，我们要注重中西文化并举，适当增加母语文化知识比例，让学生在接触英语文化的同时有母语文化输入的机会，这对学生了解目的语文化，厚积母语文化具有直接的助推作用。

四、大学英语教学中文化导入的方法

教学中教师要做到既不放弃知识文化的积累又要加强交际文化的导入。交际文化的传授应该从日常生活的各个方面入手，教师主要向学生讲述英汉常用语在语言形式和风俗礼仪方面的差异。文化导入应侧重知识文化，以提高学生的文化意识和文化修养为主，使学生了解西方人的价值观以及他们的思维方式等。教学中文化导入的方法如下。

（一）直观导入法

心理学告诉我们，人们直接感受事物比通过载体、媒介感受要来得轻松、生动、深刻。课堂上使用真实的物品、生动的画面或仿真的场景，会使学生有置身其中的感觉，使他们闻其声，见其形，临其境，感其情，沉浸于交际性课堂的氛围之中。实物、图片、音乐、视频等为媒介实施的课堂导入，这些直观的实物能够快速吸引学生的注意力，提高他们学习的兴趣和积极性。在现实的课堂教学中，教师如果能将这些实物搭配合理，运用得当，往往能够收到事半功倍的效果。

1. 图片导入

图片与实物一样，也是一种非常直观和生动的教学辅助材料，适当巧妙地利用图片往往能收到语言表达难以实现的效果。对于无法引进实物而又距离学生生活实践较远的内容，图片就可以大显身手。利用图片导入课堂教学活动通常有以下几种形式。

首先，利用教材中已有的插图导入新课。现在中小学英语教材一般都配有与课文学习内容紧密联系的插图。教师为了让学生对教材的内容有所了解，往往对插图加以描述，学生结合图片和老师的提示就能加深对学习内容的理解。这有利于激发他们的学习兴趣，提高其参与的积极性。

其次，利用网络收集图片进行导入。教师通过网络收集的图片相比文中插图更具有新鲜感，但是需要用电脑等辅助设备才能进行展示。

另外，对于年龄较小的学生，教师还可以用卡片或者挂图进行导入。比如，学习水果名称时，教师可以拿一些卡片展示给学生，让学生说出卡片中水果对应的英语单词，从而让学生认识这些单词。卡片比起实物来，更方便且能重复利用。

根据心理学研究成果，一个人经过一段时间的注意力集中后，注意力就会有所分散，尤其是年龄比较小的学生，注意力集中的时间段较短。而恰当运用图片会有助于学生注意力的转移，从而延缓注意力分散时间的到来。

2. 简笔画导入

在课堂教学中，实物、图画有着特殊的信息沟通作用，但当这两种条件都无法达到时，教师就可用简笔画作为课堂教学的辅助手段开展教学活动。简笔画在现代语言教学中是一种既简便又经济的直观教学辅助手段。应用简笔画进行英语教学，能够迅速经济地给学生创设生动有趣的英语学习情景，引导学生直接进入英语思维环境，增强他们的形象思维能力，激发他们听说英语的积极性，使课堂气氛变得活跃。

3. 多媒体视听说导入

多媒体集图像与声音于一体，能吸引学生的注意力，增强学习的感官刺激，并能激发学生的学习动机，同时能加大教学密度，优化教学效果。运用多媒体手段导入新课，采用视听结合的方式，将使学生在心理上和知识上做好学习的准备。

传统的教学模式往往以教师为中心，教师仅利用讲解和板书作为教学的手段和方法向学生传授知识，学生则被动地接受教师传授的知识；现代教育建构主义学习理论以学生为主体，教师在整个教学过程中起组织、指导、帮助和促进的作用。教师需利用情景、协作、会话等学习环境要素充分发挥学生的主动性、积极性和创新能力，最终达到使学生有效地实现对当前所学知识的意义建构的目的。在这种模式中，媒体不再是帮助教师传授知识的手段、方法，而是用来创设情境、进行协作学习和会话交流，即作为学生主动学习、协作式探索的认知工具。结合声音、图像以及动感的画面可以让学生沉浸在教学要求的氛围之中，使较为抽象枯燥的语言知识变得生动活泼，对于提高学生兴趣，活跃气氛，提高其主动学习、积极探究具有很重要的作用。

视频导入虽能弥补其他直观导入法的缺陷，集声音、音乐、图片、动画等优点于一身，能快速有效地吸引学生注意力，但是其播放时间不能太长。教师应把学生的注意力适时地引导到学习内容上面，而不是一味地任由学生放纵他们的思维和注意力。那样的话，不但不能收到预期的效果，反而会分散学生的注意力。

（二）测试法

通过测试学生所学语言的文化知识背景和外语交际能力，找出中国学生在英语学习过程中易犯的文化错误，从而有针对性地导入文化知识，这也不失为文化导入的一个行之有效的方法。

（三）典故引入法

典故是人们在说话和写作时所引用的历史、传记、文学中的人物或事件。运用典故不仅可润饰语言，使之丰富多彩，生动清晰，而且使人们更易于沟通思想。

大多数人在说话和写作时都引用历史、传说、文学中的人物或事件，这些人物或事件就是典故。基于某些词汇的神话背景，将这些词语与英语中的其他词语组合而成固定的短语，这些短语表达与相关神话背景相关的语义。在教学中若遇到此类典故，教师应仔细讲解。这样，不但能提高学生的学习兴趣，而且能增强他们的阅读能力。

（四）课后补充法

英语课堂教学毕竟有限，尤其是大学英语，教师要充分利用第二课堂辅助进行文化教学，组织学生观看英文原版录像、电影，录像和电影提供的语境多，学生可观察姿态、表情、动作等辅助语言手段。教师还可以鼓励学生大量阅读与文化现象有关的书籍、报纸和杂志，留心积累有关文化背景方面的知识；让学生主动与外籍教师和留学生接触交谈；举办专题讲座；开设“英语角”；让学生收听 VOA 和 BBC 英语广播等等。这样就可以让学生逐渐深入了解所学语言国家的历史、地理、文学、教育、艺术、哲学、科技、风俗习惯等各方面的知识。

（五）课内外活动法

为了更有效、更有针对性地在大学英语教学中进行文化导入，教师除了采用上述的文化导入方法外，还可“设计各种各样的课内外活动，并尽量使活动融知识性和趣味性于一体，寓教于乐，以激发学习者的热情”。这项活动可使学生复习所学过的词汇知识，发挥丰富的想象，有机地把语言学习和文化学习在大学英语教学中结合起来。

成功的大学英语教学应是语言与文化相结合的产物，孤立的语言教学不能保障交际的顺利进行。在大学英语教学中，教师不仅要讲解语言知识，训练语言能力，还要注重文化导入，把文化导入的各种方法和途径融合于教学实践中，加强学生文化意识的培养。

（六）文化习俗对比法

对比法是跨文化语言教学中的一个极为重要的手段。中西方文化差异经常成为困扰学生学习英语的阻碍因素，因而将文化教学渗透到大学英语教学的各个方面就显得至关重要。“有比较才有鉴别”，我们只有通过对比才可能发现学生母语和目的语语言结构与文化之间的异同，从而产生一种跨文化交流的文化敏感性。礼仪、风俗习惯的中西差异是我们在英语课堂教学中不可或缺的内容。学习外语，必须学习目的地国家或地区人民的生活礼节、习惯等。

（七）词汇文化内涵介入法

词汇的文化内涵一般指其感情色彩、风格意义和比喻意义等。因为文化背景的不同会导致社会观念不同，所以人们会对同一事物有不同的认识，如不加注意，以母语文化模式去套用，就会引起误解。因此教师凡是遇到在英汉语言里具有不同文化内涵的词汇，就应不失时机地提醒学生。

（八）有关的文化知识加以注释法

教师要根据教材每节课的内容，渗透相关英语国家的历史地理、风情习俗及政治经济等知识，使学生能在更好地理解所学课文的同时加深对有关文化的了解。

五、大学英语教学中文化导入的措施

多年来，众多学者对在大学英语教学中文化导入的必要性进行了比较充分的论证，其中也不乏对实施文化导入的方法与策略提出的有价值的尝试。但是在大学英语教学中文化导入的实践中仍存在很多问题，主要包括文化导入比较零散，不够系统；文化导入中中国文化缺失，造成文化导入与语言学习和语用能力培养脱节；以及忽视对不同文化和价值观念的正确态度的培养，文化导入不能够激发学生的学习兴趣等。针对这些情况，如何在大学英语教学中更加高效地进行文化导入，以提高大学生的跨文化交际能力，有如下措施。

（一）英语教师提高英语国家文化素养的措施

在英语教学中要有效地培养和提高学生的交际能力，首先要弥补英语教师英语文化知识的不足。英语教师继续教育是很好的补缺机会。在继续教育中，我们要加强文化背景知识的教学，使英语教师深入细致地了解英语国家的历史、文化、传统、风俗习惯、生活方式甚至生活细节，从而使英语教师提高英语国家文化素养，为改善英语教学创造条件。

1. **更新教育观念，树立良好的文化意识**

英语教师必须认识到英语教学不是被动式吸收英语知识，而应该把英语教学当成一种文化教育，旨在帮助学生树立正确的文化意识观念。英语作为国际通用语言，教师必须更新自身教育观念，以正确和发展的眼光看待中西方文化差异，培养尊重不同文化的态度和自身的文化交际意识，努力强化自身的文化素养，以促进更好地教学。英语教师只有先从思想的高度认识到文化素养的重要性，才会努力把英语教学当成文化教育来展开课堂教学。我们还要在对比汉语文化与英语文化差异的基础上，以英语文化中较为突出的文化特征，尤其是容易引起交际困难的文化特征为背景编写教材，将其作为专门的英语文化课程的内容。英语继续教育是面向全体英语教师的成人教育，英语教师之间的年龄、学历、职称等方面还存在着很大差异，因此，我们应对不同层次的英语教师实施不同的教学内容。对那些英语文化知识几乎是空白的教师要比较系统地介绍英语国家，尤其是英、美的历史、地理、传统、风俗等；对那些曾接受过英语文化教育的教师，要更新教学内容，着重介绍新的语言文化现象。

2. **结合教材内容，有针对性地提高文化素养**

读懂英美文化课本不是一件轻松的事情，英语国家有很多，随着对外交往的扩大，我们对英语国家文化的学习不能仅仅局限于英国和美国。一般的英语国家文化课本已经包含主要英语国家即英国、美国、爱尔兰、新西兰、澳大利亚、加拿大的社会与文化。各国专家编写自己国家的社会与文化，因而对各个国家文化的学习相对独立。如果一个国家一个国家地学习，头绪繁多，而且很难整合，我们要想在纷繁复杂的内容叙述中架构系统的知识体系，就必须要掌握关键知识点，进行对比、分析、综合，了解其本质特征。这就需要教师建立起多维文化视域，用批判性的眼光对待异国文化，适当吸收。教师可以在教学过程中结合教材对比本土文化和英语国家文化，丰富英语国家背景文化知识，使自身在文化学习中提高文化素养。教师可以通过结合教材内容，转变英汉思维，了解差异，来树立真正的跨文化意识，有效提高自身文化素养，从而做一名符合教育发展趋势的英语教师，不断往专业化方向发展。总之，只有吃透教材，形成系统化的社会与文化知识体系，教师才能在实际应用中胸有成竹，有的放矢，才能有效地完成教学任务。

3. 英语继续教育教材内容包括丰富的文化点

英语继续教育各门课程所选用的教材内容都应该是尽量丰富的文化点，我们也可以选取将文化内容与语言材料结合起来的文章。英语文学作品的阅读也是一种学习英语文化知识的重要方法。一个民族的优秀文学作品是该民族文化的精华部分，是传统文化的积累。因此，文学作品是了解一个民族的最生动、最丰富的材料。相关课程应选择一些有助于学员在短时间内提高交际技能的文学作品，还可以安排一定量的报刊选读。阅读报纸、杂志或阅读从报纸、杂志上选下来的文章，也是了解当前社会各阶层、各种社会问题、各集团的动态和社会关系的最直接的途径。从这里所了解的信息是最新的，往往也是教材所缺少的，这种做法可以扩大教师的知识面。

4. 以英、美文化课为依托，深化对英、美文化的理解

英语教师最系统的文化训练应来自大学期间英、美文化学习的课堂，目标语的学习者运用自己的思维形式，用原汁原味的英语叙述自己的本土文化。读懂原著的英语文化是非常具有挑战性而且是非常有意义的：一方面可以综合提升英语语言词汇语感的能力，另一方面又能了解英语国家文化。所以，英语学生应重视英美文化的课程学习，同时要夯实自己理解文化的知识基础，要大量查阅有关英语国家的人文书籍、地理书籍、社会制度书籍，以课文为依托不断扩充和深化自己的社会与文化知识，不仅要读懂字面的文化知识，更要读懂文化形成的深刻原因。而要读懂文化的形成原因需要以许多知识原理为依托。形成目标语国家的社会与文化体系需要老师的引导，更需要对学习这门功课的必要性的认识，还需要调动自身的潜力。有良好的社会与文化课训练的人，才能够掌握相关的文化知识，真正建构目标语国家的文化体系，形成系统的文化观。

5. 英语文化教育应贯穿于继续教育的各门课程之中

在英语继续教育中，我们应使英语文化教育与其他课程的教学浑然一体，使英语文化教育贯穿于继续教育的各门课程之中，用社会语言学的基本理论来指导教学，处理好语言与文化的关系，语文能力与文化能力的关系让英语教师充分注意了解英汉交往中东西文化差异的广阔范围和诸多因素。英语教师继续教育所开设的各门课程既应从不同的视角，展现英、美等国的社会阶层、家庭结构、职业等社会文化大的方面，又要重视约会、打电话、吃饭、打招呼等社会生活细节，以及词源典故、成语、格言、委婉语、禁忌语、敬辞、谦辞、语体等反映文化差异的因素。在继续教育中，强调英语语言的社会文化因素，会帮助英语教师逐渐形成对英语文化的敏感性。

6. 加强继续教育，扩大对外交流，提升自身文化素养

只有不断加强学习，才能不断提升自我。因此，英语教师可以通过多种途径，加强继续教育，提升自身文化素养。教师可以注重加强精神和表达文化学习，深入了解英语国家的人文风情、地理面貌、传统节日等内容。此外，英语教师可以利用互联网进行继续教育，多观看英语电影和外国综艺性节目，从观看过程中感受英语国家文化，使自身视野不断开阔，进而提升文化素养。最后，英语教师继续教育工作也要适应时代的要求，加强对外的交流与合作，做到“请进来，送出去”。我们应请进英语国家的专家学者直接参与英语继续教育工作和英语教学，增加英语国家的专家学者与我国英语教师们进行座谈交流的机会；还要经常选派英语教师出国培训，使其身临其境，直接了解英语国家，切身感受英语文化。这极有利于教师认识比较汉英语言、文化的差异，进而有效培养和提高其文化素养。

综上所述，中国在开放，世界在融合，英语教师英语文化素质偏低并直接影响学生英语交际能力培养的情况不能再延续下去了。同时，英语教师必须提高自身的英语文化素养，不仅要注意英语国家文化、社会、风土人情的了解，更要重视和拓展对英语文化课程的学习，还要在英语阅读的过程中注意积累英语国家文化的知识，使英语国家文化的知识深化和系统化。英语教师要掌握本土的文化，学会中西方文化对比分析研究，真正地在自身文化底蕴的基础上增加对其他民族文化的理解和认同，最终实现顺利表达本土文化以及与英语国家进行跨文化交际的教学目的。

（二）大学生提高英语国家文化素养的措施

1. 充分利用多媒体技术

随着信息技术的不断发展，多媒体正作为一种现代化的教学手段应用于课堂教学，如课件制作、网络教学等。那么，教师就能利用多媒体给学生播放一些反映英语国家文化的电影、电视，寓教于乐。还有一些软件也是很好的文化交际教材。这种多媒体教学打破了传统教学的枯燥乏味，也增强了学生的学习热情，优化了课堂教学，搞活了课堂氛围，进而提高了教学质量。

2. 利用英语课堂传授文化知识

英语教师应当充分利用课堂教学使学生明白英语学习不仅是词汇、语法的学习，更是文化的学习。学生只有懂得欣赏英语国家的文化，才有兴趣学习英语。教师可以在每堂课正式上课之前抽出几分钟时间向学生介绍一些英语国家的文化，也可以让学生自己在课后收集文化方面的材料到课堂上以演讲的方式介绍，以培养他们的自主学习能力。此外，教师可利用教材适时导入与教材相关的文化背景知识，这能在很大程度上激起学生的学习热情。

3. 举办中西方文化交流活动

教师可以指导学生组织举办各种学习英语国家文化的活动，如英语演讲比赛、英语知识竞赛、英语国家文化知识讲座、英语辩论赛等。学生通过自身的参与能更加深入地了解英语国家文化和中国传统文化的差异，从而最大限度地减少实际运用英语进行交际过程中遭遇的“文化冲突”。

此外，在条件允许的情况下，我们可以“走出去”，身临其境地了解英语国家的文化。总之，文化是在发展中不断变化的，我们也得用发展的眼光去了解英语国家的文化。

第四节　大学英语教学中文化意识的培养

大学英语的教学目标是培养学生的英语综合应用能力，同时增强其自主学习能力，提高综合文化素养，以适应我国社会发展和国际交流的需要。由此可见，大学英语教学的目的就是通过语言的学习，使学生具备一种新的文化意识，能够在了解别的文化的基础上，比较鉴赏不同的文化，进而培养学生全面的文化观，提升全面综合素质。通过语言学习掌握学习策路，进而培养良好的学习习惯、方法和技能，提高整体的学习效率，这也正是通识教育的主要目的。

文化意识培养是语言教学中不可分割的重要部分，英语教师在语言教学中要适时适度地将文化意识的培养与语言教学结合起来。我们的外语教学，要从纯语言技能教学转向内容教学，在课堂教学实践中，要从文化理解和语言感知能力方面着手，创设以学生为主体的激发学生创造性思维的融洽氛围，运用多种教学手段，通过科学性、开放型的教学大纲设计和教学实践来培养和提高学生的思维能力，最后使其获得一定的语言交流能力，从真正意义上把学生培养成为有思想的、有一定鉴赏能力的文化传承者和宣传者。

然而，大学英语教学中文化意识怎样培养呢？那就是要在教学实践过程中，得到相关部门的支持，从主客观上去培养大学英语教学中的文化意识。

一、对教育主管部门的建议

（一）加大教师培训的力度

有关资料显示，很多教师承认自身的跨文化知识储备不足、不系统，并且得不到及时的更新，并在进行文化教学时难以对其准确把握，因此在教师职后教育中加大文化培训的力度是十分必要的。教师进修学校是我国教师教育体系中的重要环节，是我国师范教育的重要组成部分和教师职后教育的重要阵地，在教师的培养和培训中发挥着重要作用，但目前在各类培训活动中，学习教育理论往往被放在第一位，文化知识等专业知识的培训相对缺乏。

每个地区的教育管理部门是教师进修学校的直接领导，应从以下几个方面发挥好教师进修学校的教育培训作用，加大培训的力度。首先，应定期在各个中学选拔擅长文化教学的优秀英语教师，为他们提供机会，以进修学校为平台，在开展先进教育教学理论学习的同时，开展如“如何更好地进行英语文化教学”的专题讲座，起到以点带面的作用。其次，应该针对城乡差距，面向相对落后的乡镇中学教师提供专门的语音、语调和口语表达能力和现代教育技术等培训内容，让乡镇教师更多地接触文化教学的新信息，同时提升他们的语言和文化的专业素质，以缩小与城市教师的差距。最后，由教师进修学校牵头，在城乡中学间通过示范课、研讨课、讲座等形式，开展短期或长期的互助互动型定期交流活动，也可以由教育主管部门提供机会让城乡英语教师出去学习或者引进英语国家的教师和专家资源，开展国际交流与合作，让教师更深入地了解英语国家的文化背景知识，开阔视野，也可以提高英语教师的语言水平和教学水平。

（二）加大物质资源的投入

物质资源的配备在一定程度上制约着学校教育水平的发展，其中自然包括对英语教学中跨文化意识培养的制约。我们常常从硬件和软件两方面来衡量一所学校的资源配备。

硬件资源主要指教学设施与设备，软件资源主要指教育信息与资料等。

因此，建议教育主管部门首先要在学校基础设施建设方面加大投入力度，完善教育信息网、校园网等不同层次的数字化信息平台的建设，促进各中学实现校际间的教育资源共享。其次，在进行资源配置时尽量向乡镇中学等相对落后的地区倾斜，除必备的课本外，尽量为各中学配足配齐练习册、挂图、书籍、光盘等跨文化意识培养所需的课程资源，同时积极开发和利用报纸和杂志等其他资源媒介，为形式多样的、内容丰富的文化教学活动奠定物质基础。

二、对学校的要求

学习任何一种语言，语境都是十分重要的。语言习得理论和教学实践证明：置身于语言环境是学习语言的最佳途径。非英语语言国家的学生学习英语，尤其是中国学生缺乏英语语言环境，接触地道英语的机会很少，除了在英语课堂上使用和接触英语，几乎就没有时间和英语打交道，对英语文化知识知道得少，更没有机会亲自到英美国家去感受他们的文化氛围。英语学习需要真实自然的语言环境。因此，学校和教师要努力创造英语文化氛围与环境，营造英语文化气氛，让学生能置身于真实的语言环境中使用英语。学习英语，不仅学习英语文化知识，更要培养跨文化意识。学生学习英语的过程不可避免地要受到班级学习环境、学校教育环境乃至社会文化环境的影响，这三层环境的关系由小到大，由具体到抽象又是层层包围的。

（一）搞好校园英语文化氛围的建设

每个学校都有面向全校师生的公共宣传栏。这种宣传栏通常版面较大，位置醒目，学生每天都有机会到宣传栏阅读，在学校的宣传活动中起着不可替代的作用。因此，学校可以充分利用宣传栏开辟专门的英语学习园地或者专门建设英语文化长廊，如介绍一些需要时间进行记忆的习惯用语和名言名句或英语美文，或利用这些展板定期进行英语文化宣传，鼓励学生主动关心国内外大事。这对于强化学生对知识的记忆和巩固，培养他们的世界意识都是非常有利的。

利用校园广播指导学生进行英语晨读也是创设英语文化氛围的有效方法。每天滚动播出的英语节目相对于橱窗、宣传栏等静态媒体而言具有立体动态的优势，对学生的语音、语调、语感的培养能起到润物细无声的作用。

另外，从社会语言学的角度来看，语言是受社会的影响和制约的，是社会的产物。语言的形成和变化过程与客观世界、社会实践有密切的联系，而且随着社会以及人们认识的发展而发展。因此，学校自然也应当结合社会文化环境的理论来丰富培养学生跨文化意识的内容与渠道，如给学生创造机会，带领他们走出校园，让其积极参加口语大赛等英语文化活动等，这不仅能增加学生的锻炼的机会，又能使学生在活动中提高水平，丰富知识，对学习英语保持长久的兴趣。

（二）引进外籍教师

在参试的三所学校中，老师和学生的跨文化意识测试结果最高的一所学校与其他两所学校的一个显著不同之处是，该校长期聘请有正规资质的外籍教师参与日常的外语教学，而其他两所学校一直没有外籍教师。可见，引进外籍教师对培养学生的跨文化意识有非常积极的重要作用。外籍教师自身无可比拟的文化优势决定了他们可以从不同角度与不同侧面对学生的跨文化意识进行潜移默化的渗透与培养。来自英、美等国的外籍教师每个人都是母语使用者（native speaker），在语言教学和跨文化知识的传授方面具有不可替代的优势。

外籍教师本是异国文化的承载者和传播者，他们的参与可以将活生生的语言与文化带给学生，让他们直观地感受真正的英语，与此同时，学生在与外教交往中，可以深切感受中西文化的差异，能身临其境地体会外来文化的细微之处，这使学生的书本知识与真实生活语言之间的距离缩小。

大多数外籍教师幽默风趣、善于表演、个性张扬，与中国教师含蓄持重的传统形象有很大差异。他们的教学方法新颖活泼，课堂气氛融洽和谐，并且非常注重学生自己的独到见解与个人潜力的发挥，尤其是在激发学生学习兴趣方面，外籍教师的很多做法值得我们好好学习。但外籍教师在中国的英语教学也存在着一些问题，有些外教上课非常随意，如没有固定的教材和教学计划，教学目标不明确，授课缺乏系统性，而且外籍教师普遍认为目前我国所使用的教材内容滞后，形式单一，他们往往会随意选编教学内容。有些外教对我国的常规教学管理细则考试须知、课堂管理须知、课外辅导、相互交流活动不知或知之甚少，这经常会造成不必要的麻烦。另外，对于外教口语课的考试成绩缺乏统一的检测标准。鉴于切实存在的种种不足之处，应从以下几个方面对外籍教师严格管理。

1. 严格审核外籍教师的专业教师资格

教师资格认证制度是国外通行的师资检测手段。和中国一样，在国外从事教师职业的前提也是拿到教师资格证书。教师以专业人员的身份出现，教师资格证书得到州教育部门承认，获得教师资格证书，是申请公立学校教师职位的必要前提，美国各州政府根据需要，在各州相关法律中自行规定教师资格证书的认证要求。

不仅美国各州政府建立了完备的教师资格认证法律，英国、澳大利亚等世界上教育比较先进的国家，也对教师的学历要求很高，并且对教师的资格认证更加严格，这些国家均已建立了一套相对完善和有效的教师资格认证制度。严把外籍教师的资格审核关是保证外籍教师教学质量的必要一步。

2. 充分发挥外籍教师的文化传播作用

学校除了鼓励学生在课堂上大胆与外教交流，直接地感受文化的差异，增强跨文化意识外，还应鼓励学生积极参与由外籍教师组织的英语角、文化讲座、英语短剧、小品编演等第二课堂活动，以此实现课内课外一体化教学。这类课外活动的主题要涉及文化、教育、时事、旅游等各类学生感兴趣的话题，必要时可安排一个中国英语教师协助进行组织工作。

3. 将外籍教师纳入中国学校的管理体制并界定其工作职责与范围

为了避免外籍教师在教学中的随意性问题，确保教学活动有良好的效果，学校应要求每位外籍教师在开学前准备一份教学目的明确、内容清晰的课程教学纲要。外籍教师如不适用原教材，应向学校教学管理部门提交一份自选材料的复印件。同时外籍教师还应在开学之初的集体备课会上陈述本学期的教学目标、方式、材料以及课程作业形式和期末的考核标准。学校应要求外籍教师准时参加本校的教研活动并积极参与讨论。每位外籍教师都应严格遵守学校的上课时间，做到不迟到，不早退。同时本校英语教师还应欢迎外籍教师不定期参加自己的英语课堂听课活动，并随后提出他们的宝贵意见。外籍教师担任的课程至少在期末需要有规范的检测以及客观成绩上交学校教学管理部门存档。

只有在井然有序的教学环境中，外籍教师与中国教师尽最大努力发挥多元化的团队协作精神，共同去克服文化差异带来的摩擦，加强彼此之间的交流互动，为培养学生的国际化视野，学会与不同国度、不同文化的人士交流与合作，搭建相互交流和理解的平台，才能提高学生的跨文化意识。

三、对英语教师的要求

（一）挖掘教材的文化内涵

在学校里、课堂上，学生的学习始终在教师的引领下围绕着课本展开，课本中蕴含着丰富的英语文化知识，因此挖掘并善用教材中丰富的文化内涵是十分必要的。在教学过程中，教师如果只是照本宣科地仅仅关注对语言知识的传授与训练，而忽视跨文化意识的培养，势必会造成英语“学”与“用”的脱节。相反，如果教师合理地挖掘利用教材，将文化知识与语言知识有机融合为一个整体，这无疑将大大提升学生的跨文化意识。

因此，教师应根据教学的实际和教学的目标要求，通过开设相关的文化专题和各种符合学生兴趣的活动，利用丰富的教学手段对文化教学的内容进行必要的补充。

（二）组织不同形式的文化活动

学校和教师要组织生动活泼的课外活动，促进学生的英语学习。应根据学生的年龄特点和兴趣爱好，积极开展各种课外活动，这将有助于学生增长知识、开阔视野、发展智力和个性、展现才能。教师应有计划地组织内容丰富、形式多样的英语课外活动，如朗诵、唱歌、讲故事、演讲、表演、英语角、英语墙报、主题班会和展览等。教师要善于引导，保护学生的好奇心，培养他们的自主性和创新意识。英语文化活动的举办从时间上看可以按照日历的先后顺序介绍西方的节日，辅以东方节日的对比；从空间上可以分为课内活动和课外活动；从形式上分则有英语角、辩论赛、演讲和朗诵等。

英语课堂中有限的时间对于语言的学习和文化知识的渗透是远远不够的。因此，教师还应利用课后时间，组织丰富多彩的课外活动，如英语辩论、演讲或朗诵，同时鼓励学生有意识地主动收集有关英语文化知识的资料，学会自主积累文化知识。这些不仅可以使学生在丰富的英语学习环境中积累知识，较直观地了解不同的文化、风俗习惯、审美标准以及外国艺术、雕刻、建筑风格和风土人情，还能使学生体验自主学习的快乐，获得成就感，进一步增强对英语的兴趣。

（三）创设具有文化气息的学习氛围

教室是学生学习的主要阵地，虽然空间有限，却是学生在校生活时间最久的地方。具有浓郁文化气息的教室学习环境无疑能潜移默化地浸润学生的意识，熏陶他们的心灵。因此，教师可以充分合理地利用教室的墙壁和黑板报等位置，通过张贴美国或者英国地图，开辟英语角等不同方式，让学生对这些国家有一个形象的认识，使其感受外国人的思维方式，在潜移默化中，受到西方文化熏陶。同时，布置教室的活动也是充分发挥学生主动性和创造性的过程。教师可以鼓励学生自己动手来创设教室环境，如根据圣诞节、感恩节、万圣节等不同的活动主题让学生自行设计，编辑制作英语手抄报并进行展览。他们还可以自己寻找、选择并制作感兴趣的英语作品。

毫无疑问，对丰富多彩的英语文化知识的深入了解能够增强学生对英语的学习兴趣。另外，目前小组式的合作学习很受教师和学生的欢迎。合作学习是“一种以学生为中心，以小组为形式，为了共同的学习目标而共同学习、相互促进、共同提高的学习方式”。合作交流的过程是学生运用语言知识和文化知识传递信息的过程。

四、大学英语教学中文化意识培养的方法

在世界经济日益全球化的背景下，在新的教学手段和教学方法不断涌现的今天，英语教师应尽快适应新形势发展的需要，积极调整教学思路，拓宽视野，提高自身文化修养，以学生为中心和主体，把教学方式与学生的认知结构及生活经验相结合，实施有效的跨文化教育。当然，文化教学的方法多种多样，教师可以根据自身的教学情况，采用灵活多变的方法来提高学生对文化的敏感性，培养他们的跨文化交际能力。

（一）结合教材导入文化背景知识

教师在平时的英语课堂中应该结合教学内容介绍相关的文化背景知识，把语言教学和文化教学有机地糅合在一起。学生学习英语的时间主要在课堂上，平时很少接触该语言环境，遇到与课文相关的文化背景知识时，往往会感到费解，有时甚至会错误地认为外国人的思维方式和行为方式完全与我们相同。在这种情况下，教师要发挥其主导作用，直接给学生介绍文化背景知识，教师须在备课时精选一些典型内容与教学相关的文化信息材料，将它们恰到好处地运用到课堂上。教师在授课过程中，应就教材所涉及的文化背景知识，具有文化内涵的词汇、短语、成语等进行解说和介绍。这样不仅可以活跃课堂气氛，调动学生的学习积极性，激发学生的求知欲和学习兴趣，同时可以帮助学生更加深入地掌握文章主题，加深学习内容的深度和广度。教师要结合课堂教学展开的文化教育，使学生不仅仅获得语言知识和言语能力，而且还使他们由文化表层深入了解深层结构，形成跨文化交际的敏感性。

（二）加强文化知识在课堂教学中的应用

改变传统的课堂教学模式，将文化知识融入课堂。传统的教学模式是以单元教学为主题，强调语音语调准确，词汇量大，侧重词汇的搭配和使用，应试能力强，往往忽略了文化因素。在课堂上，老师是教学的主体，学生除了在课上听课，就是课下做大量的练习题。以这样的方式培养出来的学生一般基础扎实，能熟练掌握单词的用法，可以用英语写作，但由于不了解异国的文化，这样的学生无法正确理解和运用外语，无法进行得体的交流。

（三）充分利用现代化教学手段

21 世纪，社会对英语人才在知识结构、创新意识和综合能力等方面提出了更高层次的

要求，要更好地适应社会对大学生知识和能力的要求，现代化的教学手段和方法是必不可少的，它是使受教育者在短期内获得知识和能力的有效途径。

1. **电脑网络教学模式**

随着电脑网络的发展，电脑辅助语言教学得到了进一步的应用。在因特网上，可以通过下面这些方法辅助我们教学英语，如查看英语教学网页，有些网页提供了各方面大量的英语教学信息和资料；在网上交笔友，通过电子邮件进行交流沟通。

在网络上学生还可以直接点播外国电影、卫视英语节目和英语教学参考片等，可以在网络资源中接触大量真实的材料，这就为学生提供了获取英语信息和练习实践的机会。英语教师应对国际互联网的英文资料有较深的了解，因此可以根据自己的经验和教学需要向学生推荐适合学生水平的英语网站，同时要指导学生如何认知和理解外域文化，建立起开放合理的认知、理解外域文化的跨文化心态。

2. **多媒体自主学习教学模式**

随着计算机和信息技术的迅猛发展，网络远程教学、多媒体课件将成为英语教学的崭新手段。多媒体技术为语言教学提供了丰富的学习环境，其逻辑性与直观性创造出与讲授内容相关的丰富的语言环境，有助于学生对语言的接受和对文化背景知识的理解。教师可根据教学需要收集一些英语国家的物品和图片，通过一些形象真实的录像资料，加强学生对国外某些传统文化和习俗的感受，使学生了解外国的艺术、历史和风土人情，从而完成从具体形象思维到抽象思维的过渡，提高课堂教学效果。多媒体的运用，不但将声像结合起来，更重要的是提供了人机交流的便利。多媒体具有反复使用、资源优化、资源共享的特点，从而保证学生自始至终得到最好的外语资源，使学生听到本族人纯正的语音语调，对强化学生听力，适应外国人的语速语调，具有重要意义。由于多媒体网络技术环境下提供了大量形象生动的语言素材，大量的语言输入学习就交给了学生自己。课堂上，学生可以通过讨论发现并思考问题，创造性地发表自己的看法；课下，教师可以在校园网上建立有关英语学习的网页，为学生提供英语新闻、英语论坛等栏目，学生可以根据自己的语言水平、兴趣和学习风格选择学习内容，决定学习进度。这种自主的学习方式不仅体现了个性化的教学原则，且充分发挥了学生的主观能动性，是符合外语习得的基本规律的。

大学英语教学应用多媒体课件的物质条件已经基本具备。全国大多数学院已将大部分课堂教室进行了装修，有计划地充实电教设备，建立多媒体教学平台，建立校园网。上互联网，同时加强培训，使教师不断提高运用电教技术的能力。

3. **多媒体协作学习教学模式**

多媒体协作学习指的是一种通过小组或团队的形式组织学生进行学习的方式和模式。

这种教学模式的核心是任务教学法。任务教学法是继交际教学法之后，近十几年在外语教学方面出现的一种崭新的教学法。其理论根据实际上是建构主义。它强调学习的积极主动性、目标指引性、任务真实性、不断反思性和互动合作性。它具有以下的特点：①强调通过交流来学会用目的语交际；②将真实的材料引入学习环境；③学习者不仅注重语言的学习，而且关注学习过程本身；④把学习者个人的生活经历作为课堂学习的重要资源；⑤试图将课堂内的语言学习和课堂外的语言活动结合起来。中国式的任务教学法必须以多媒体网络技术为依托，以教材课文的语言和内容为蓝本来实施。这种主题任务教学法，就是围绕教材单元中的一个主题——如某一跨文化教育的课题设计任务，在教师指导下，让学生走出教室，利用网络查资料、读文献、做调查、写报告，再回到教室陈述、讨论。这种活动把听、说、读、写有机地结合起来，使学生学到的语言知识得到了应用，并在应用中盘活了正在学习的语言知识，真正做到了交际活动和语言学习相结合。这种教学模式特别有助于学生跨文化研究和交际能力的提高。

总之，教师要了解教学法和教学手段的选择就是为了建立轻松和谐的课堂气氛，帮助学生提高英语学习的效果，在充分利用现代信息技术的同时，要合理继承传统教学模式中的优秀部分，发挥传统课堂教学的优势，最终达到跨文化交际的目的。

综上所述，一个优秀的外语学习者，不仅是一个语言工具的使用者，还应该是另一种文化的接受者。大学英语教学中培养学生的文化意识也是一个很复杂的问题，其培养方法也应该是多角度、多层次的。教师只有根据教材、学生、环境等多方面因素，加强大学英语教学中的跨文化意识的培养，才能促进学生更好地学习目的语，培养出具有创新理念和全面发展能力的21世纪新型人才，真正实现大学英语教学的目标。

第三章 大学英语翻译教学与跨文化交际

良好的跨文化意识能够使学生像母语使用者一样思考问题，消除中外文化差异，能够在翻译当中译出符合母语使用者表达习惯的译文，使跨文化交流更顺畅，因此，跨文化意识的培养对大学英语翻译教学是十分重要的。在大学英语翻译教学的过程中，教师应该明确培养学生能够无障碍地与英语母语使用者交流的目的。传统翻译教学远远无法达到教育发展的需求，大学英语翻译教学需要进行彻底的转变。只有具有良好的跨文化意识和知识，才能转变传统教学以单纯的词汇、语法讲解为主的模式，以培养学生的跨文化意识为着眼点进行教学，实现进行有效的英语交流的目的。

第一节　文化翻译的原则和策略

一、从跨文化翻译看大学英语翻译教学的价值

（一）促进学生翻译能力与核心素养的培育

进一步培育学生的翻译核心素养与翻译能力。随着社会经济的逐步发展，翻译领域逐步受到更多重视与支持，在社会领域被广泛接受与推崇。在跨文化教育翻译教学领域中，翻译课堂教学受到诸多关注。随着大学英语翻译课堂教学地位的逐步提升，翻译课堂教学的逐步发展，翻译人才的需求也逐步增多，这进一步推动了大学英语翻译课堂的建设，进一步促进了大学生翻译能力的创新培养。全面提升学生的翻译核心素养和翻译能力，有助于进一步促进学生的翻译思维发展，培育学生的多方面能力，推动跨文化教育的不断完善。为此，对于学生的翻译核心素养与翻译能力培育而言，学校要全面推进学生翻译核心素养培育的教学发展，进一步创新学生翻译能力培育的教学模式，逐步探索更加有效的教学方式与教学策略，打造能力导向下的大学英语翻译课堂，这是进一步促进学生的翻译核

心素养培育，推动翻译课堂教学发展，促进我国跨文化教育发展与全面进步的关键，也是培育学生综合素质的重要途径。

随着翻译教育的逐步发展，我国的翻译课堂教学也逐步有了较快的、较高的发展规划，取得了广泛的共识。在具体的教育实践中，学生翻译能力的培育管理工作进一步得到了大量家长与学生的支持与重视。我国学生的翻译核心素养培育工作遵循了翻译课堂教学发展的规律，遵循了教育教学的实践路径，以强化翻译教学要求为重点，进一步以创新学生的翻译核心素养培育为基础，逐步打造了以学生的翻译能力培育、促进跨文化教育发展为基础的培养体系，逐步促进了核心素养导向下的大学英语翻译课堂的建设，这已经逐步成为大学英语翻译教学的发展方向与全面推进的基础环节。对于我国的翻译课堂教学而言，学生的翻译能力的培育，不仅关乎翻译课堂教学本身的发展与进步，也关乎社会对翻译人才的需求是否可以得到有效的满足。在翻译人才大量缺乏的现状下，对于中国来说，进一步打造核心素养下的大学英语翻译课堂，不仅是我国翻译课堂教学逐步发展、逐步探索、逐步提升的重要方式，也是我国翻译教育全面进步、全面发展、全面提升的关键举措，还是社会翻译人才需求的有效应对方式。

当今社会，翻译课堂教学必须进一步与时代发展、与人才的社会需求进行对接。在这种形势下，培养学生翻译核心素养与翻译能力的育人工作已经逐步成为我国翻译课堂教学与学生、社会之间进一步联系的纽带，已经逐步成为我国翻译课堂教学发展，我国教育进一步大发展、大繁荣的推动力。与此同时，对于社会发展而言，学生翻译能力培育的需求本身，也进一步赋予了新形势下大学英语翻译教学管理改革、逐步发展的内涵，并进一步推进了教学管理的逐步发展与强化，增强了大学生翻译核心素养培育的重要性。

（二）契合能力培育下大学英语翻译课堂的教学标准

在翻译教育中，教育课程标准基本理念中的第四点——注重创新精神中指出，现代社会需要充分发挥每个人的主体性和创造性。因此，在能力培育导向下的大学英语翻译课堂教学中，为了进一步培养大学生的翻译核心素养与翻译能力，教师需要重点关注学生的三个方面，具体包括：教师需要培养学生的创新能力，重视引导学生掌握方法，进一步引导学生完成创新思维的翻译活动转化。因此，在大学英语翻译课堂教学标准中，其针对翻译课堂教学提出了具有建设性的意见，总结来说，就是帮助教师引导学生，向学习目标发展。

（三）增进学生对翻译基础知识的认识

在大学英语翻译课堂教学中，对于学生而言，其进一步增进了学生对翻译知识的理解与认知，进一步提升了学生的翻译学习能力，促进了学生对多种多样的翻译理论知识、翻译思维能力的认知与理解，促进了学生翻译能力与核心素养的全面进步与逐步发展。在教育教学中，学生本身是培养对象与培养个体。对于学校而言，想要进一步培育学生的翻译思维与核心素养，需要注意翻译课堂教学的诸多方面，具体包括：教师要逐步探索翻译课堂教学的不同形式，逐步探索翻译课堂教学的不同风格，以此为基础，探索学生的翻译核心素养与能力培育的诸多方面，教师要积极认识到不同的翻译知识本身对于学生翻译学习的促进作用，并以此为基础，进一步探索翻译课堂教学的有效措施，逐步认识到翻译课堂教学对于培养学生翻译能力的促进作用。

翻译课堂教学在人才培育中的重要性也越来越大。对于翻译课堂教学而言，学生群体正是核心素养培育、翻译能力培育的关键群体，正因为如此，想要促进学生翻译核心素养的发展，需要进一步引导学生逐步夯实翻译基础知识，逐步锻炼自身的翻译思维，逐步学习全面的翻译理论知识。只有有效的翻译课堂教学方式，才能对学生起到启发和正确引导的作用。建设翻译课堂教学以来，学生的翻译思维有了较快的发展，其对学生的翻译能力与核心素养培育有一定的意义，对学生掌握丰富的翻译素材，掌握全面的翻译理论知识具有良好的促进作用。

（四）体现翻译课堂教学中的自主学习价值

能力培育背景下的大学英语翻译课堂教学实践对于学生的价值意义较为明显，对于学生而言，翻译课堂教学的自主学习教学应用有利于进一步激发学生的学习意识，锻炼学生的自主学习能力。说起学生的学习，家长是最能直接感受到的。因孩子的自制力强弱、学习能力强弱等不同，结果也会有所不同。造成不同的重要原因是孩子学习的内部动机。所谓内部动机，具体指的是人对一件事物自发的认识过程。

在教师实践中的价值。在大学英语翻译课堂教学中，自主学习教学实践对于教师而言，是一次很好的教学实践研究活动，有利于进一步促进教师教学实践的探索发现，促进教师成果的提升与发展。在教学实践中，教师通过探索分析，逐步提升自身的教学能力与水平，收获学生学习能力提升的骄傲与满足感，实现教师的使命与价值，助推翻译教育的创新发展，也实现自身的教学能力的成长与进步。翻译课程标准针对翻译教学活动提出了建设性的意见，帮助教师引导学生，向学习目标发展。因此，在教师方面，可根据实际情况和条件，向学生提出有关自主学习活动的建议，从而使得教师的教学活动也更加具有主动性和创造性，以此夯实大学英语翻译课堂教学的基础。

在翻译课堂教学中的价值。首先根据新课标向学生提出要求，然后学生制定学习目标，这样才能有的放矢地寻找所需信息，有利于学生对照目标进行自主学习。

在学生素质培养中的价值。能力培育下的大学英语翻译课堂应用本身立足于学生翻译核心素养与翻译能力的提升，通过对翻译核心素养的分析解读，从而达到最有效的效果，是全面促进学生素质培养的教学实践活动。对于大学英语翻译课堂教学而言，其本身具有重要的意义与价值。

（五）促进其他学科的发展

跨文化背景下的大学英语翻译课堂教学为翻译教学本身提供了很好的发展模板，其有助于进一步推动其他学科应用型的转型发展。在翻译课堂教学过程中，诸多学校的主要目标是进一步促进学校的转型发展，引导翻译知识本身向着应用型的角度迈进。但是，在教学转型发展过程当中，其也面临着诸多问题，具体包括：需要进一步探索一部分学科教学如何转型，探索如何培养应用型人才，探索与翻译教学面临同样转型困难的相似学科的发展路径。对于这些学科教学而言，从本质上来说，具有如下这些共同点：都在转型摸索当中，都正处在转型的尝试阶段，对于人才培养的定位较为模糊，相关需求较为薄弱。为此，对于上述学科而言，需要进一步借鉴大学英语翻译课堂的教学模式，以此为基础，探索更加有效的教学路径。当前，大学英语翻译课堂教学进一步采取了如下措施，并取得了良好的效果，具体包括：进一步准确定位学生能力培养的需求脉络，准确找准时机，进一步改变培养思路，发展建设翻译教育，培养学生的核心素养，满足教育的发展需求，关注学生的翻译思维能力的培养，进一步探索教育转型发展要求，夯实教育创新发展的基础。对于其他学科而言，其可以进一步借鉴大学英语翻译课堂的教学模式，逐步做好以下工作：把握发展脉络，探索人才培养模式，关注教学设置，进一步提升师资建设，促进实践活动，探索应用型转型的核心，以此促进学科课堂教学建设与学生能力的全面发展。

二、从跨文化翻译看大学英语翻译教学策略

（一）英语教师中外文化素养的培养

大学英语教师首先要加强对语言文化的学习，理清中英、中外文化的差异，在日常学

习和工作实践中，要积累中外文化差异的基本知识，在翻译课上传授给学生相关知识。

（二）大学英语翻译教学

毫无疑问，高等院校的英语翻译教学存在一些问题，如教学课时短，英语教材使用不科学、不合理。为了提高学生的英语翻译水平，高等院校需要扩大和增加教学英语翻译的时间和环节，使学生充分接触丰富的教学内容。

（三）外教的选择与师生的良性互动

我国高校在外教选拔过程中存在着一定的随机性和盲目性，外教的教学能力和互动能力没有得到充分的挖掘。很多外教在教学过程中无法与师生沟通，导致了外教课堂教学的“娱乐化”和观望现象的形成。因此，在选择外教时，首先要考察他们的教学能力，最好选择那些有着丰富中国生活经验的老师。只有这样的老师，才能站在中国学生的角度，用中国的方式思考，才能轻松克服文化障碍，成功地与学生产生共鸣。

（四）为学生创造良好的跨文化翻译学习环境

在英语翻译过程中，关键是要保证学生在不同文化背景下的翻译能够标准化、准确化，并能将所学的技能和知识，成功地运用到跨文化翻译的实践中，因此，无论是教师，还是学校，都需要为学生提供更多的跨文化学习和交流的平台，为他们提供更贴近社会翻译需要的跨文化学习环境。

（五）加强学生跨文化意识的培养

根据文化翻译理论，英语翻译不仅是一个简单的解码和重组过程，而且需要一定的文化意识。译者应该认识到翻译是一种跨文化的信息交流活动。

（六）运用多样化的方式推进翻译教学

1. 明确教学性质与目标

对于大学英语翻译课堂教学而言，其主要依赖学校的教育教学内容，但在学校教育教学中，想要进一步促进能力培育下的大学英语翻译课堂的建设，促进大学英语翻译能力的创新培育，需要学校与教师的共同努力，主要包括以下几个方面。

（1）厘清大学英语翻译课堂的教学性质

在大学生翻译能力的培养进程中，丰富性是必不可少的内容，这在翻译课堂教学内容的丰富度上有所体现。翻译课堂教学内容涉及翻译知识、翻译思维培养、翻译教材等。根据翻译课堂教学内容所涉及的方面来看，学生翻译能力的培养本身具备如下的特质，具体包括：第一，对于翻译课堂教学而言，教学本身具备较强的交叉性，也就是说翻译课堂教学本身是以理论为基础的，以翻译知识的思考应用为重要的提升方向，翻译课堂教学的基础理论与思考探索都非常重要。第二，在翻译课堂中，翻译思考本身是最为重要的内容，需要以翻译知识的思考为重要的支撑点，以此来进一步完善翻译课堂教学的全面发展，从而进一步促进翻译课堂教学的进步与提升，推进学生翻译能力的培养，而翻译思考在这其中起到了点睛的作用，是翻译课堂教学的重要内容。例如，在具体的教学中，翻译课堂教学方法要围绕具体的翻译知识展开，翻译课堂教学内容需要围绕学生的翻译基础知识展开，教学基础需要围绕具体的翻译知识脉络来划分。翻译基础知识本身是重要的翻译教学内容，是全面展现教学方法的重要凭借，需要逐步丰富与不断完善。第三，在教学中，最为重要的目的是培养学生的翻译思维与翻译能力，以综合培育学生的翻译能力与综合素质作为重要的支撑点，来进一步促进大学英语翻译课堂的质量与效率提升。

（2）明确大学英语翻译课堂的教学目标

激发学生对翻译知识的学习兴趣。全面激发学生对翻译学习的兴趣，是有效促进大学英语翻译课堂教学的关键措施。在大学英语翻译课堂教学中，最为重要的方面之一就是积极促进学生对翻译知识内容的学习兴趣，进一步提升学生对于翻译课堂教学的学习积极性，以此来提升学生的翻译学习意识与学习激情，从而夯实翻译课堂教学的基础环节。因此，在大学英语翻译课堂的教学过程中，翻译教师要注重培养学生的兴趣，从而夯实大学英语翻译课堂的教学基础。

进一步培养学生的翻译能力。对于大学英语翻译课堂而言，翻译教师要注重培育学生对翻译知识的掌握，对翻译问题的解决能力，逐步提高学生的翻译能力，以此促进翻译课堂教学。教师要围绕学生翻译能力的提高，拓宽学生的视野，创新教学内容，促进大学英语翻译课堂教学内容与其他学科学习内容的有机融合与不断发展，将翻译教育与翻译、文化等学科有机结合起来，培养学生对翻译的兴趣，提高学生的翻译能力，激发学生对翻译知识的理解，以此确保学生的翻译能力的逐步提升。

促进学生翻译思维的提升。在翻译教育的过程中，教师要进一步端正教学态度，重视学生的翻译思维培养。培养学生的翻译思维和跨文化交流能力是教学的主要目标之一，在此过程中，翻译教师要围绕翻译基础知识等方面，加强对学生的培养，使学生能充分运用自己的感悟能力和思维能力来理解翻译知识的逻辑，强化学生对翻译知识的思考、记忆、理解、创新等多方面能力，促进翻译课堂教学的质量提升。

注重多样化的培养目标。对于学生翻译能力的培育而言，目前，主要的培养体系在学校中。对于学校而言，其教学理念和人才培养目标是学校的根基，这两者对翻译课堂教学起到了积极的指导作用与促进作用。在此方面，部分学校存在一定的不足，具体包括：在软硬件设施方面存在不足和在学生生源质量上存在不足。为了进一步促进翻译课堂教学，学校需要准确的教学定位，根据翻译课堂教学的需求，推进翻译课堂教学的发展，完善翻译课堂教学体系，满足学生的翻译学习需求。

随着时代进步，学生对于翻译课堂教学的要求也进一步提高。在此背景下，大学英语翻译课堂教学需要进一步遵循时代的发展规律，顺应市场需求，开展翻译实践课程。教师需要进一步端正翻译课堂教学的教学态度。对于大学英语翻译课堂教学而言，其课程的逐步发展与完善是必要的基础。翻译教学作为一门独立的学科，在一定程度上，具备一定的独特的发展方向。要想进一步引导更多的学生成为优秀的翻译人才，促进学生翻译能力的逐步发展，则需要满足以下几个条件：这个方向本身需要与当今社会对翻译课堂教学的需求接轨，需要紧跟时代步伐，需要侧重培养创新人才，需要使学生能力符合社会需要，需要促进翻译活动的开展。

在翻译课堂教学过程中，需要进一步采取以下目标：培养合格的翻译人才，培养学生的翻译能力，促进翻译教学的逐步发展。随着对学生翻译能力培养的不断探索，人才培养目标还需要在实践中不断完善，应始终以人才培养需求、学生发展为导向。对于学校而言，在翻译学科教学中，需要进一步促进对学生翻译能力的培养，培养学生对翻译知识的认识，引导学生对翻译问题进行思考与探索的同时，更加注重对学生翻译精神的塑造，使其成为翻译学习的积极引领者，逐步提升学生的翻译思维能力与发展能力，以此进一步促进翻译教育的逐步发展，培育学生的翻译能力。

2. 优化大学英语翻译课堂的教学过程

（1）完善翻译课堂的教学过程

在大学英语翻译课堂教学中，想要进一步培育学生的翻译能力，进一步培育优秀的翻译人才，需要完善教育教学的过程。第一，翻译思维的培养。对于翻译而言，没有良好的、扎实的翻译知识基础，是不能很好地学习翻译的。在翻译的学习中，部分学生虽然具备一定的翻译技巧，但是其对翻译知识的理解与认识存在较多的不足，这也是制约其翻译能力培育的重要方面。翻译知识本身是随着人类自身发展的，是需要学生自己逐步认识与理解的，教师的引导可以缩短领悟的过程，也可以提升学生的翻译能力。第二，翻译学习能力的培养。在翻译课堂教学中，翻译学习能力是通往翻译成功的导航图，优秀的翻译课堂教学必须把翻译学习能力培养、翻译能力的培育放在重要的位置。

（2）优化大学英语翻译课堂的基本原则

对于翻译课堂教学而言，学校需要遵循一定的原则与方法，具体包括以下内容。基本原则。在翻译教育的过程中，很多的学生在进入学校课堂之前就或多或少具备了翻译的一些基本知识与想法，纵然水平参差不齐，翻译学习能力有高有低，但是相当数量的学生仍容易忽略基本的翻译知识的学习。在翻译学习中，诸多的学生对翻译基础知识学习不够重视。教师应当重视这个问题，从而进一步端正教学态度，促进学生对翻译知识的学习与认知，以此为大学英语翻译课堂教学夯实基础，促进学生翻译能力的培养。

与此同时，在翻译课堂教学过程中，制约学生能力培育的关键还在于学生的翻译学习意识不足，导致学生没有翻译学习意识的原因是学生的不重视。因而，教师要进一步重视学生的翻译学习意识问题，重视学生在翻译学习中的各类问题，引导学生树立正确的翻译意识，积极开展翻译思考与探索，一方面切实激发学生对翻译的学习兴趣，另一方面引导学生的翻译思考与交流，保障学生的翻译学习过程。

正因为如此，在翻译课堂教学中，教师需要秉持耐心的引导态度，促进学生的翻译学习，与此同时，教师还要积极做到以下几点：第一，教师要有敬业精神；第二，教师要逐步观察学生，促进学生的翻译学习意识与学习进步；第三，教师要学会针对学生特点因材施教。教师要把握基本原则，做好学生学习的引导者，加强与学生的互动，提高学生翻译学习的效率与质量，促进翻译课堂教学质量提升，全面培育学生的翻译能力。

（3）优化大学英语翻译教学的基本方法

教师必须注重对学生翻译能力的培育。倘若教师不积极关注学生的翻译能力的培育，那么学生对翻译知识的学习能力与理解能力，必定不会有较快的发展与提升，也难以取得良好的翻译学习效果。对于教学而言，这是百害而无一利的，因而教师一定要多多关注对学生的翻译能力的培育，促进学生的全面进步与不断发展，激发学生对翻译的兴趣。所谓翻译能力，从本质上来说，可以等同于日常教育中教师经常提及的“翻译学习能力”，这是学生在翻译课堂教学中的发展基础与发展实践保障。对于学生而言，从先天的角度来说，不同学生对于翻译知识的理解是不同的，有的学生对于翻译知识的理解天生就要强一些，而部分学生对于翻译知识的理解天生就要弱一些，这是学生本身的基础知识学习所决定的。在翻译学习中，学生的核心素养不同，往往会导致不同的翻译学习效果，从而进一步影响翻译课程的教学。在大学英语翻译课堂教学过程中，对于教师而言，想要逐步培养学生的翻译能力，需要积极采取以下两个措施：第一，是从学生的感性方面进行有效的培养，具体包括引导学生借助多思考的方式，来进一步提高自身的翻译学习能力；第二，是教师要积极开展翻译学习活动，为学生创设更多的翻译学习机会，从而进一步提高学生的翻译能力，促进学生逐步成长为优秀的翻译人才，以此夯实大学英语翻译课堂教学质量，促进学生翻译能力的培育。

在教学过程中，教师应该进一步培养学生的翻译能力，从而全面促进学生对翻译的学习与理解，促进学生对翻译知识的认知与理解。对于学生而言，想要全面提高自身的翻译思维能力，需要进一步促进自身核心素养的全面提升，以此为基础，进一步丰富自身的翻译学习过程。对于教师而言，其在教学的过程中，要积极引导学生全面学习翻译知识。学生的知识基础是确保学生能够全面提高自身翻译学习能力的基础，只有当学生具备较为充实的知识，才能够促进学生的翻译素养的全面提升，从而进一步保障学生的翻译能力的发展，以此促进学生的翻译学习。然而在大学英语翻译课堂教学的过程中，很多学生的翻译基础知识较为薄弱，对翻译的学习不够积极，这主要是因为学生的知识基础不够扎实，不能够实现较好的翻译学习能力的提升，难以对学生的翻译学习起到良好的促进作用。

(4) 促进大学英语翻译课堂中教学方法的运用

在教学的过程中，教师最为重要的教学目标应该是进一步引导学生全面掌握翻译学习的重要方法，培育学生翻译学科的核心素养。对于翻译课堂教学而言，正确的翻译学习方法，是教学的核心环节与重要基础，是保障学生翻译学习的重要方面与具体保障措施。

综合实践的教学方法。在教学中，翻译能力本身包含了诸多层次。在引导学生掌握必备的翻译技巧的过程中，需要进一步为学生的翻译学习活动创设具体的学习机会，以此来促进学生的翻译学习，引导学生结合具体的翻译问题，深入指导学生的翻译学习活动，促进学生对翻译知识、翻译技巧等方面的学习与掌握，从而进一步促进学生对翻译知识的理解与认识，对翻译技巧的深入领会。对于教师而言，学生对翻译知识的学习过程，需要以积极的学习探索为基础。为此，教师要进一步引导学生掌握具体的翻译知识，促进学生翻译水平的不断提升；以课上的教学为基础，促进学生的翻译实践学习过程，不断提高学生对翻译知识的理解。对于学生而言，翻译学习过程需要不断探索与研究，以实践的翻译学习为基础，进一步促进学生翻译能力的不断发展与提升。

3. 推动大学英语翻译课堂的组织形式发展

所谓教学组织形式，从本质上来说，具体指的是教师以及学生为了进一步完成具体的教学目标，按照明确的教学要求，进一步组织开展教学活动，以此来完善教学组织形式，确保教学目标的全面完成。所谓教学组织形式，具体指的是翻译教师借助一定的方法，依据具体的教学特点，按照教学的具体要求，全面落实教学活动，促进教学组织形式的建设，以此来完善教学目标的全面实施。通常来说，对于教学而言，具体的教学组织形式涵盖了诸多方面的内容。

在翻译小组教学中，所谓小组教学，具体指的是依据学生的翻译水平等指标，将学生划分为不同的小组，并针对不同的小组形式开展教学活动。在翻译小组教学中，教师往往可以借助于小组中学生的翻译学习状态，个性化地设计一样或者不一样的教学目标，针对学生的实际情况，选取一样或者不一样的教学内容，以此为基础，使用不同的教学方式，促进学生翻译学习水平的不断进步与提升。翻译小组教学其实是学校难以解决学生差异性对于教学影响的情况下，依据具体的教学实践过程探索出的教学方式。翻译小组教学具有一定的优势，它可以进一步兼顾学生的个体差异性，将学生依据不同的理论学习情况与翻译水平划分为不同的小组，以此实现不同小组的差异性教学活动，其更加符合个性化教学的要求与特点，更加凸显学生的学习自主性与主观能动性，更加有利于促进学生翻译理论知识的全面进步与翻译水平的不断提升。但是翻译小组教学也存在缺陷，它更加适合于教学规模比较小的教学情况，与此同时，教学的成本往往相对较高，除此之外，教学的效率也相对较低。

对于翻译课堂教学而言，在翻译集体教学中，其是班级授课制集体教学的一种组织形式，从本质上来说，具体是将学生按照年龄分成一个个班级，针对每个班级的教学活动，教师依据教学目标，按照教学计划，遵循一定的教学学时，开展具体的教学活动的一种组织形式。在翻译集体教学的过程中，教师们借助班级授课制的方式，为了共同的教学目标，教授同样的教学内容，借助同样的教学方法，制定同样的教学评价标准等，以此开展教学组织活动。其具备几个主要的特点：学生的人数相对固定，教师所教授的教学内容存在一定的统一性，教师教授的教学进度基本保持一致。目前，随着教育研究的不断发展，个别教学模式效率较低，不再适用于翻译教育的发展，因而更多的学校开始采用翻译集体教学的方式。大量的学校借助翻译集体教学，充分解决教师不足的问题，取得了较好的效果。在学校教学中，翻译集体教学的教学方式较为多样，具体组成部分包括了以下内容：第一，组织教学；第二，指导练习；第三，针对教学内容布置作业，并指明要求与注意点。在翻译集体教学中，进一步降低了教学的人力支出与教学支出，还进一步提高了教学的实质效果与实际效率。不仅如此，在翻译集体教学中，学生拥有了更多互动交流、互相学习的机会，还可以借助交流、讨论，从而锻炼学生的翻译思维能力，激发学生对翻译课堂教学的学习兴趣，促进学生在翻译领域的学习与成长。但是，与此同时，翻译集体教学也存在一定的不足，翻译集体教学受制于教学形式的集中化，受制于教学内容的同步化，受制于教学评价的标准化。因而，翻译集体教学只能够依据学生的一般水平设置具体的教学目标等内容，没有很好地兼顾到优秀学生以及后进学生的翻译水平。在此状态下，学生对翻译的学习较为被动，出现了两种极端现象：一种是优秀的学生往往难以进一步拔高，另一种是后进的学生往往跟不上教学的进度。这从本质上反映出翻译集体教学忽视了学生的差异性，没有依据学生的主观能动性以及学生的自主性，促进学生在翻译知识与翻译技能方面的进步与提升，以此引导学生逐步成长为优秀的翻译人才。

在翻译教学中，所谓分层教学，从本质上来说，具体指的是教师借助学生目前所掌握的知识水平、学习能力，将学生合理地划分为翻译水平大致相同的不同层次化的教学体系，并针对学生的学习层次开展相应的教学互动的组织形式。所谓翻译分层教学，具体指的是翻译教师在全面考量学生的诸多情况之后，将学生合理地划分为不同的学习层次，针对学生的层次水平，开展有针对性的教学活动的组织形式。翻译分层教学是教学活动的一种创新模式，兼顾了学生的个性化差异，更加体现了现代化教学模式的需求，更加有助于促进学生翻译能力的不断培育。翻译分层教学能够因人而异，因材施教，真正地体现了面向全体学生。因此，在教育公平的视域下，翻译分层教学比翻译集体教学在教学理念、教学模式、教学效果等方面都更加能够适应现代教学的需要。

教学形式的有效运用需要考虑教师与学生的相关比例，有针对性地设定，以此来进一步促进翻译课堂教学活动的完善与发展。总之，教学组织形式的运用，一定要审时度势，顺势而为，以此确保学生翻译能力的全面培养与逐步进步。

4. 强化大学英语翻译课堂的课程教学

（1）抓住翻译教育的发展走向

对于翻译课堂教学而言，部分学校翻译课堂建设的应用性进一步体现在找准翻译的教育需求、抓住翻译教育的发展走向上，通过教学改革，找到学生翻译能力培育的契合点，以此进一步促进翻译教学的发展。对于诸多学校的课程而言，在探索翻译课堂教学的过程中，需要进一步丰富，逐步走向多元化课程建设，满足学生对翻译的学习需求，体现课程的前沿性，体现课程的科学性，体现课程的多元性的要求。

翻译课堂教学需要进一步和市场需求相联系，需要更实用、更科学。这是翻译课堂教学建设的根本基础。为此，学校需要进一步建设具有科学性的教学设计，建设具有特色性的教学设计，建设具有专业性的教学设计，合理安排教学方案的各个环节，进一步引导学生学习翻译基础知识，引导学生学习翻译技巧，注重培养学生综合能力，进一步培育学生的翻译能力。

学校具有培养学生，促进学生发展的使命。在大学英语翻译课堂教学过程中，教师需要引导学生逐步掌握相关的翻译知识，具备翻译问题处理能力，为学生的翻译能力培育奠定基础，逐步顺应社会对翻译人才的培养需求。因此，很多学校都积极打造能力培育下的大学英语翻译课堂，进一步促进翻译课堂教学，通过翻译教学活动，培养学生的翻译能力。

在翻译能力培育中，对于教学而言，诸多翻译教师都在逐步转变教学理念。在以往的翻译教学中，教师所采用的翻译课堂教学模式主要是教师讲、学生听的形式。这种教学模式的主要问题在于，教师讲授在时间上占比大，学生较为被动，学生的思维力受到限制，学生的创新力受到限制，学生水平参差不齐的现象难以改观，学生的学习能力和接受能力差异大的问题难以解决。

（2）强化应用型教学模式

应用型教学模式依据学生的自身特点调整了教学模式，进一步维护了学生的主体地位，促使学生由被动转变为主动。在翻译课堂教学中，教师起到了引导作用，教师可以借助启发、引导、互动开展教学，充分利用教学信息化，搜索最新的信息动态，引导学生逐步思考翻译问题，并开展翻译交流，以此促进学生的翻译能力的培育。

在具体的教学研究中，为了培育学生的翻译能力，学校会进一步改变教学思路，解放教学思想，赋予学生更多的主动权，进一步关注社会对翻译人才的需求，针对需求进行预测，根据翻译教学要求，灵活安排课程。

（3）开展双师型师资队伍建设

诸多学校还进一步开展了双师型师资队伍建设。师资队伍是专业建设的执行者，师资水平直接影响翻译课堂教学的质量。针对翻译课堂教学的特点，部分学校的翻译课堂教学师资建设经历了一个不断发展壮大的过程。对于大学英语翻译课堂教学而言，从本质上来说，进一步提升师资队伍质量是确保翻译课堂教学质量的重要举措。正因为如此，诸多学校本着科学合理的方式来开展翻译教育，打破了传统教师聘用制度，从多角度衡量教师资质，在教师聘用方面进一步考虑学历，注重教师的翻译教学水准，注重教师的影响力，选用翻译科研水平过硬的，在翻译教学第一线的人，并以此为基础，培育学生的翻译能力。

（4）引入翻译实践教学的环节

在大学英语翻译课堂教学过程中，对于学校而言，其还积极引入翻译实践教学的环节设计，引导学生开展翻译实践体验，了解翻译基础知识，关注翻译教学需求，提升翻译的实践能力，增强团队协作能力，提升创新能力，提升翻译问题处理能力，强化对翻译基础知识的理解，切身感受翻译学习氛围，借助翻译实践环节设计，培养学生的翻译能力。

第二节　中外翻译的基本技巧

一、农业科技英语的翻译方式

（一）“一带一路”倡议下农业科技英语的发展情况

在“一带一路”倡议背景下，国与国之间的交流与合作日益频繁。语言作为一种重要的社会资源，已经成为中国经济发展的重要组成部分。农业大国中国与周边国家的农业合作日益频繁，英语作为一种国际语言，是促进农业合作的媒介。

农业科技英语作为专业英语的一种重要文体，不仅要具有专业英语的语言特点，而且要在信息表达方面与公共英语有所区别。

（二）农业科技英语翻译中的几个问题

翻译技巧和方法不是一个可以应用在任何地方的公式。只有根据语境灵活运用，才能达到“信、达、雅”的翻译标准。“一带一路”倡议背景下，农业英语领域存在跨专业(多义词)、专业素质不高、词汇空缺等问题，以及翻译软件的弊端。

面对“一带一路”“丝绸之路基金”等专有词汇与专业术语，虽然有些译文刚出现时不够准确，但经过专业翻译人员的不断推敲，已经越来越完善。在互联网时代，翻译软件层出不穷，满足了人们交流和学习的需要。翻译软件不仅可以快速搜索一个单词，而且可以直接翻译整段或整篇文章，有些翻译软件还可以直接翻译语音，大大提高了工作和学习的效率，但它也使人们过度信任和依赖翻译软件。在使用翻译软件后，人们往往不检查，导致一些翻译不能达到交流和沟通的效果。

（三）“一带一路”倡议下农业科技英语翻译技术

在“一带一路”倡议背景下，要求译者具备更全面的专业知识和翻译技能。在农业科技英语翻译中，最简单、最常用的是直译，直译更能遵循原文内容的意思，更注重文章的字句特点，并能清晰地反映出原文的含义。

意译是指根据上下文进行的翻译，没有逐字翻译。当两种语言有很大的文化差异时，常使用意译。当直译不能满足目标语言习惯时，可以采用意译的方式，而不是逐字翻译。意译可以体现汉语的深邃。

音译是翻译农业科技英语词汇的常用方法，即根据外来词的发音进行翻译。音译用于文件、地名和人名。音译的优点是能够更准确、正确地使用原文来阅读目标语言，但它要求译者具备丰富的专业知识，能够很好地解释译文。

缩写是用缩写词或其他缩写字母代替在协会、组织、文件等中表达的内容，以此表达共同而复杂的名称，例如，“一带一路”、国际农业发展基金（IFAD）等。IFAD是“一带一路”中缩略词的重要代表，缩略词可以提高译者的记录速度，从而有效地完成翻译任务。

二、英文电影片名的功能及其常用命名方法

（一）电影字幕与片名功能

1. 信息功能

电影片名最基本的功能是它的信息功能，片名的信息传递功能使观众在看电影之前对电影类型和相关信息形成一个整体的印象。一个好的电影片名往往能向人们传递很多信息：电影的主题类型、电影的主人公、电影的情节、电影故事的发生地等。从《杜拉拉升职记》的片名中，我们可以看出，这部电影讲述的是主人公杜拉拉的职场经历。

2. 美学功能

优秀的片名犹如艺术瑰宝，让人感受到语言的魅力，它能“充分调动观众的审美体验，激活观众预期视觉中的前认知审美信息”。例如，片名《云中漫步》能让人感受到电影的浪漫色彩，将片名的审美功能发挥得淋漓尽致。

3. 命令功能

电影片名的首要功能是“实现其商业价值”。票房收入和观众评价是电影质量的直接

结果，好的片名往往能吸引观众买票观看，电影片名（*The Pursuit of Happiness*）能引起人们的共鸣，激发人们对看电影的浓厚兴趣。

（二）电影命名的常用方法

1. 描述标题——所见即所得

电影片名有两种：一种是通过电影片名了解电影类型、一般内容等基本信息，另一种是涉及电影主人公、地点等的电影片名。如电影《孤岛惊魂》的片名反映了电影的类型和故事发生的地点，而片名（*When Harry MetSally*）展示了电影的主角和电影的核心情节。

2. 暗示标题——隐藏含义

暗示性标题和描述性标题之间没有严格的界限。大多数暗示性的片名都使用隐喻性的修辞手法，使看似无关的片名与电影相关，对电影内容进行最好的概括和升华。《芳华》的片名是对20世纪六七十年代独特的青春故事的隐喻，（*True Lies*）暗指哈利作为一个代理人，必须对他心爱的妻子隐瞒他的真实身份。

3. 人造电影的片名——新词汇

这些电影的片名往往是人们的灵感。一些熟悉的词被提取出来形成新词，引起人们的共鸣，比如，《非诚勿扰》《雨人》等，这两个标题都是人造新词。

三、中英文电影片名的差异

英文电影片名更抽象，而中文电影片名更具体。英文电影片名通常简明扼要，所以比较抽象。比如，李安导演的（*Life of Pi*）就是Pi的“life”，很抽象。电影片名则是《少年派的奇幻漂流》，这比“life（生活）”更具体，更符合电影的内容。另一个例子是英国电影（*About Time*），翻译成《时间旅行爱人》或者《时空旅恋人》。电影的片名是明确的，因为这部电影讲述了一对可以在时空中旅行的恋人的故事。

英语电影片名是静态的，汉语电影片名是动态的。以美国电影《当幸福来敲门》（*The Pursuit of Hapless*）为例，影片的片名是一个名词，是一个静态的片名，而其中文名《当幸福来敲门》则是一个动态的表达。再比如，动画片（*Toy Story*）的中文片名《玩具总动员》就是一个动态的表达，也符合电影的主要内容。

英文片名更加侧重部分表达，中文片名更加侧重全面表达。大多数英文标题都喜欢提取电影的一些元素。例如，系列惊速电影《雷神》（*Thor*）就是《雷神索尔》的唯一名字。不了解西方神学史的观众可能不知道雷神是谁，而中国电影片名《雷神》则清楚地告诉观众，雷神是神，是闪电之神，电影讲的是雷神。另一个例子是 Rio，里约，一个地名作为电影片名，英文片名只提取了这部电影的地名，而中文片名《里约大冒险》更为具体——也就是里约的冒险故事，展现了电影的整体内容。再例如，著名的系列片 Fast 以一种“速度”作为片名，而中文电影的片名则是《速度与激情》，更适合影片的主题。

四、英语电影片名的常见翻译技巧

在将西方电影片名翻译成中文时，可以适当地运用一些翻译技巧。我们需要研究中西方文化内涵的差异，使电影片名的翻译能够突出内容，传达主题信息，确立整部电影的情感基调。

（一）借用诗词成语，富有诗情画意

中国文学有着丰富的经典作品和诗歌习语，它们具有独特的“意象美”。在英译汉时，我们可以借鉴中国文学的经典作品和诗歌习语中的审美意象，使中国人更容易接受，例如，《断肠云雨》（*Ramdom Harvest*）、《非诚勿扰》的译名都是来自中国古典文化的形象，具有很强的文学艺术气息，充满了美感和诗意，因此也能广受中国观众的喜爱，影片也能取得很好的口碑和票房。

在实践过程中，译者不仅要掌握电影所要传达的主题信息，而且要弄清诗歌习语的内在含义，找到最符合原名内容的意象，进行拆分重组，稍加修改，真正借用诗歌习语，使之充满诗意。

（二）巧用四字词表现中国特色

具有中国特色的四字成语具有丰富的美学特征，形式生动，形象突出，语音语调抑扬顿挫，结构工整，意义简明，富有中国特色，如《窈窕淑女》（*My Fair Lady*）就得到了成功的翻译。汉语往往通过生动鲜明的词语和句子来表达“意犹未尽”的文化内涵。因此，在英译汉电影片名时，巧妙地运用了一些四字成语来整合形象美，押韵和集中成一个整体，突出中国特色，容易被大众接受和喜爱。

（三）巧用“之”词结构，简单明了

“之”是一个有中国特色的词，“之”虽然简单，但其意义和功能却十分多样。它不仅可以构成足够多的音节来表达舒缓或增强语气，或引起人们的注意，使整个句子的语气

缓慢而连贯，而且还可以强调某种意义或表达某种情感。从语法形式上看，“之”一词主要有两种用法：一是表示隶属关系，如《主教之妻》《戏王之王》等；另一种是修改中心语言，如《仲夏夜之梦》《印度之行》等。采用“之”的结构后，译名的含义简洁明了，便于观众了解内容。在电影片名翻译过程中，恰当地使用“之”字还可以起到压缩文字、缓和情绪、强调意义、表达感情的作用。

五、英语电影片名的常用翻译方法

归根结底，电影片名的翻译属于翻译学的一部分。因此，在电影片名的翻译过程中，我们可以借鉴几种常用的翻译方法。

（一）音译

音译是按发音翻译，操作简单，直截了当，忠于原名。音译主要适用于原名取自地名、人名的情况，或电影中的专有名词，如书名。美国电影 King Kong 的片名取自电影中 50 多米高的大猩猩的名字，这是一个想象中的事物，它对中国人来说是一个新事物，所以很难译成中文，因而，译者直接译成了《金刚》。另一个例子是 Harry Potter、Jane Eyre，这两部电影的原名都是小说原名，它们也被翻译成《哈利·波特》和《简·爱》。以主人公名字命名的电影 Thor 被翻译成《索尔》。

（二）直译

直译是指按原名称的意思依次翻译，要求原标题的意思完整准确地传递，没有任何扭曲或随意删减和增加。《饥饿游戏》《搏击俱乐部》《蝴蝶效应》《罗马假日》等都是直译的代表。

（三）意译/自由翻译

与直译相比，意译不坚持逐字翻译，而是更加忠实于电影的内容和主题，超越了文字和声音的束缚，打破了传统的表达方式，更好地传达了电影的内涵。以电影 Leon 为例。影片的原名取自主人公里昂的名字。里昂，作为一个出色的职业杀手，杀人不眨眼，但与小女孩马蒂尔达有一种非常微妙的关系，为此，他变得热情和蔼。这部电影被翻译为《这个杀手不太冷》，这与里昂在电影中冷酷无情，但不太冷的杀手特征不谋而合。《魂断蓝桥》《人鬼情未了》《关于夏娃的一切》都是自由翻译的成功范例。

（四）直译/音译+意译

有人提到，英文电影片名大多是抽象的，而中文电影片名则更为具体和全面。因此，在英译汉的过程中，我们可以适当地从电影内容或中国文化中，提取与原片名一致的元素，以及中国观众在原名基础上的品味，并将其付诸实践，加入具体的词语来更准确地表达电影内容。美国电影 Hancock 中的主人公汉考克，看似平凡的普通人，却拥有超凡的速度、力量和韧性，拥有不朽的身躯。影片的片名按照主人公超人的能力，被翻译成《全民超人汉考克》。此外，《怪物史莱克》《侠盗罗宾汉》等片名都是直译/音译+意译的代表。电影片名的翻译没有绝对的优缺点，许多优秀的电影片名翻译帮助电影实现了商业和文化价值，得到了广泛的传播和好评。

第三节　文化差异对翻译教学的影响

一、对教学活动中翻译问题的认识

目前的英语教学活动大多是封闭式的、单一的、保守的，在整个英语教学中没有注意思维方式的差异。国内的英语翻译教学课程内容突出的是理论知识，教学目的也倾向于解决翻译的实际问题，但不注重培养学生的翻译兴趣。

二、中西方文化差异的比较认识

只有在文化观念的支持下，才能真正实现翻译内容的合理表达。根据当前大学英语翻译教学活动的具体要求，既要注意文化的影响，又要注重学生的实际理解和体验。

在翻译过程中，文化差异是语言翻译过程中的重要障碍和根本问题，尤其是一些词语。由于在不同的文化语境中，不同的词语具有不同的意义，所以在翻译中很难忽视文化价值和词汇内涵文化系统。只有从文化的角度，才能把文化内涵和信息内容挖掘得淋漓尽致。

三、论文化与知识的融合

要努力改进传统知识和教育方法，运用多种材料和知识体系，有效引导学生，通过翻译材料了解和体验背后的文化，理解具体阐释的概念，有效地结合文化背景和生活现实的特点。

四、英汉翻译教学方法

要从跨文化角度，理解教学过程的内容，实现英汉翻译教学的优化，使英汉翻译教学过程始终保持正确的创新方向，促进英汉翻译教学领域的稳步、人文、理性发展。

五、文化差异对中外翻译教学的启示

（一）外语教学研究文化教学的内容与原则

在外语教学研究教学内容上，学者们普遍把交际文化作为文化教学的主要内容或重点。文化教学一般分为语言文化教学和特殊文化教学两种教学形式。在语言使用中解释和实践文化习俗以提高学习者的学习能力。特色文化教学包括民俗文化课、历史文化课、文化实践课等。

（二）外语教学研究教材

外语教学研究教材编写的研究主要包括两个方面：一是语言教学中文化教学教材的研究，二是文化课程专用教材的研究以及文化教材。交际文化教材在编写目的、能力培养、跨文化交际和框架设计四个方面都有自己的特点，高级交际文化教材的编写应在注重深层文化的同时，注重表层文化的深层阐释。

（三）外语教学研究教学的策略和方法

一般认为，中国文化的内涵应与学习者的语言水平相结合，有针对性地进行文化教学，以适应学习者的语言能力。跨文化语言学教材中的文化比较教学法是比较具有特色的方式。20 世纪 80 年代以来，改革开始科学化、规范化，文化教学取得了更大的成就。要采用灵活应变的策略进行文化教学。

（四）外语教学研究教学的内涵与必要性

1. 外语教学研究的内涵

学界逐渐认识到语言教学中必须有文化因素，文化教学是第二语言教学的必然结果。

文化教学的命题是理清语言与文化的内在关系，文化教学内容和范围的确定也取决于文化教学目的的确定。目的是揭示语言所蕴含的文化背景知识，使之明确化，从而解决中外文化差异造成的语言理解障碍，通过知识、文化和语言教学，提高第二语言学习者的汉语交际能力。交际文化促进学习者形成汉语思维能力，形成跨文化的理解和交际能力。文化教学的内容比语言教学更为广泛，从功能的角度，可以分为知识文化和传播文化，从文化的角度可以分为民俗文化和精神文化，涵盖了文化器物、制度和观念等，但从文化教学和语言教学的实际合作来看，文化教学的内容应紧紧把握适合学习者的交际实践领域和与中国文化核心价值相关的主体。

2. 外语教学研究教学的必要性

（1）文化交流是外语教学研究教学的目的之一

外语教学研究教学具有语言交际和文化交际的双重任务，这就明确了传播中华文化、弘扬中华文明是外语教学研究教学的目的之一。文化教学是文化交流的重要途径，这说明外语教学研究教学不仅要培养留学生的汉语技能和跨文化交际能力，而且要传播中国的优秀文化，以中外关系使者的身份向留学生传播和塑造中国良好的国际形象，提升中国的国际地位，增进世界各国的了解和包容，进而促进中国在国际事务中的文化和社会发展。我们要充分发挥大国地位相应的力量，承担更多的国际责任，做出应有的贡献。

（2）注重语言交际功能的教学方法

目前，外语教学研究领域流行的功能教学法不仅强调语言本身的结构，而且强调语言的交际功能，即在交际中学习语言，或用语言进行交际，要求学习者了解语言背后的民俗文化和精神文化。没有文化基础，语言的交际功能就无法充分实现。因为汉语已经融入了中华民族独特的历史文化，大量具有民族和民间意义的语言反映了社会生活、价值观、道德传统、信仰等，中华民族的思维方式已经形成。如果外国人不能准确把握这些语言背后的文化内涵，交流就会遇到障碍。进一步提高外语教学研究教学水平，将有助于提高留学生的交际水平。

（五）教学启示

下面结合英语教学的教学目标和实际情况以及有关理论观点，进一步探讨教学翻译作为教学手段在英语中应用的可行性和关注点。

1. 在词汇教学中应用教学翻译

首先，翻译能够促进对词汇的理解和记忆。特别是困难词汇、科技术语、专有名词或是有绝对对应词的词汇，如果直接给学生以中文翻译，不仅简单明了，而且学生掌握起来也容易。然后适当讲解这些词跟其他词的搭配关系，补充词的来源，根据词根、词缀来记单词，也是记忆和扩大词汇量的有效方式。为让学生更加准确地使用该词，可以补充该词的来源，以此来扩大学生的词汇量及掌握关于其用法的知识。还有，学习词汇时，讲解英汉词汇互译的一些方法也有利于学生更深地理解和掌握。如在翻译中选择词汇词义时不仅要根据上下文辨词义，还要看搭配。

2. 在语法教学中应用教学翻译

语法是语言的组织规律，让学生懂得语法规则、结构的重要性是不言而喻的。翻译，尤其是给出一定情景的汉译英练习，有助于学生了解英汉两种语言在结构上的异同，进而体会英语语法知识的实际运用，降低对艰涩语法的抵触情绪。下面以对学生来说既重要而又较难掌握的英语动词时态和语态为例来略加说明。汉语没有时态，基本上是借助词汇来表示各种时间和动作，而英语不仅有时态，而且有16种。汉语中的动词没有人称和数的变化，而英语中的动词中却有。英语就是通过这些固定的语法手段将动作的进行过程与状况描绘得更准确、更精细，有时甚至能表达说话人的感情色彩。大部分师生都认为讲解语法规则和理论，并进行口头和笔头等多项练习巩固很有效，应将语法规则运用到真实的情境中，并侧重对英汉两种语言进行对比。任何一种语法都可以通过翻译活动在实践中加以掌握，并学会使用。

3. 在阅读教学中应用教学翻译

很多学生在阅读时遇到的问题之一是，文章里的单词生词率不超过3%，可就是读不懂，其很大原因是学生不具备句式分析的能力。教师如果在课堂中有计划地训练和培养学生的句子翻译能力，尤其是长句和复杂句式的翻译能力，这样在阅读理解中学生就能更快、更深入地抓住句子的核心，理解句子的含义。只要引导学生分析清楚了，其义就自见了。反过来说，类似句子只有通过翻译，学生对英语句子结构才有深入的理解。从调查问卷中我们知道，师生一致认为在教授学生阅读理解时需借助翻译，但更注重翻译长难句。

4. 在写作教学中应用教学翻译

大部分学生反映用英语思维有点困难，依靠母语学英语效率更高。客观地说，大部分学生在写作中很少能够真正做到完全用英语思维，几乎都是用汉语思考，然后将汉语翻译成英语，最后写成文章。但是，他们在写作中可以利用翻译手段，练多了，写多了，就会摆脱对汉语的依赖，培养起英语思维能力。另外，在写英语作文时，教师应加强汉、英文章结构差异方面的指导。汉语和英语是两种不同的语言，它们分属不同的语系，在词、句、篇章层次上的表达方式不一样，有时差异还很大，在英语教学中应有意识地培养学生对这些差异的感受和比较。例如，我们描述事情时，一般从时空两个维度去描述。从时间上来说，中国人一般是按自然顺序安排的。我们描述一个东西时，往往把最重要的放在最后去说。而英语国家的人则先把最重要的东西说出来，然后再说次要的东西，只有描述悲剧性的事件时，他们才在前面加点铺垫。从空间上来说，英语国家的人的描述总是由内及外，由近及远，而中国人正好相反。还有，对于翻译练习，教师讲解时要注重开发学生的思维，进行启发性讲解。尤其是汉译英，一定要细心研读，分析出句子内部主要信息和次要信息的逻辑关系，选择恰当的句法结构。

5. 在文化教学中应用教学翻译

在英语教学中，文化主要是指英语国家的历史、地理、风土人情、传统习俗、生活方式、文学艺术、行为规范和价值观念等。适当接触英语国家的文化有利于激发学生对英语的学习兴趣，增强其对英语的理解和运用能力，在加深对本国文化理解的同时拓展自身的文化知识面，从而提高语言交际能力，发挥语言的实际作用。语言是文化的载体，和文化密不可分。教学实践证明，学生理解和使用某种外语的能力不仅取决于他对该种语言的掌握程度，还取决于其对该语言相关联的文化了解的程度。有些东西在一种文化里是不言而喻的，而在另一种文化里却令人费解，同一个词或成语在不同国家中往往有不同的含义。在英语教学中，老师不仅要注意语言教学，而且要借助翻译引入语言文化，并教会学生从文化内涵来分析语言，注重不同文化的差异及其语言表达上的不同，只有这样才能培养出能在不同文化背景的人们之间进行交际的人才。

第四节　从跨文化视角看英语翻译因素

一、跨文化思维概述

（一）关注中西方思维的差异问题，理解中西方差异

在不同文化的长期影响下，人们会逐渐形成一种惯性思维。在翻译中，译者应考虑西方国家的思维方式和关注点，及时转变思维方式，以便更好地进行翻译。

语言是根据一定的语法，由词汇构成的复杂符号系统。不同的语言在用法、词汇等方

面存在差异。西方文化注重客观思维、抽象思维和分析思维，而中国文化则注重主观思维、具体思维和整体思维。因此，在翻译时，译者应考虑不同思维方式下语言的具体特点，并考虑中外文化差异，使读者在阅读译文时，不会出现错误和理解困难。

（二）关注中西方文化的特殊形象

每个国家都有自己独特的文化形象。一些国家的文化形象在其他国家有着不同的含义，甚至是完全相反的含义，因此，在翻译的过程中，译者应该从跨文化思维角度出发，有针对性地进行翻译。

（三）修辞与人物差异

在翻译过程中，译者需要运用跨文化思维、恰当的修辞、正确的词汇和语法，以增强翻译的美感。在英语新闻中，著名的历史人物或事件通常用来表达新闻事件的某些细节。在英语新闻翻译过程中，运用跨文化思维可以更好地呈现历史事件、历史人物等内容，使译文更加生动。

因此，译者应充分理解相关词语背后的含义，从跨文化思维的角度出发，从而翻译出更容易被理解的新闻。

二、跨文化视角下的文化翻译策略

（一）隐喻和跨文化翻译语言是交际的主要手段

受不同文化影响的人有着不同的认知和思维方式，隐喻的运用会扩大差异，在社会发展过程中，隐喻充斥着社会的各个角落。许多人可以在没有意识的情况下，熟练地运用隐喻，隐喻翻译是两种文化自然转化的过程。无论是英汉翻译，还是汉英翻译，都要了解相关国家的文化，确保句子翻译的逻辑合理，充分整合隐喻和文化元素，达到最高水平的翻译。

理解和认知是隐喻的基础。只有奠定了坚实的基础，跨文化翻译才能成功完成。通过语言表达，人类反映了他们对世界的认知，隐喻是人类认识世界的一种方式。在翻译中，我们应该充分理解隐喻，使译文读者在保证原文意义的基础上，准确理解译文内容，与原文读者有相同的阅读体验。

随着翻译的发展，人们对隐喻的理解和认知逐渐提升。每个民族都有自己独特的文化，文化差异在语言表达上也相当突出，在翻译外来词时，会自然而然地产生地域特色。同时，读者在阅读译文时会有不同的体验。受文化的影响，读者可能对隐喻有了新的认识，随着认知水平的不断提高和读者对不同文化的认知，文化融合是必然的，不同国家的读者对隐喻的理解和认知不会产生太大的阻力。

（二）以隐喻为基础的跨文化翻译策略

翻译活动源远流长，但翻译从来不是一件简单的事情。要做好跨文化翻译，首先要了解什么是翻译，翻译的原则是什么。所谓翻译，是指将原语的信息，以最接近、最自然的对等语篇，在译语中再现出来，其定义明确地表达了应翻译的内容，并考虑了可接受性，这为当前的功能对等理论铺平了道路。语言，特别是隐喻性语言，必须根植于文化和思维方式之中。因此，在翻译过程中，我们应该注意语言符号和文化内容的转换，因此提出了以下翻译策略：

1. 对等翻译

在英汉语言中，大多数词汇是相互对应的，起始域和目标域之间存在着对应的映射关系，语言转换的过程可以看作对隐喻的理解过程和认知的再转换过程。在这一过程中，既包含了源语文化的特点，也包含了目的语文化的特点，从宏观上来看，隐喻翻译是两个民族读者思维方式的转变。

事物是客观存在的，即使在不同文化的影响下，人们对客观事物的认知也不会改变，由此产生的隐喻理解和认知也会有很多相似之处。翻译的关键是把握文化的共性，将相同的概念运用到目的域的映射中，在理解和认知隐喻的基础上，通过映射的方式进行跨文化翻译，例如“Time is money（时间就是金钱）”中包含了暗喻，它将“时间”和“金钱”等同起来，并建立相应的映射。时间是一个抽象的概念，为了显示时间宝贵的特征，它被映射到金钱上，因为金钱在生活中无疑是重要的。时间到金钱的映射有效地说明了时间的重要性。在汉语中，时间和金钱也被用来相互映射，比如，“寸金难买寸光阴”。英汉两种语言中都有相应的文化负载词。此时，翻译相对简单，相应的文化词可以直接应用。

在对等映射的作用下，原作得到充分的展现，凸显了隐喻、语言和文化的特点，加深了不同文化群体之间的理解。文化差异是不可避免的，在翻译中不可能实现双方的完全对等。然而，译者应尽最大努力修改和改进译文，以确保译文与原文的最大对等。

2. 转型战略

受风俗习惯的影响，世界各地的人对隐喻的认识和思维方式不同。如果直译后，发现隐喻的意义发生了变化，可以采取转换策略来改变隐喻的主题，保证原文与译文的对等。隐喻意象向中国文化的转换是广泛而深刻的，包括许多文化短语、方言等。大多数西方人都不能准确地理解这些术语，比如，“落汤鸡”是指掉进水里，或浑身湿透的鸡，本质是指浑身湿透或名利受到影响的人。如果直接翻译，外国读者会感到困惑，因此，根据西方文化，隐喻性的意象可以转化为目标读者所熟悉的东西。例如，英语中有一个短语，“Unfortunately，Tom like a drowned cat in the rain.（不幸的是，汤姆就像雨中溺死的猫）。可见西方人经常用猫来形容雨中或落水的状态。因此，在翻译过程中，译者可以将鸡转化为猫，使目标读者在描写雨情的同时，更有效地理解文章的内容。

翻译的最终目的是删除起点域中的隐喻意象，并将原文的所有信息呈现给读者，使读者能够有效地理解原文的内容。在翻译过程中，如果起点域中使用的喻体有很大的差异文化，那么，翻译对读者来说就是相当模糊的，这会阻碍读者的阅读。

3. 异化策略

异化是指译者应尽量使读者接近作者，在翻译中，它是为了适应外国文化的语言特点，吸收外国语言表达，它要求译者接近作者，采用与原文相似的语言，表达作者所传达的内容，即以源语文化为目的地。异化翻译可用于以下情况：原文中的隐喻表达具有特殊的文化内涵，直接翻译会使目的语失去文化内涵。

汉语中有许多词是直接从英语中借用的，其中大部分是会议名称、战争名称等，如首脑会议是直接从英语词汇“summit meeting”中移植过来的；“Waterloo”移植到汉语中翻译成“滑铁卢”，很有异国情调。汉英文化相互影响，英语中的很多词也越来越接近汉语，比如太极拳等重要词汇直接被汉语拼音所代替，这主要是因为中国文化不断向其他国家传播，外国读者也知道一些汉语关键词，所以直接用拼音表达，西方人也可以准确地理解。

4. 隐喻形式

隐喻的形式可以分为两种：一是句子结构的对应，翻译与原文在结构上保持严格的对应；二是意象的对应，因此翻译必须明确指出本体和载体，例如，“Jane’s uncle is an old fox，up to all kinds of evils.”在中西文化中，狐狸都是狡猾和奸诈的代表，而狡猾和奸诈常常被用来形容坏人。因此，这句话可以译成“简的叔叔是老狐狸，什么坏事都能做”，不仅翻译出了贬义，而且句子结构与原文一致。

三、修辞与翻译

（一）生态翻译学概述

在翻译实践中，我们需要澄清两个问题：其中一个问题是什么是修辞。所谓的修辞，又称语篇修饰，广泛应用于实际的语言表达中。为了便于理解，以汉语为例，修辞大致可分为比喻、拟人、反问等多种形式，英语中也有对比修辞结构，从更深的角度看，包括隐喻、借喻、讽喻等，都属于修辞的基本范畴。由于中英文化背景的不同，同一个比喻在具体的形式和词汇上存在一定的差异，这就要求译者在深入了解双方文化背景的基础上灵活运用。另一个问题是生态翻译学的概念，这个概念由来已久，其中胡庚生的翻译顺应选择理论，即“译者顺应翻译生态环境的选择活动”，得到了业界的广泛认可。所谓翻译过程，是指通过语言对应形成文化对应的过程，使读者在阅读翻译语言的过程中，能平等地体验到原作者的思想内涵和意境。上述理论得到了行业内的普遍认可和回应，它们与自然功能和自然选择是相似的。从这一理论的基本要素来看，翻译过程中应充分考虑语言的“生态环境”，包括文化、语言、习惯等条件。在此背景下，应形成有效的对应关系，形成有针对性的翻译。

从上述定义中，我们可以很容易地发现，生态翻译学理论与修辞学翻译有一定的互动和逻辑联系，这种情况为我们将生态翻译学理论应用于修辞翻译奠定了必要的基础，也为修辞翻译提供了可靠的途径。

（二）修辞翻译中生态翻译学的三维原则

在修辞翻译过程中，生态翻译学关注的是“神似”最终状态的形成，而在实际翻译中却往往被忽略，主要有三个方面的问题：一是过于追求词语的对应意义而形成目的语的文化扩张。在这种翻译问题中，对应的翻译往往是基于词语的原义，造成词不达意、修辞僵硬等问题。第二，在没有表达有效情感的情况下，更多的修辞形式得以还原。例如，在英语中，老鼠被用来表示努力工作的隐喻，而在修辞还原中，老鼠也被用来翻译隐喻修辞，这显然不能还原中国语境中辛劳的情感。第三，一些“隐性”修辞被忽视，使得情感的表达过于简单。对于常见的修辞手法，在翻译过程中可以有效地实现，而双关、对偶等修辞手法的翻译则不是如此，歇后语等“藏得更深”的修辞手法的运用也有些不足，从而形成了一定程度的差异。

为了有效地解决上述问题，在生态翻译理论的基础上，修辞学翻译的“三维原则”应运而生，即直译、替换和意译，这也是该方法在实际应用中的一个具体步骤。在翻译一个修辞格比较复杂的句子时，可以通过以下三种途径来实现：一是直接翻译句子，寻找修辞运用的主要途径；二是以顺应和有限的替代，替换不顺应或与目标语境存在文化背景冲突的内容，从而达到更好的表现；三是根据原句的意境，来修改文本语言的意境，从而显著提高翻译质量。

（三）修辞翻译策略

从以上分析可以看出，生态翻译学在翻译修辞格相对复杂的句子时，具有一定的优势，并具有一定的“进化”特征。在生态翻译学的指导下，不同环节也有一定的应用技巧，可以进一步优化英语修辞翻译的顺应性。具体内容如下：

首先，不可否认，直译是形成句子结构和语言基本信息的重要环节，因此，直译在修辞翻译中起着重要的作用。在实际的翻译过程中，尤其是在词义选择过程中，应遵循原文在不同语境中的忠实表达。

其次，在替换过程中，一般来说，替换过程是单个词的替换，主要考虑同一个或相似的情感表达过程在不同的语言环境和文化背景下的差异。我们需要注意两个方面：一是不能随意更换，需要更换明显不符合情境的词语。在替换的过程中，我们需要注意原语义中隐藏的修辞手法，比如，在原句“If we don´t hang together，we shall all hang separately.（如果我们不团结在一起，我们就要分开）”中，“hang”有双关的意思，既可以表示统一，也可以表示绞死，这就形成了一种独特的修辞手法。同时，hang together 与后文中 hang separately 的形式非常相似，在英语语系中形成了对仗。在实际的替换过程中，我们不仅要考虑相关的语义，还要构造这种“隐藏”的修辞。

最后，在意译过程中，我们要注意以情感表达为基础，成语、古语、谚语、典故、禁忌等都是这种翻译技巧的具体运用。

四、谚语与翻译

（一）论文化语境的顺应

1. 文化语境

文化语境是指与语言交际相关的文化背景，包括文化习俗和社会规范。

2. 适应理论

顺应论是指语言的可变性、可协商性和适应性。适应性是指语言使用者能够灵活运用各种方法，最终达到交际成功的目的。总之，翻译必须立足于文化语境，适应源语言的文化语境，才能最大限度地实现跨文化交际。

3. **文化视角下谚语翻译策略与方法的选择**

结合英汉谚语的语言特点和文化差异，这里将从表层文化和深层文化两个角度进行分析。表层文化是人类对物质的使用形式，属于文化范畴中最直观的内容，注重语言层面的翻译。深层文化涉及观念、价值观等方面。深层文化的翻译注重文化因素。

（二）表层文化的翻译方法

1. **直译**

所谓直译，是指在翻译语言条件允许的情况下，保留原文内容和形式的一种翻译方法，只追求反映原文的美，如“失败是成功之母”，这句谚语的翻译是直译的一种模式，很容易理解。

2. **意译**

意译，是在充分理解原文的基础上，按照原文的总体思路进行翻译，而不是逐字翻译。

3. **词性转换**

基于原文的忠实性，翻译中词类的转换可以作为直译和意译的辅助手段。

（三）深层文化的翻译策略

1. **异化**

异化是指译者在翻译过程中应尽量使读者贴近作者的思想。在翻译过程中，要适应外国文化的语言特点，吸收外国语言的表达方式。因此，译者应根据源语的文化内涵、填充方式、英汉谚语的文化差异接近作者，转移原文内容。为了保留原文的文化意义，完整地传达原谚语的文化内涵，有时需要在译文中加上注释。

2. **归化**

归化策略是建立在距离目的语国家最近的文化基础上的，它是将源语言本地化，以目标语言或目标语言读者为目标，从目标语言读者的角度进行翻译，并充分传达原文的内容和思想。

第四章 大学英语翻译教学模式与跨文化人才培养

学主要为社会和国家培养、输送高质量的人才，在当前的国际背景下，要注重英语翻译人才的培养。但是从现实的情况来看，我国的部分高校在英语翻译人才培养的过程中还存在着一定的不足，其中缺乏跨文化理念是最突出的问题，导致培养出来的英语翻译人才无法胜任英语翻译这项工作，在实际的英语翻译过程中会闹出一些笑话或面临一些困境。针对这种情况，要改变教学策略和理念，从跨文化视角下来选择英语翻译人才培养的有效路径。

第一节 词汇翻译教学

各民族都是通过词汇把自己心目中的世界分解成无数概念，词汇越丰富，对世界的认识也就越精细。汉语和英语虽属不同语系，特点迥异，但都有丰富的词汇量。在汉英语言对比研究中，人们发现了大量的对应词语，这是汉英翻译的语言基础。但是，由于自然环境、思维方式、社会历史、文化传统的不同，两种语言中存在许多不相对应的词语，主要表现为词语的空缺（无对应）和词义的差别（部分对应）。

在翻译教学中，我们首先要重视对词语内在含义的理解与处理，其次是在两种语言对比过程中对具体词语的形态进行转换。

一、词语的正确理解

（一）词语的正确搭配及意义

一个词，在词典中尽管有许多意思，但是用在某个特定的句子中，和不同的词语进行搭配时，以及在不同的语法结构中，只有一个确定的意思。因此，在翻译时要善于抓住词语的搭配和语法结构，确定词义。

（二）词语的上下文意义

一个人认识词汇的能力总是有限的，翻译时碰到不认识的词的可能性很大。在翻译过程中，常考查多义词，这时我们千万不能想当然，受思维定式的影响，按照自己印象最深或最熟悉的词义去理解，而是应当充分利用上下文来分析和确定词义。

（三）词语形式对词义的影响

名词是很活跃的一类词语，一个名词用作单数或复数、用作可数或不可数、前面有没有定冠词，它的意义都是大不相同的，因此，在有名词出现的翻译中要格外注意名词的形式。

（四）词语的内涵与引申意义

很多词在具体的翻译中是不能简单套用词典中现成的解释的。这就要求我们根据词语的内涵和引申的意义准确把握词义。

二、英汉翻译教学中英、汉词语具体形态的对比翻译

（一）两种语言在词类具体形态划分的异同显而易见：

1. 英语的冠词和汉语的量词分别为各自所独有，没有直接对应；

2. 汉英中名词、动词、形容词三大实词类基本对应，虚词中的介词、连词也基本对应；

3. 汉语的助词是个特殊的词类，它包括结构助词、时态助词、语气助词等，英语虽无此类助词，但其动词的时态与体式，句式的陈述与疑问，词语之间的修饰关系都分别与汉语的助词的功能相对应；

4. 英语的副词较复杂，只有一小部分能与汉语的副词相对应（程度、疑问、时间、范围、连接副词等）。汉语中也没有英语的关系（代、副）词，但关系词在词义上相当于名词，所以汉语的名词、代词有时译成英语的关系词；

5. 汉语名词中的方位名词在语义上与英语的介词有共通之处。

（二）从数量上比较，也可发现汉英词类的不同特点

1. 汉英语言中的名词、动词和形容词作为开放性词类在词汇中各占较大比重，彼此相当；

2. 副词在汉语中数量相对较少，有的划为虚词类，而在英语中副词为实义词，大概因为英语中很大一部分副词由形容词派生而来，而且数量众多；

3. 介词与连词都是英语多汉语少。拿介词来说，汉语中的介词总共不过 30 个左右，英语中仅简单介词就有 40 个左右，若加上复合介词（如 into、outside）、短语介词（如 in front of），则数不胜数。就连词而言，汉英也有类似的不同。

三、动词对比

由于英语具有强大的派生构词法，英语的动词大多都有其相应的名词形式，英语的形容词也有名词形式。而汉语的动词和形容词却没有语法上的名词形式。

汉语的动词在使用频率上远远高于英语，因为英语动词的使用要受限制，一句话只要一个谓语动词，而汉语的动词却无此限制。英语中代词、介词、连词的使用频率也比汉语高。英语数词的使用不如汉语多，因为汉语的成语及缩略语依靠数词（词素）构成。汉语的量词同英语的冠词一样，附属于各自的名词，使用频率也同名词。

（一）英语动词的分类

英语动词按其在句中所起的作用可分为两大类。

一是主动词，又被称为“实义动词”，在句中表示谓语动词的基本意义，是动词词组的语义核心。

二是助动词，协助主动词完成表示不同语法意义或情态意义的作用。

1. 英语主动词

就英语主动词而言，按其是否必须跟有补足成分以及必须跟有什么样的补足成分又可分为：及物动词、不及物动词和连系动词。

（1）英语及物动词

及物动词是后面必须带宾语才能构成完整意义的动词。

（2）英语不及物动词

不及物动词自身就有完整的意义，也就是说这类动词不需要带宾语就可以使句子

完整。

(3) 英语连系动词

有些动词，如 be、become、appear、look、seem 等，其后须带主语补语句子才能完整，我们把这类动词叫作连系动词。连系动词也是主动词的一种，它和它后面的主语补语一起补充说明主语的身份、特征和状态。

2. 英语助动词

助动词的语法功能是协助主动词表示不同的语法意义或情态意义，比如，表示某一动作正在进行或已经完成，“应该”做某事或“不应该”做某事等。

英语的助动词可分为三类：基本助动词（Primary Auxiliary）、情态助动词（Modal Auxiliary）和半助动词（Semi-auxiliary）。

(1) 基本助动词

基本助动词只有 3 个：be、do 和 have。作为助动词，be、do 和 have 本身没有词汇意义，只在动词词组中起语法作用或者说只表示语法意义。

(2) 情态助动词

情态助动词包括：can/could、may/might、will/would、shall/should，must、ought to、dare、need、used to、had better。情态助动词表示情态意义，它本身有词义，但词义不完全，因此不能单独做谓语。其过去时形式并不一定就表示过去时间。情态助动词不能重叠使用，其后的主动词用动词原形。

(3) 半助动词

还有一些半助动词，指某些兼有主动词和助动词特征的语法结构，比如，have to、seem to 之类的结构，既可与主动词搭配构成复杂动词词组表示情态意义，又能与其他助动词搭配，像是主动词而不像情态助动词。因此我们说，半助动词兼有助动词和主动词的双重特征。

（二）英语与汉语动词的形态变化比较

英、汉动词形态变化的最大区别就是：英语动词有形态变化而汉语动词没有形态变化。

英语动词有形态变化，主要体现在数（number）、时（tense）、体（aspect）、语态（voice）等几个语法方面。

1. 英语动词的数（number）

（1）I study. 我学习。

You study. 你（你们）学习。

（2）He studies. 他学习。

She studies. 她学习。

It eats. 它吃。

（3）We study. 我们学习。

They study. 他们学习。

2. 英、汉语的时（tense）和体（aspect）

英、汉语都有时态，即“时”（tense）和“体”（aspect）的概念，但是表示的方法各不相同。英语“尺寸”和“体”的语法形式由谓语动词的特定形式来体现，即由 to be、to have、to do、will 等助动词的变化形式所构成。汉语动词没有“时”和“体”融合而成的语法形式，它是由一些时态助词或副词来表示时态状况的。

3. 英汉语态（voice）的对比

和时态一样，英、汉语都有主动语态和被动语态之分，表现形式都体现在它们的谓语动词上。英语的构成是由助动词 to be 加上动词的过去分词构成的，时态则通过 to be 的变化形式来体现。而动作的执行者（或发出者）常省略，也可以由介词 by 引起的短语来表示。汉语被动句的构成主要是由“被”“让”“叫”“遭”“受”等虚词加谓语动词构成。“被”在该句型中是助词，在书面语中还有“被……所”“如……所”的句型格式。

（三）汉语动词的重叠和加“趋向动词”的特点

除以上英、汉动词的区别以外，汉语动词还有“重叠”和加“趋向动词”的特点，这是英语所没有的。

1. 汉语的有些动词可以用重叠的方式表示“动作时间短暂”或“尝试”的意思

这种重叠形式有以下几种：

（1）单音节动词重叠形式是“AA”（后面的音节读轻声），例如，看——看看、听——听听、试——试试、想——想想、说——说说。

（2）这种结构还可在重叠的两字中间加个“一”字，意思不变，例如，看一看、听一听、试一试等，这种结构有点像英语的“have a+动词”的结构。

(3) 或加个“了”字表示短暂动作的结束：看了看、听了听、试了试、想了想、说了说、讲了讲。

(4) 加个“了又”表示反复强调（有不放心色彩），例如，看了又看、试了又试、听了又听、想了又想、说了又说、讲了又讲。

(5) 加个“啊”字，表示强调（有感到麻烦的色彩），如看啊看、听啊听、试啊试、想啊想、说啊说、讲啊讲等。

(6) 用“来去”的形式表示反复，如看来看去、听来听去、试来试去、想来想去、说来说去、讲来讲去等。

这几种组合结构还可以重复或混合使用，使文字丰富多彩、形象生动。

(7) 双音节动词的组成结构是“ABAB”（后面两个音节读轻声），例如，学习学习、休息休息、锻炼锻炼、讨论讨论、研究研究、轻松轻松。

前六种组合形式有的也可以用于双音节动词的重叠形式中，例如，学习了又学习、锻炼啊锻炼、讨论了讨论、研究来研究去。

2. 汉语动词的趋向性

汉语动词可以加趋向动词“起来”“下去”等，表示“开始”“继续”等意义，如学起来、读下去、唱起来、干下去。

借加助词和副词的方法来表达英语动词所表示的时态、语态、语气等概念是汉语的语言特点。

英、汉语的动词都可在句子中做谓语或谓语中心。汉语的动词除了在句子中做主谓语以外，还可做连动谓语，其特点是前后动词之间不存在主谓、动宾、动补、偏正和并列等语法关系，不出现关联词语或语音停顿，只有逻辑意义上的顺序排列，即前后动作依次连续发生。英语的动词不可做连动谓语或没有连动谓语，它只能用并列谓语，或限定动词+非限定动词（一般用不定式、分词）等结构形式表达，也可根据情况特殊处理。

第二节　段落翻译教学

段落由各种句子构成，而句子是由单词、短语、从句组成的。在翻译时，我们有时需要对其中的某个短语、分句或是从句进行语法分析，以确定它在句子中所起的作用，例如做定语、状语还是补语等，以便确定它和句子当中的哪一个结构或成分发生直接的联系。

如果分析不恰当，就很容易使译文中的语义发生变化，产生误译。以下我们将具体说明。

一、介词短语

介词短语是英语中相当活跃的元素，几乎出现在绝大多数的句子中。在不同的上下文中，它可以做不同的语法成分，如状语、定语、补语等。但是，它在特定的上下文中只能做一种成分，这主要视上下文以及句子结构而定。

二、名词短语

名词短语在句子中可以充当主语、宾语、表语、同位语等，若分析不当也有可能把它们搞错，所以同样需要根据上下文来具体分析。

三、非谓语动词短语

非谓语动词短语主要指现在分词短语和不定式短语。因为这两种非谓语动词短语在不同的上下文中可以充当不同的语法成分。对于非谓语动词短语也需要细心分析上下文，避免出错。

四、从句

名词性从句在一个句子中也可做不同的语法成分，因此也出现因分析不当而误译的问题。有时从修饰的角度出发，为了避免头重脚轻，保持句子的平衡，或是为了强调句子的某一成分，或是考虑句子与句子之间的衔接，或是为了使文章简练，都会把一些句子成分的位置前后移动，甚至省略，造成正常的句子变得“不正常”，正是这种特殊的结构给我们的翻译带来了很大的困难，稍不细心就会误译，处理的方法是抓住句子的关键，理清结构，这样才能做到正确翻译。下面分三个方面来具体讲解：

（一）分割结构

英语中的分割结构大体来说可以分为三类，一是主语和谓语被主语的一个定语分割，或是谓语和宾语被谓语后面的状语分割，再就是宾语和状语被宾语的定语分割；二是为了保持句子的平衡，把定语或同位语前置或后移；三就是插入语也起分割作用。

（二）倒装结构

英语中有两种倒装，一是全部倒装，二是部分倒装，理解倒装句的关键就是找出句中的主语和谓语。

（三）省略结构

省略句中出现的误译也比较多，究其原因，主要是分不清哪些是省略掉的。一般来说，当前后有几个句子的谓语是一样的时候，除了第一个不能省略之外，后面几个为了避免重复，往往都会省略掉。尤其是 be 形式，同样，当前后几个句子或分句的结构平行的时候，那么后面几个句子或分句中的主语或是宾语、定语、状语往往都会省略掉，甚至整个主谓结构或动宾结构都被省略掉，只剩下一个副词标志来表明省略结构，因此要善于抓住这些标志。

五、语义型句子和语法型句子

汉语句子为语义型或意合型，英语句子为语法型或形合型。换言之，汉语句子的根据在语义，英语句子的根据在语法。在汉语中，衡量一串词语是否成立为句子，要看这串词语能否表达出相对完整的意思。相比而言，汉语句子标准较宽松，句号的位置也有弹性。

六、“话题—说明”结构与“主语—谓语”结构

我们用“话题—说明”的观点看待分析汉语句子，比用传统的“主语—谓语”名称，能更客观地反映汉语句子的实际，更清楚地显示汉英句式结构上的异同，从而避免语法概念的混淆。

汉语句子的“话题”与“说明”是从句子顺序上说的。“话题”是说话人想要说明的对象，总是放在句子开头处。如果语言环境或上下文能暗示话题，也可能省略不提。“说明”部分位于话题之后，对话题进行说明、解释或质疑。“说明”部分与“话题”部分不存在一致关系。“说明”可以是一个名词或动词，也可以是一连串的名词短语或连动结构，还可以由形容词及各种词组充当，对结尾没有限制，可长可短，视语义而定。

汉语的连动句典型地反映出话题的后面一长串说明的特点（因为凡与话题有关的内容都可放在后面对其进行说明），这与英语句子一个主语和一个谓语相一致的结构大不相同。

七、“板块”式结构与“多枝共干”结构

由于汉语的“意合”特点，有些汉语句子的内部成分常常一一罗列，呈现并排式结构，外形上没主从之分，层面之间没有明显的逻辑标记。有人形象地把这种句子称为“板

块”式结构，也有人称其为“竹节”式结构。

这与上下文讨论过的“话题—说明”结构和“主语—谓语”结构不无关系。与汉语相比，英语句子的“主谓结构”为句子主干，其他成分则通过各种连带附加关系附着在这条主干上，犹如树枝与树干的关系。人们把英语句子的这种结构称作“多枝共干”型。

八、“左分支”结构与“右分支”结构

句子的语序一般以思维的顺序自然展开，而中国人的思维模式基本上是首先考虑事物的环境和外围因素，然后考虑具体事物或中心事件。西方人的思维模式正相反，首先考虑中心事物，然后才加上外围因素。这种中西思维方式的差异，表现在句子结构上，就是汉语中的状语总放在谓语或句子主体前边，定语无论长短，都置于中心词之前，形成“左分支”结构。这种结构特点往往使得汉语的状语部分长，主谓部分短；主语部分长，谓语部分短；修饰成分长，中心成分短。整体上显得头大尾小，有人将其比作“狮子头”形状。

英语的定语成分除单词外，多数都置于中心词之后。多数英语状语的正常位置也是置于主干成分之后，由此形成了英语的右分支结构。另外，英语重视末端重量，凡较长的词语或累赘的成分均需后移，有时甚至需使用假主语来避免句子头重脚轻。因此，英文句子多为前短后长，有人将其形容为“开屏的孔雀”，头小尾大。

正是由于英汉语言分属不同的语系，各自有着不同的语言类型、文字系统、语音系统以及词法上的差异，因此英汉语言在句法上也存在很大的差异。英译汉时必须使用汉语的句法来表达英语的意思。如果按照英语句法直译，译文将受到英语表达方式的影响和束缚，违反汉语表达习惯。反之，汉译英时也必须采用英语的句法来表达汉语的意思，尽可能适应英语的表达方式和习惯。因此，熟悉英汉语言句法上的差异对正确地进行英汉互译十分重要。

九、英语重形合，汉语重意合

英语重形合、汉语重意合是英汉两种语言在句法特征上最主要的区别之一。所谓形合是指主要靠语言本身语法手段，所谓意合是指主要靠句子内部逻辑联系。英语句法特征是“形合”，注重语法形式和功能。句子要按照语法规则来组织，其主语和谓语要求在人称、数、时态、语态上保持一致，主句和从句之间要用关联词衔接起来。因而英语结构紧凑严密，其句义的明确，主要是靠严谨的句子结构，分明的逻辑关系，注重语篇中句子之间的排列、衔接、连贯等。

十、英语句子重心在前，汉语句子重心在后

在复合句中，英汉句子重心差异很大。英语句子重心一般在前，句子的主要部分主句一般放在句首，即重心在前；汉语句子一般按照逻辑和时间顺序，将主要部分放在句尾，形成后重心。

十一、英语多用被动语态，汉语多用主动句

从文化性质上看，西方文化属于科学文化，汉语文化属于人文文化。从文化心理上看，科学文化“重物质、轻人伦，价值取向以功利为本位”，人文文化“重人伦、轻器物，价值取向以道德为本位”。两种文化取向表现在思维方式上大有不同，英语民族喜欢站在客观角度思考问题，汉民族喜欢站在主观角度思考问题。这在英汉语言上就表现为英语使用被动语态较多，尤其在科技英语中被动语态使用得更多，汉语使用被动语态较少，而多用主动句。

语态分为主动语态和被动语态，它们在英汉语言中的使用情况很不相同。一般来说，英语多用被动语态，汉语则较少使用，即使使用，也不像英语那样有固定或比较统一的构成形式。汉语的被动主要用“被”字句表示，常常借用汉语词语“被”“叫”“给”“让”“由”“遭”“受”“得”“为……所”“是……的”“可以由”“加以”等表达被动含义。所以英译汉时应将英语的被动句转换为汉语的主动句。

第三节　语法翻译教学

对于一种语言的学习，想快速地从整体上把握它的规律，往往要先从它的语法开始。这是因为语法是从众多的语法单位里抽象出来的其共同的组合方式或类型及如何表达语义的规则，它是从词和句的个别和具体的东西中抽象出来，研究词的变化和句中词的组合的基础的、一般的东西，并且以此构成的语法规则、语法规律。既然语法是对语言普遍规律的总结，那么不同的语法之间是否也存在着相同点呢？答案是肯定的。

当今世界使用最广的英语与汉语，在某些方面是有一定相似性的，在学习的过程中，二者可以成为帮助掌握对方语言的一种工具，但对于其中一种语言的学习与研究不可完全套用另一种的语言的语法，这是因为在一定程度上二者是不同的。下面将对此进行详细

论述。

首先来看汉语语法与英语语法的一致性。汉语里有主谓宾、动词、名词、形容词，英语也有。比如，“孩子们喜欢漂亮的花朵”，译成英文则是“Children like beautiful flowers”，在这句话当中，汉语与英语的主语分别是“孩子们”和“Children”，谓语是“喜欢”和“like”，宾语是“漂亮的花朵”和“beautiful flowers”。动词、名词、形容词也很明显是一致的，汉语与英语中用来修饰名词的定语同时是形容词的“漂亮的”和“beautiful”也一一对应。在这种句子结构完全一致的情况下，用汉语分析英语或反之都是可以的，而碰到两种语言不一致的地方，就坚决不能用这种语言的语法套用那种语言的语法。平时在课堂里教师英语语法讲得多，汉语语法讲得少，因此同学们对英语语法更为熟悉，对汉语语法反倒生疏。易用语法知识去分析问题，就很容易用英语语法的知识去分析汉语句子。比如，英语里有“a red apple（一个红苹果）”，“a”是冠词，而汉语里却没有冠词。同样，英语里没有量词，谁要是将“a piece of news（一条消息）”中的“piece”说成量词，英国人也绝不会同意。所以一定要注意汉语语法与英语语法的区别。

下面来详细分析二者的不同点。

第一，二者在词类方面不一样。汉语的名词里有方位词，如“里、内、外、上、下、前、后、左、右、中”等，其中的几个在英语里融入了介词，有的成了形容词。因此，对于汉语的方位词，不能说它们是介词或形容词。汉语的许多动词后面能够加“着、了、过”，于是大家容易认为“着”是现在时，“了、过”表示过去时，但汉语中的“着、了、过”并不表示“时态”。“他昨天吃着饭还看书呢”“他明天看着电影还会想到我的”，这里的“着”与两个句子的过去时和将来时显然无关。

第二，二者在句子成分方面不一样。汉语里有主语、谓语、宾语、补语、定语、状语六大句子成分，英语还有一个补语。英语中用状语表示汉语用补语表示的意思，而在汉语中，则用宾语表示英语里的表语。我们见到“他在这儿逗留了三个小时。（He stayed here three hours）”，就不能把“三个小时”当作状语而要当作补语。在句子“他是学生。（He is a pupil）”中，就不能说“学生”是表语，而应当是宾语。其他的句子成分也有很多不一样的地方。如汉语里有把字句，如“他把书包拿走了”，“把书包”要分析为状语。英语里则没有把字句，或者说，在英语中，汉语的“把字句”被译为“被动句”。我们可以说“He takes the school bag.”或“The school bag is taken by him”。前者的“takes school bag”构成了整个句子的动宾部分，后者则由“The school bag”做主语，“taken”做表语，句子的结构已经完全改变。

第三，句式方面不一样。英语里当然有一些非主谓句，如“Wonderful!（妙极了!）”，但是这样的句子极少。汉语里面的非主谓句则很多。除了一个词构成的非主谓句，如“棒!”“好!”之外，汉语里还有大量由各种短语构成的非主谓句，如“好球!”“我的帽子呢?”“我的老天爷!”“你这个小鬼!”“瞧你!”“下雨了”“刮风了”等。如果用英语表现这些意思，则需要用一个主谓宾或主系表皆齐全的句子。更特殊的是，在汉语里，有一种主谓语句，如“他脸色苍白”“这个人鼻梁很高”“这里的树，杨树居多”这些句子的谓语部分都是主谓短语。而在英语中，这种句式结构是无法表现的。

以上都只是简单地举例说明了汉语语法和英语语法的相同点与不同点，二者更全面更细致的异同还须在不断的学习研究中探索。只有了解掌握了这些异同，才能在今后的汉语或英语学习中运用这种工具以收到事半功倍的效果。

一、现代汉语语法与英语语法

现代汉语里一般的句子成分有八种，即主语、谓语、宾语、动语、定语、状语、补语和中心语。

英语的基本成分有七种：主语 subject、谓语 predicate、表语 predicative、宾语 object、定语 attribute、状语（adverbial）和补语 complement。

英语句子成分中，有些具有形态标志，如第一人称代词做主语就用主格“I”，做宾语用宾格“me”，做定语用所有格“my”。这些形态变化对分析辨认成分很有帮助。

汉语与英语就句子成分来说，表面上看来差不多，实际上有不少差别。

在英语中，同一个主语在第二次出现时不能省略，必须把每个谓语所陈述的对象都表示出来。而在汉语中，同一个主语在句中第二次出现时，就可以省略。比如，汉语说“小李回家后，立刻就睡觉了”，省去了第二个分句的主语，可以避免造成误解。若将第二次出现的主语补出来，说成“小李回家后，他立刻就睡觉了”，听的人反而可能把那个“他”误以为成另一个人。

二、英语和汉语的区别

（一）英语重结构，汉语重语义

我们看一看下面的例子：

Children will play with dolls equipped with personality chips，computers with in built personalities will be regarded as workmates rather than tools, relaxation will be in front of smell television, and digital age will have arrived.

译文：儿童将与装有个性芯片的玩具娃娃玩耍，具有个性内置的计算机将被视为工作伙伴而不是工具，人们将在气味电视前休闲，到这时数字时代就来到了。

in built：成为固定装置的，嵌入墙内的；内在的，固有的。

这句英语是由四个独立句构成的并列句，前三个句子都用一般将来时，最后一个句子用的是将来完成时，句子之间的关系通过时态、逗号和并列连词 and 表示得一清二楚。而汉语译文明显就是简单的叙述，至于句子之间的关系完全通过句子的语义表现出来：前三个句子可以看成并列关系，最后一个句子则表示结果。

（二）英语多长句，汉语多短句

由于英语是"法治"的语言，只要结构上没有出现错误，许多意思往往可以放在一个长句中表达；汉语则正好相反，由于是"人治"，语义通过字词直接表达，不同的意思往往通过不同的短句表达出来。正是由于这个原因，考研英译汉试题几乎百分之百都是长而复杂的句子，而译成中文后经常就成了许多短小的句子。例如：

Interest in historical methods had arisen less through external challenge to the validity of history as an intellectual discipline and more from internal quarrels among historians themselves.

译文：人们对历史研究方法产生了兴趣，这与其说是因为外部对历史作为一门知识学科的有效性提出了挑战，还不如说是因为历史学家内部发生了争吵。

discipline：身心的锻炼，训练；纪律，风纪，命令服从；惩戒，惩罚；学科，科目。

英文原句是个典型的长句，由 27 个词组成，中间没有使用任何标点符号，完全靠语法结构使整个句子的意思化零为整，使用"less through""and more from"构成一个复杂的状语修饰动词 arisen。在中文中，"产生兴趣"这一重要内容通过一个独立的句子表达，两个不同的原因则分别由不同的句子表达，整个句子被化整为零。

（三）英语多从句，汉语多分句

英语句子不仅可以在简单句中使用很长的修饰语使句子变长，同时可以用从句使句子变复杂，而这些从句往往通过从句引导词与主句或其他从句连接，整个句子尽管表面上错综复杂，实际上却是一个整体。汉语本来就喜欢用短句，加上表达结构相对松散，英语句子中的从句翻成汉语时往往成了一些分句。例如：

On the whole such a conclusion can be drawn with a certain degree of confidence but only if the child can be assumed to have had the same attitude towards the test as the other with whom he is compared, and only if he was not punished by lack of relevant information which they possessed.

译文：

总的来说，得出这样一个结论是有一定程度把握的，但是必须具备两个条件：能够假定这个孩子对测试的态度和与他相比的另一个孩子的态度相同；他也没有因缺乏别的孩子已掌握的有关知识而被扣分。

原文中两个 only if 引导的从句显然使整个句子变得很复杂，可是由于有并列连词 but 和 and，整句话的逻辑关系十分清楚：……能够得出结论……但是只要……而且只要……

从上面的译文我们可以看出，为了使中文表达更加清楚，“but only if…”“and only if…”被翻译为“但是必须具备两个条件……”这种做法给我们的感觉是译文中没有从句，有的只是一些不同的分句。

（四）主语、宾语等名词成分“英语多代词，汉语多名词”

在句子中，英语多用名词和介词，汉语多用动词。英语不仅有 we、you、he、they 等人称代词，而且还有 that、which 之类的关系代词，在长而复杂的句子中，为了使句子结构正确、语义清楚，同时避免表达上的重复，英语往往使用很多代词。汉语虽然也有代词，但由于结构相对松散、句子相对较短，汉语里不能使用太多的代词，使用名词往往使语义更加清楚。请看下面的例句：

There will be television chat shows hosted by robots, and cars with pollution monitors that will disable them when they offend.

译文：届时，将出现由机器人主持的电视访谈节目及装有污染监测器的汽车，一旦这些汽车污染超标（或违规），监测器就会使其停驶。

（五）英语多被动，汉语多主动

英语比较喜欢用被动语态，科技英语尤其如此。汉语虽然也有“被”“由”之类的词表示动作是被动的，但这种表达远没有英语的被动语态那么常见，因此，英语中的被动在汉译中往往成了主动。

第五章 大学英语翻译教学中本土文化身份的重构

在使用英语进行交流和实践中出现了一种新式的“哑巴英语”。而此“哑巴英语”非彼“哑巴英语”。具体指的是，有些大学生有不错的语言基础水平，也有深厚的中华传统文化底蕴，但是一旦进入英语交流语境，与西方友人以中华传统文化为话题进行交际时，便会立即呈现出“中国文化失语症”的结果。即由于在跨文化交际中对中华文化了解不到位，无法用恰当的英语表达中华文化，始终无法显示来自古文化大国的学者所应具有的深厚文化素养和独立的文化人格，导致交际失败或低效，从而造成外国友人对中华文化的误解。出现这种现象无疑是在英语的学习过程中，过分强调英美国家语言文化学习而忽略了对中华传统文化的输入而造成的。

第一节　翻译教学中本土文化身份重构的必要性

由于历史、文化、政治、经济等多种原因，英语已经是适应新形势需要的国际通用语言。越来越多的人将非母语的英语作为自己进行文学创作的语言，以同一种语言形式表达各自的民族个性，负载各自的本土文化。由此可见，英语并非和某一特定的文化，甚至某一特定区域的文化相对应。因此，在我们把英语作为国际语言教学的今天，将跨文化教学等同于英美文化的导入未免有失偏颇，在翻译教学中忽视本土文化的导入必将导致我们培养出的翻译人才出现“本土文化失语症”，即翻译人才可以说一口流利的英语，但是对本民族的本土文化却无法用英语表达出来。这种现象对于塑造新一代翻译人才的人生观、价值观，增强翻译人才的自我认同感，提高我国的国际地位都是不利的。因此，在跨文化翻译教学过程中进行本土化身份的重构是十分必要的。

一、符合文化全球化的时代背景

文化全球化的重要特征是文化明显呈现出相互融合和多元性的趋势。世界越来越连成一体，成为“地球村”。当今世界经济全球化的发展，高新技术特别是信息技术及其产业的迅猛发展，使人类的交往已经扩大到全球范围，形成了世界性的普遍交往。这就促使中西方文化走向相互融合，从而减少和避免彼此间的对立和冲突。它们相互之间的冲突、交流和融合正呈现出一种新的态势——多元发展趋势。在世界经济全球化深入发展的背景下，经济与技术的交往、商品和资本的流动、信息的快速传播、人员的跨国流动、大众传播媒介和网络的无所不在，这一切使得各民族的文化，突破特定的地域环境和社会语境，变成一种“流动的符号”，融入一个全球性互动的文化网络之中，不同形态、不同民族文化之间的并存、比较与相互渗透第一次即时性共场景地展现出来，也使那些原来长期以自我为中心的文化或文明直接感受到“他者文化”的存在，进而产生对“他者”的尊重和理性认知，有利于减少文化或文明之间的冲突和对抗。可以说，多元文化或文明间的差异性正在成为经济全球化时代文化的基本格局。

二、培养翻译人才的民族感情

中国文化认同教育是大学生民族感情的培养需要。我国的传统文化博大精深，历史悠久。几千年来，它维系着中华民族的精神追求和文化命脉，也是世界文化体系中重要的组成部分。中华民族的传统文化是中华民族长期发展的产物，它的形成和发展有其历史的必然性和内在的规律性。在当今文化全球化发展的过程中，继承和弘扬本民族的优秀文化传统，是有效抵御外来文化侵袭的重要手段，在民族进步和历史发展的过程中起着多方面的重要作用。回顾中华民族的历史，我们更能清楚地看到，中华民族的传统文化，特别是其中的优秀部分一直是我们的民族之魂，是维系中华民族生生不息的精神纽带，在中华民族的历史发展和社会进步中一直起着积极的促进作用。然而由于种种原因，大学生中淡化民族文化的倾向依然存在，有的“非古讽今”，有的主张全盘“西化”。学习英语的需要使大学生更有条件接受外来文化，如果不加思考地全部接受，或者不论场合盲目地模仿，或者“崇洋媚外”，或者对自己民族的文化加以否定，那都不是我们教育者的初衷。诚然，西方文化与东方文化之间并无优劣好坏之分，但是我们有自己的文化传统，有自己的文化精华，它们滋润着延续了五千年的中华文明，是任何一种文明都无法替代和超越的。因此，我们必须强调“文化自觉”，提升民族意识，培育民族精神，对中国传统文化中的优秀部分应结合现实需要加以提升和吸收。民族精神是一个民族赖以生存和发展的精神支柱，一个民族，没有振奋的精神和高尚的品格，不可能自立于世界民族之林。

所以，不管是学校教育还是社会教育，都要加强对大学生中国传统文化的教育和引导，让青年在继承优秀文化传统中去弘扬和培育民族精神。而外语教学中的中国文化认同教育不仅可以传授文化知识，而且还能通过历史事实激发学生的民族自豪感，激发他们的爱国热情，培养他们的爱国主义精神，树立其民族的自尊心和责任感。

三、提高翻译人才的人文素质和思想道德修养

中国文化教育是培养大学生人文素质和思想道德修养的需要。他们在小学、中学阶段曾经接受比较系统的母语教育，不断得到母语文化的熏陶。但是，他们的母语文化基础只是在无意识中建立的，是零碎的，而非系统的。特别是受应试教育的学生，对《论语》《道德经》等哲理书，“四大名著”等古典著作从没阅读或不甚了解。到了大学阶段，学生的主要精力投入专业之外的英语学习，接触的大多是外语材料。而浓浓的英语文化气氛亦使他们淡化了母语知识和文化。因此，他们普遍缺少中国文化基础，缺乏文化素质，导致整体素质下降，道德约束减弱，缺乏礼仪观念，人际交往中缺乏信赖，抛弃诚信，也就出现了人文精神失落和价值观混乱的现象。思想素质是衡量一个人素质的重要标准。没有较高的思想素质，再有才华的人都是不全面的，甚至是危险的。现在的很多大学生由于对祖国传统文化了解太少和受到外来思想的影响盲目地追求和崇拜西方文化，对祖国传统文化不屑一顾。可以想象一个不爱祖国传统文化的人是不可能热爱祖国的，那么提高学生思想素质就是一句空话。

因此，我们必须让学生借助中国文化课程，学习中国文化知识，阅读相关的文化书籍，系统、全面地学习了解本民族文化；有意识地吸收文化精华，加深文化内涵，让学生对祖国的传统文化有所了解，并培养学生对祖国灿烂文化的热爱之情，从而激发他们对人类社会发展的责任感和使命感，只有这样才能提高大学生整体人文素养和思想道德修养。

四、促进翻译人才理解和传播本土文化

一个民族的文化是其屹立于世界民族之林的独特品质。中国是有着五千年历史的文明古国。祖先给我们留下了博大精深、光辉灿烂的文化遗产。像中国古代哲学思想、古代教育和科技成就；汉代的辞赋、唐代的诗歌、宋元的词曲、明清的小说和戏剧；还有祖先们在医药、农业、天文、地理等方面的巨大成就，都闪烁着智慧的光芒。我们的文化遗产不仅在精神上哺育了一代代华夏儿女，而且，它的伟大作用也正在为世界上的其他文化所认同和接受。许多学者研究提出，中国文化是能够在21世纪发挥日益重要作用的文化。如我国国学大师季羡林先生也提出“东学西渐”的理念来论述中国文化对当今世界的影响。

在文化全球化深入发展之时，在与西方社会交流频繁的今天，我们需要更多的能熟练掌握外语并能利用外语向西方弘扬中国文化的人才。发展和弘扬本民族文化已经成了我国文化发展的当务之急。然而，很多时候我们却发现我们培养的大学生无法用英语表达平时自己熟悉的本国文化（或表达得不到位）。在跨文化交际中英语语言只是一种交流的工具，其实质是双方思想和文化的交流。若只是一味地吸收外来文化，而无法将本民族的优秀传统文化传播出去，这种交流本身就是不平等的，长此下去，对国家和民族的发展不利。要想让中华民族崛起于世界民族之林，我们就应该让世界了解和尊重中国的文化。

五、促进中西文化共同发展的需要

全球化在文化上表现为一种丰富多彩的、各具特色的多元文化，人类文化的多元性体现了不同民族地域文化的丰富性特征。人类历史表明，正是各种不同体系的文化构成了世界文化的宝库，正是人类不同文化表现出来的个性化特征构成了人类文化的灵魂，它们使得世界文化宝库多姿多彩。所以在应对全球化挑战的这个问题上，主张“全盘西化”或主张本土主义或民族主义显然都是不可取的。文化本身并没有优劣之别，每一种文化都适应着一定的社会历史条件，发挥着自己的作用。中西方文化根植于不同的民族土壤，都处于动态的进化过程中，既有优点，又有不完善之处。因而中西文化在交流的过程中应该享有平等的地位和权利。现阶段的文化教育应兼顾目的语文化和本族语文化，要克服民族自卑心理和民族中心主义两种极端情绪。在英语教学中进行中国文化认同教育，实际上是用英语进行文化的双向交流。这也是社会赋予新时代大学生们的神圣使命。我们在英语教育中开设西方文化课程的同时增设中国文化课，应是两手抓之举。在外语学习或跨文化交际中，学生是以双重的文化心理进行的。建立比较系统的目的语文化知识体系，能深层次地了解西方民族思想的起源、风俗习惯、语言及其反映的思维方式和这种思维方式对语言应用的制约；而建立扎实的母语文化基础，则能从另一角度了解自己和别人，扩大文化知识储备量，促进知识的平衡，完善知识结构。同时引导学生意识到文化的世界性，学会生存、学习和合作，学会理解和关心他人。从某种意义上说，系统的中西文化知识使学生感悟中西文化的异同，使他们在学习和实践中，有意识地比较区分，培养文化的敏感度和辨别能力，减少文化错误和文化冲突，顺利地完成双向文化交流。

六、英语的国际化与本土化的需要

英语作为世界范围内的通用语言、新名词层出不穷，如世界英语（World English/

Global English)、国际英语（International English)、新英语（New English）等。尽管当前对中国英语的地位和其本质的界定一直颇有争议，但是能肯定的是承载中国文化的中国英语已经客观存在。“英语一旦在某地区被采用，不论其目的是科学、技术、文化，还是人的名望、地位或现代化，它都会经历一个再生过程，部分是语言再生，部分是文化再生”“中国英语代表中国社会文化习俗和传统价值观，对中国学生来说将会是更加真实的英语”，中国英语是语言创新的结果。

七、文化相互交往与多元化的需要

文化的平等性显示了各民族的文化都具有独特价值，无优劣贵贱之分；文化的交往性即系统结构中存在一定的相互联系的文化，体现了各文化之间的相互影响；文化的差异性说明各文化都是各不相同、独一无二的；文化的内聚性是指由于各文化间存在共性，可以相互借鉴。多元文化的提出，其实质目的不是要突出某一种文化，而是提供了处理两种以上文化间相互关系的态度和方法。所以重视本土文化教育是多元文化平等性原则的体现，外语教学不应该只给学生提供学习和了解目的语文化的机会，还应该起到对外传播本民族文化的作用，而且在多元文化接触和交往的过程中，才能更客观地认识与理解自身文化，辩证地对待自身文化，取长补短，进而提高学生的认知能力、判断反省能力、独立思考能力等，培养其在不同文化中的适应能力。

八、提高翻译人才的跨文化交际能力

外语教学中插入适当的中国文化教育，有利于学生提高语言综合能力和交际能力。大学英语的教学目的是“培养学生具有较强的阅读能力和一定的听、说、写、译能力，使他们能用英语交流信息。大学英语教学应帮助学生打下扎实的语言基础，掌握良好的语言学习方法，提高文化素养，以适应社会发展和经济建设的需要”。大学外语教育应有助于学生开阔视野，扩大知识面，加深对世界的了解，借鉴和吸收外国文化精华，提高文化素养。与此同时，外语教育也应有助于学习者进一步了解本族语的文化精华，并掌握它们相应的外语表达。

未来社会的外语人才，不仅仅是具有较高水平的外语知识、外语技能和外语交际能力，而且必须同时具有很高的个人素质，如高度的社会责任感与强烈的民族自尊心等，这是我们外语教学中不可分割的一部分。在此当中，外语教学中的中国文化教育将对此贡献出它应有的力量。

第二节 翻译教学中本土文化身份重构的原则

在翻译教学中实施中国本土文化教育必须确立原则，这是为了有计划、有目的和有层次地将语言和非语言所承载的文化内容纳入翻译教学总的体系中去，使传授语言和介绍文化同时在一个层面上展开，从而帮助学生有效克服因文化差异而容易发生的跨文化交际障碍。

一、文化创新原则

我们必须把在翻译教学中培养学生的文化认同感放到全球化的大背景中去。全球化要求我们要有理性的文化认同观。在全球化的推进过程中，世界各族文化日益从原本封闭隔离的状态走向了与其他文化的交汇交流，并在这一融合中不断获得文化新质。在这种形势下，无论我们愿不愿意承认，所谓的文化认同只能以文化创新的姿态出现。创新决定着传统文化的生命力，创新是对传统文化最好的继承和认同，也是对文化糟粕的最有力、最深刻的批判。应该坚持在文化平等的基础上，兼取各文化之长，并加以融会贯通，创造出新的中国本土文化。我们要对中外文化进行综合分析，对我们有益的就“拿来”，无益的就舍弃，有害的就加以肃清。新文化是多种有价值的文化的新综合，同时也是一个文化创新的过程，一个文化生成的过程。只有这样，中国文化才能实现质的飞跃。

二、对比性原则

文化教学中的对比原则就是将本土文化和目标文化进行对照、比较，在找出相同点的同时，更重要的是发现差异。翻译教学中的中国文化教育对比原则，就是让学生对中国本土文化和西方文化进行对比研究。中国和西方文化都是多年流传下来的约定俗成的价值观念、交际规则与知识体系，不存在优劣之分。教师在鼓励帮助学生作中西文化对比时，应当告诫学生实事求是，不进行优劣方面的评论。鼓励学生在中西文化发生冲突或表现相同时进行对比。通过对比，让学生既可以深刻体会到两种语言、两种文化的差异，使教学更有针对性，从而更好地发挥母语的正迁移作用，又能够加深对中西文化的理解，这对于中国传统优秀文化的传承，保持中国文化身份，起着至关重要的作用。在对比中要特别注意三个方面：①目标文化所具有的而本土文化所不具有的；②本土文化所具有的而目标文化所不具有的；③本土文化和目标文化都具有，但有一定差别的。

三、实用性原则

实用性原则就是要求导入的中国文化内容与大学生所学的教材内容密切相关，与学生的日常交际所涉及的主要方面密切联系；要对学生今后的工作、学习和生活具有一定的实用价值。文化教学结合语言交际实践，使学生不至于认为语言和文化的关系过于抽象、空洞和捉摸不定，从而激发学生学习语言和文化的兴趣，提高教学效率。英语教学的目的是要培养学生运用所学的语言知识和文化知识进行交际的能力。这就要求教师必须注意语言文化知识的实用原则，从教学实际出发，在传授语言知识的过程中适时地导入相关的文化内容，语言知识讲到哪里，文化知识也随之落到哪里，而不是把教语言与教文化割裂开。

四、循序渐进的原则

文化教学不能独立于语言教学之外，讲授的重点、程度、方式、分量，要根据不同层次、不同课型的教学要求进行合理安排。在初级阶段，多教一些普及性的文化知识，如中西方社会的风俗习惯和日常行为模式的内容，让学生明白在日常生活和交往方面主体文化与目的语文化的差异，以及在语言形式和交际中的具体表现。到了中高阶段，则要多讲一些专门性的文化知识，让学生了解目的语文化与本土文化在思想观念、思维方式、思维习惯、价值观念、民俗心理和民族感情等方面的差异及其在语言形式中的具体表现。

五、适度性原则

适度性原则是指在翻译教学中文化教学量和教学方法的适度。在这里指的是我们在翻译教学中要注意中国文化输入的量和度。毕竟我们这是外语教学，要学好一门外语，首先要了解与其相对应的文化。因此，外语教育的首要任务应该是先让学生掌握外语文化，这对学生提高英语的综合应用能力是非常有益的。在学习外语文化的同时对学生进行中国文化输入。课堂的时间毕竟是有限的，所以，教师应该积极倡导学生在课外进行适量的课外阅读和实践，增加文化知识积累，创造机会让学生自己进行探究性、研究性学习，增强自主学习的能力。

六、自我原则

美国哲学家爱默森（R. W. Emerson）认为，自我是我们唯一学习和研究的主题。以自我为中心是西方价值的实质。不同的环境造就不同的价值观和思维模式，也形成了不同的文化意义和文化特点。在跨文化交际中，我们既要了解对方，也要保持自我，体现自我的民族性。

七、规范原则

中国语境下的英语教学，应以国际上规范的英语文本为基础，以中国官方媒体英语为规范的变体。中国英语的使用群体出于需要，有意识、有目的、规范地“借用”各种汉式说法，遵守共同的规范，能被国际英语的读者所理解和接受，最大限度地发挥汉语和中国文化正迁移的作用。进行跨文化交际时，我们应树立中国英语的规范意识，以避免和消除中国式英语带来的负面影响。

第三节　翻译教学中本土文化身份重构的策略

一、认识中国本土文化的精髓

在翻译教学中，要导入中国本土文化，首先应弄清中国本土文化的精髓是什么。

所谓精髓，就是文化中占有重要地位、对历史和人们的生活有正面影响，能被其他人所认可，且具有研究和发展价值的那一部分文化。中国文化上下五千年，源远流长，灿烂辉煌。若我们以全球视野来审视中国传统文化，就会发现：中国传统文化独特的人文精神，特别是其对人的价值的关注；其“先天下之忧而忧，后天下之乐而乐”、克己为人的自我牺牲精神；其“天下兴亡，匹夫有责”的忧患意识；其倡导万物一体、世界大同的宽容精神；其对人与自然和谐关系的探索；其对现实社会的关注；其对人伦关系协调的重视；其强调“和而不同”、以综合见长的思维方式等，对世界文化的大融合、对先进文化的构建、对跨文化交流都有积极的促进作用。在翻译教学中，教师应有意识地进行文化比较，导入中国本土文化，让学生了解中国本土文化，以中国本土文化为自豪，并学会怎样用英语表达，为跨文化交流中传播中国文化打下坚实的文化和语言基础。

学外语的目的，一是要能够与外国人成功地进行跨文化交流，了解、吸收他们的文化精华，为我所用；二要学会如何准确地用外语去介绍和传播我们灿烂的民族文化。放弃民族特点与文化身份去学习外语是不可取的。因此，教师应有意识地在英语教学中导入中国文化，感染学生发扬文化的精髓，并帮助学生树立正确的文化观。在翻译教学过程中，要多鼓励学生阅读人文经典书籍，培养学生文化底蕴，重视学生本土文化素质的培养。作为学生，英语学习要有一个立足点，既要关注英语语言与英语文化学习的重要性，更要关注本民族语言、维护本民族文化，强调汉语言在多元文化中的重要性。只有对中国的历史文化有一定的修养，才能有辨别世界文化的能力。

二、重视本土文化的输入

要解决学生在跨文化交际中出现的“中国文化失语症”，教师首先要纠正自身对跨文化交际的理解，加强自身对本国文化的重视。只有教师自己先重视起来，才能很好地引导学生也重视中国文化的学习。加强对在大学英语专业教学中进行中国本土文化教学的认识，是加强中国本土文化教学的原动力。在英语教学中加强中国本土文化的自我表述能力教学，大力宣扬中国本土文化精华与中国改革开放的新面貌，意义重大。培养学生的跨文化交际能力，包括理解目的语文化与英语学习者的本土文化的能力，包括察觉和处理两种文化差异的能力，而不是丢弃自己已有的社会文化身份，假扮是英语母语者，教师应当清楚地认识到，跨文化交际是保持本国文化身份的“双向的”交际，而非顺应本族语者的“单向的”交际。因此，我们在跨文化交际中要保持我们应有的民族自尊心和自豪感，谦虚而不谦卑，骄傲而不高傲。此外，英语学习者可以奉行文化的“拿来主义”精神，将外国语言和文化挪为己用，而非使我们自己顺应外国文化，同时，我们也要有意识地把我们的本国文化推向世界，变被动的、消极的交际为主动的、积极的交际。

外语教学的任务是培养能够在不同文化背景下进行跨文化交际的人才，其根本目的在于实现用外语进行跨文化交际。要使外语教学变得有效且符合实际，教学过程中就需注重培养和强化文化的平等交流意识，即开放合理的跨文化意识，避免外语教学成为英美社会文化统治的工具，或者染上民族优越感的特征。就翻译课程的设计而言，就是要体现文化的中立性、非超群优越感。以学生们生活中所熟悉、相关的本土或国外的背景知识为契机，使他们获得双重语言和跨文化交际能力，能尊重并理解学习新语言时形成的文化个体差异和多元文化现象，从而达到一种效果就是：当他们进行语言应用时，不受特定文化规约的限制，能创造性地处理交际双方之间的语言文化差异，从而避免由于忽视语言的文化内涵而导致的社交语用失误。

大部分中国人在与外国人谈话时出现了不符合英语语言习惯而导致对方产生误解甚至不快时，都会认为是中国人的责任，而实际上这肯定是由于双方都不了解对方的文化造成的。所以我们应该意识到在中西方交流中，双方文化是平等的，不存在一方应该尊重另一方文化的问题，而是应该互相尊重、互相理解。积极地适应目的语文化能够使交际双方更好地理解和沟通，而传播本土文化能使交际双方更容易得到相互的尊重。在学生学习外语语言知识的同时，教师还应培养起学生正确的中西方文化价值意识，应引导学生形成文化认同感，以及目的语和母语语言和文化平等的概念。让学生在跨文化交际中树立平等的交际意识，培养和加强学生的“中国文化输出”意识，保证文化传输的双向性。一方面，在教学过程中，教师要让学生认识到，学习外语的目的就是要与外国人成功地进行跨文化交际，理解并吸收其文化的内涵；另一方面，在进行目的语文化导入的同时，还要努力丰富学生的跨文化心理，在深化中华文化的基础上进一步丰富学生的中国文化修养，以更好地实现文化的平等交流。教学过程是个双向的过程，在要求教师树立平等的文化态度的同时，也要求学生培养起正确的文化意识。事实上，语言和文化的学习不仅使学生掌握目的语的相关知识和内容，也是学生不断地自我完善和发展的过程。学生只有树立起正确的文化价值观，拥有了对自己国家文化的骄傲感和自豪感，才会更加深入地去探寻并了解中华文化的博大精深，才会真正地拥有对国家和民族的责任感，才能自觉而有效地用外语来表达中华文化。

文化交流和文化互动的要求是双向的，中国人要学习、适应外国文化，同样西方国家也要学习、适应中国文化，双方只有相互尊重对方的文化，本着相互平等的原则，在文化交流中以对方的价值来审视和评价对方的行为，理解、尊重和容忍不同的文化，绝对不能以一方的价值标准来要求对方，也不能以一方的语用规则来衡量和评判对方的语言运用，并最大限度地相互接近和理解，这样才能达到真正的文化交流。同时，要提升大学生对中国文化的认同感和自豪感，现在的社会是一个多元化的社会，各种文化共存。从本质上讲，每一类文化都有其存在的价值，任何文化之间都没有优劣之分。因此，大学生要学会全面地了解各种文化，宽容、灵活地对待各种文化的差异。作为大学生，应该培养这种文化自觉性。首先，能正确看待中国文化的优势与弱势，既不自大，也不自卑，对中国文化的未来充满自信。其次，对他文化抱着平等与尊重的态度，互相学习，互相借鉴，共同发展。要使中国民族文化在世界多元化的格局中不“失语”，就必须认同自己的中华文化身份，在象征着权力的交际话语较量中体现出话语主体的身份。因此，大学生必须重视中国文化的学习，加强中国文化英语表达能力的培养，以在跨文化交际中实现自己的文化主体身份，避免中国文化“失语”的尴尬情形。解决东西方文化交流与传播的不平等问题，确立平等交流意识，使跨文化交际实现真正意义上的交流与沟通。要在思想上树立语言平等观和文化平等观。学外语，是出于交流的需要，目的是能够与外国人成功地进行跨文化交流，了解、吸收他们文化的精华，为我所用。同时，学外语更要注重以自我为主，要学会如何准确地用外语去介绍和传播我们灿烂的民族文化。放弃民族特点与文化身份去学习外语是不可取的。东西文化交流应本着彼此尊重的原则，在平等的基础上进行对话与交流，相互吸收、相互融合，在比较中鉴别，在互动中发展。

三、以文化翻译观指导翻译教学

随着跨文化交际学的发展，翻译理论研究中出现了注重文化因素的取向，即文化翻译。这既是由翻译理论研究的开放性特点所决定的，更是翻译的本质使然。所谓文化翻译，指的是在文化研究的大语境下来考察翻译，探讨文化与翻译的内在联系和客观规律。文化翻译观就是从文化研究的角度研究翻译。文化翻译观的主要内容包括：翻译不仅是双语交际，它更是一种跨文化交流；翻译的目的是突破语言障碍，实现并促进文化交流；翻译的实质是跨文化信息传递，是译者用译语重现原作的文化活动；翻译的主旨是文化移植、文化交融，但文化移植是一个过程；语言不是翻译的操作形式，文化信息才是翻译操作的对象，等等。从文化翻译观出发，翻译的主旨是文化移植，而不是文化同化。翻译是文化传播的一种工具，把文化语境纳入翻译研究要求翻译教学进行改革。翻译教学首先应该是一种文化交流活动，而其次才是语言交流活动，在翻译中应该以跨文化视角来实现翻译教学功能最大化。

鉴于此，汉英翻译教学应将异化确立为翻译原则和翻译策略。那么如何将中华文化产品移植到英语文化中来，并且避免文化冲突的产生，自然是每个译者所要考虑的问题。

为将文化的特色内涵原汁原味地传递出去，在具体的翻译实践中，可以采用音译、直译、增译的翻译方法，使文化负载词的文化信息和异域特色得到最大限度的保留。

（一）音译

对于文化缺省现象，可以通过音译创建新词以建立崭新概念的方法来解决。汉译英中这样的例子很多，如“wushu（武术）”“Putonghua（普通话）”“yangko（秧歌）“zongzi（粽子）“buzheteng（不折腾）”等。作为国粹的京剧可以直接译成“Jingju”，逐步取代“Beijing Opera”的译法，以免与西方的歌剧混淆。

近年来，作为中华民族象征的“龙”的英译引起了广泛而热烈的讨论。由于中国的“龙”无论从外形上，还是寓意和象征上，都与英语的“dragon”相去甚远，在传达“龙”

在中国文化中的内涵时，常常引起误读，尽管越来越多的人开始接受这个词。

（二）直译

直译则是完全按照原文的字面意思对等翻译。正是由于直译法的使用，促进了各民族间相互引进不同的语言表达方式，大大丰富了各自的语言与文化。当然，直译并非死译、硬译，它是受语境制约的。俗语和成语大都具有鲜明可感的形象和浓厚的民族色彩。下面以几个俗语和成语翻译为例：将“穿一条裤子”译为“share the same pair of trousers”，使“同流合污”这个抽象语义具有鲜活的形象感受，传达了汉民族的审美心理，而“in collusion with”的英译滤尽了这种审美趣味，无法唤起像源语给予汉民族的那种形象感受；“猫哭老鼠”虽在英语中可以转换为等值的“to shed crocodile tears”（掉鳄鱼眼泪），但在语境许可时宁可直译为“The cat weeps over the mouse”，以保持源语的民族色彩，促进文化交流；“但赵太爷以为不然，说这也怕要结怨，况且做这路生意的大概是‘老鹰不吃窝边草’，本村倒不必担心的；只要自己夜里警醒点就是了”。杨宪益、戴乃迭将之英译为“Mr. Zhao did not agree，saying that he might bear a grudge，and that in a business like this it was probably a case of ‘the eagle does not prey on its own net’：his own village need not worry，and they need only to be more watchful at night.”

（三）增译

增译又叫加译，主要包括音译加注和直译加注两种，是进行文化补偿的有效手段。

在翻译民族文化性很强的人名、地名、术语、典故时，增译中的注释可以提供必要的解释，扫除读者的阅读障碍，以帮助读者能够理解译文，欣赏异域文化。简短的注释可以直接放在译文内，而篇幅较长的注释最好放在译文后，这样可以确保读者阅读的连贯性。

翻译教学在实现跨文化交际能力的复合型人才培养目标中起着举足轻重的作用。但长期以来，我国英语专业翻译教学的指导思想不明确，过分强调译文的无痕、圆润、流畅，过多地考虑目的语读者的接受心理，一味地依赖归化策略或为了避免文化冲突而干脆删译。长此以往，势必会造成西方文化对中国文化的吞噬和消解，导致学生对本民族文化的漠视和民族文化认同的缺失。所以，翻译教学不仅要传授翻译理论和技巧，更要注重培养学生做一个文化传播的使者，以强烈的责任感为传承中华优秀文化做出自己的贡献。

四、课程设置中要包含本土文化

在课程设置方面，多年来翻译教学由于教学大纲指挥棒的作用，“课程设置偏重语言，对其他文化知识的课程注意不够，致使学生知识面偏窄”，这已是不争的事实。实际上，对于翻译专业的学生来说，比较切实可行的方法是在增加中国文化课程的同时，可以在现有的课程内容中添加本土文化以及文化对比的内容。在原有课程中有意识地增加中国本土文化内容，这更容易操作。

（一）将中国文化概论列为英语专业必修课的必要性

1. 将中国文化概论列为英语专业必修课是促进学生全面发展的需要

高等学校英语专业的培养目标是“培养具有扎实的英语语言基础和广博的文化知识”。扎实的语言基本功主要是指：语音、语调正确，词法、句法、章法（包括遣词造句与谋篇布局）规范，表达得体，听、说、读、写、译技能熟练，具有较强的英语综合运用能力。扎实的语言基本功是复合型外语人才的首要业务素质。教学要求是英语专业人才不应局限于掌握听、说、读、写、译等语言运用技能，而应具有较高的文化素养。

2. 将中国文化概论列为英语专业必修课是增强民族文化主体性的需要

随着改革开放的深入开展和“外语热”浪潮的扑面而来，民族文化主体性正面临着前所未有的严峻挑战，即“在今天的中国，懂得自己民族文化精髓的越来越少了。我们怎样在与强势文化的交流中，既汲取对方的营养，又不丧失我们自己的文化，维持我们在这个世界上的独立性”。不难想象，一个具有深厚本族文化底蕴的人一定会更加热爱自己的国家，民族文化主体性和归属感也更强。一个受过高等教育却对祖国的传统文化一无所知或知之甚少的人是非常危险而可悲的。因此，将中国文化概论列为必修课是英语专业学生了解中国传统文化、获取民族文化精髓的有效途径，是迫在眉睫的事，是增强民族文化主体性的需要。

3. 将中国文化概论列为英语专业必修课是适应英语教学改革的需要

21 世纪以来，我国翻译专业本科教育带来的机遇和挑战并存。由于社会对翻译人才的需求已呈多元化的趋势，过去那种单一外语专业和基础技能型的人才已不能适应市场经济的需要，市场对单纯语言文学专业毕业生的需求量正逐渐减小。因此，外语专业必须从单科的“经院式”人才培养模式转向宽口径、应用性、复合型人才的培养模式。从某种意义上讲，将中国文化概论列为必修课是培养复合型人才、加强课程体系改革和课程建设的客观要求，是适应英语教学改革的需要。

4. 将中国文化概论列为英语专业必修课是实现文化强国战略的需要

英语专业学生应熟悉中国文化传统，具有一定的艺术修养：对中国文化和社会经济发展有一定的了解，具备一定对外介绍能力。英语专业学生是中英两种文化相互碰撞、渗透和融合的载体，也是相互推介的纽带。具备良好中英文化素养的人在这两种文化的继承和传播中作用巨大。当前，中国的经济腾飞令世界震惊，中国的崛起将意味着什么？世界在关注的同时，也在猜测，充满疑虑。世界在关注中国经济发展的同时，也在关心中国的文化走向。作为严格意义上的唯一文明古国，中国将展示怎样的文化形象？这一点，党和政府注意到了，在提出“和谐社会”“和谐世界”理念的同时，在许多国家开办孔子学院，以孔子作为中华文化的形象大使，这是极富远见卓识的创举。然而，孔子的精神究竟是什么，国人中知晓者不多。许多国人的文化观念主要还是西式的，对自己老祖宗的东西反倒比较陌生。中国人走向世界，要拿出本民族真正有价值的东西，目前看来很难。一个缺乏传统的民族，不可能成为一个强势的民族，这已经是许多有识之士的共识。就目前而言，不少中国人面对自己祖先的文化还得像小学生那样从头学起。因此，将中国文化概论列为必修课是英语专业学生增强道德意识的需要，是对外推介中国文化的需要，是实现文化强国战略的需要。

（二）将中国文化概论列为英语专业必修课的可行性

1. 中英文化影响深远，互补性强

汉语是世界上主要的语言之一，也是世界上使用人数最多的语言。以孔子的儒家思想为精髓的汉语文化对中国周边诸国乃至世界其他国家影响十分深远。作为世界上最开放的语言，英语是当今世界事实上的国际社交语言，使用人数之多仅次于汉语。以英国文化为核心的英语文化是英语国家文化的主体。随着中国的“入世”，中国与世界各国的经济交流日益频繁，文化之间的渗透与融合与日俱增。中英文化同属大国文化，又同属联合国工作语言，二者的互补性强。精通中英文化是培养复合型人才的必然要求，学习中国文化概论是实现这一要求的必由之路。

2. 有可读性强的教科书

目前已出版发行的中国文化方面的书籍较多。比如，由周仪编著，重庆大学出版社出版的《中国文化概论》就是一部不错的教材。该书采用纯英文书写，按照历史、哲学、文学艺术等顺序分门别类地介绍了中国文化，既详略得当又通俗易懂，很适合具备一定英语功底的学生阅读。

3. 有可靠的师资来源

为加强各民族文化的融合和施行文化强国战略，我国的对外汉语专业应运而生。对外

汉语，顾名思义，是以其他语言为母语的国家或民族的人为对象的汉语教学，也称为汉语作为外语教学或者汉语作为第二语言的教学。该专业的培养目标是注重汉英（或另一种外语或少数民族语言，则以下有关用语做相应调整）双语教学，培养具有较扎实的汉语和英语基础，对中国文学、中国文化及中外文化交往有较全面了解，有进一步培养潜能的高层次对外汉语专门人才，以及能在国内外有关部门、各类学校、新闻出版、文化管理和企事业单位从事对外汉语教学及中外文化交流相关工作的实践型语言学高级人才。根据这个目标，对外汉语专业的学生须接受较为系统的中英文化教育。因此，合格的对外汉语毕业生一定具备较高的中英文化素养，因而他们完全能胜任中国文化概论课程的教学。此外，当前我国开设该专业的高校较多，且呈每年递增的趋势，这也为开设中国文化概论提供了可靠的师资来源。由此可见，一个希望全面认识自己的人，不仅应该学习西方文化，更应该熟知自己的传统文化。语言集中体现着民族文化的特点，文化素质的高低又制约着一个民族的整体素质，语言教学与学习永远不能离开这根准绳。学习英语的目的是适应新的国际国内形势和日常生活的交际。无论是从学习过程，还是从交际功能来讲，都和汉语言、汉文化有着千丝万缕的联系。这就要求英语专业学生不仅要有过硬的专业水平，而且要有较高的汉语言修养和汉文化修养。因此，在大力培养精通英语的合格人才的同时，一定要着力加强本族文化的教学，而将中国文化概论列为翻译专业的必修课程则是解决这一问题的关键所在。

五、重视提高教师的本土文化知识

传统的英语教学概念是：英语是一个交际工具，把这个工具传授给学生，他们能与外国人交流就行。但在全球化的语境下，英语不仅是一个交际工具的符号体系，更是一种文化，是思维和社会活动的产物。在 21 世纪，世界上多种文化并存的环境决定了跨文化交流的双向性，每一个民族都无不带着自己的文化与别的民族交往和交流，一体化已成为当代世界的主要特征，不同文化在融合的过程中首先需要理解异域文化。这种理解不仅包括对人类文化共同领域的理解，更包括对人类不同的文化进行理解。而语言是交流的主要工具，它应当承担起促进全面交流的使命，不能使交流天然地被局限于共同的领域。这种教学理念要求我们英语教学应与中国文化表达息息相关，也只有这种教学理念才有助于我们重新认识英语教学，改革英语教学，从而建立一套有效的“中国文化英语表达”教学体系。

英语教师应首先坚定文化立场，树立中国文化的价值观，认识中国文化为人类的文化发展所做出的独特贡献，以及认识学习本土文化，加深对外国文化的了解，提高学生的识别能力和欣赏外国文化能力的意义。具备深厚的双语基础，正确认识双文化教学，有强烈的跨文化的意识，是提高教师综合素质的主要任务。双语基础的基本素质要求英语教师不仅要掌握准确而全面的知识，还应包括汉语语言学，如汉语构词规则、语用能力、优美的诗歌。关键是要遵循和更新当前的文化词汇，以及在教学实践中使用标准化的表达方式。作为直接接受者和外来文化的传播者，英语教师对外国文化的态度直接影响其教学效果，这是对教师双文化素养的更高要求。

教学是一个复杂的过程，教师要不断解读课堂事件并做出课堂决策，教师的素质是影响教学效果的重要因素之一。学生是教学的主体，教师是教学的主导者。因此，教师的中国本土文化素养成为大学英语专业中进行中国本土文化教学的保障。教师自身的文化修养以及对文化教学的正确认识关乎着中国本土文化教学的顺利进行。教学中，教师起着引导作用。作为引导者，首先要有坚定的文化立场。教师应该是爱国主义者，应该了解并欣赏祖国文化，应该客观地、不带偏见地为学习者介绍中西文化。如果在学习异国文化的过程中，不善加引导，学习者很容易会盲目地接受西方文化中的行为规范、价值观和道德观，很容易忘记甚至疏远自己民族的文化传统。中国文化源远流长、博大精深，内容极为丰富，这就要求授课教师具备良好的素质，既要有良好的英语能力，还应具备丰富的中国文化知识、科学的教学方法和手段。所以，要加强中国本土文化教学，教师要提高自身的中国本土文化素养和习得能力，提高自身本土文化内涵。这需要教师通过各种方式丰富自己的中西文化知识，对跨文化交际的内涵、作用及意义有深刻的了解；不能只限于熟知课本内容，还应广泛涉猎教材之外的知识文化，并积极创造机会积累跨文化交际的经历，不断完善自身的知识结构和文化素养。教师可以通过报刊、书籍、电视、网络等多种渠道学习并积累一些中国文化的英语表达，教师应当倡导学生在课余时间段通过各种途径自主地获取本土文化的英语表达方法。教师不但要鼓励学生大量阅读英文原版著作，而且应要求他们加大中国优秀传统文学作品英译本的阅读，这既有利于学生对比分析中英语言文化的差异，又有利于他们学到中国文化地道的英语表达方式，从而引导学生树立异国之间文化交流的平等意识。

另外，英语学习者还可以通过报纸、杂志、电影、电视剧、网络等资源来学习和提升中国文化的英语表达能力，调动学生对中国文化学习的主观能动性，培养学生跨文化交际的能力。此外，教育集团、机构和有关部门也有义务开设一些有关提高英语教师的中国文化英语表达能力的师资培训，在提高了自身的表达能力之后，英语教师还应当增强其传授中国文化的技能。更重要的一点是，教师本身要崇敬和热爱中华民族传统文化，自觉地践行核心价值观，以自己良好的修养和模范的行为感染、影响学生。只有这样才能富有成效地指导学生进行跨文化交际，引导学生树立中国文化的核心价值观。学校也要重视教师对该门课程教学经验和备课知识的积累，不要频繁更换任课教师。教师作为学生学习的引导者和帮助者，首先要切实转变自身的教学观念，增强英语教学的本土化意识。在教学中要将这些文化和意识传授给学生，使其内化于思维之中，并能服务于语言运用。教师应能够深刻理解跨文化交际中中国文化的地位和作用，并自觉地在教学中引导学生加强中国文化知识的学习，提高学生的中国文化鉴赏能力，增强学生的民族自豪感；多用英文谈论中国的事情，增加教学的实用性，提高学生的学习兴趣；既要培养他们跨文化交际的敏感性，也要引导学生树立文化交流的平等意识，培养他们对异文化的宽容态度，以使他们在日后的对外交流中从容不迫、不辱使命。为此，英语教师应担负起时代赋予的责任，不断增强自身的业务能力，深入学习中外文化的精华，广泛涉猎新鲜文化现象，勇敢地探索文化本质，拓展关于文化方面的研究领域，增强自己中、西方文化方面的综合素质，提高跨文化交流能力，才能担负起在英语教学中导入中国文化、传播中国文化的历史重任。

教师必须扮演语言教授者和文化引导者的双重角色。中国文化教学应摆脱以往教学中传授知识的弊端，应以实践为特点，培养学生对中西文化进行鉴赏和对比。如在介绍西方个人主义的价值观念时，可以适时导入中国的集体主义价值观念，让学生自己去发现二者的差异与共性，寻找两种文化特征之间的关系，帮助加强两种文化之间的沟通，培养学生的文化理解力，培养学生的文化自觉意识，提高对多元文化的反思能力。让学生通过参加课堂上教师设计的文化交际活动，促进学生更加深入地体会文化差异，体会到交际中语言的文化内涵和背景，在跨文化交际中形成合理的民族意识，将语言知识内化为自身素质，并逐步转化成跨文化交际能力的学习发展过程。

六、翻译教学考核中要包含本土文化

长期以来，我国的各级各类英语考试一直以考查学生的听、说、读、写、译五种语言能力为主要目的，这就使学生形成一个严重的错觉：学英语就是学语言。因此，在考试这根指挥棒的引导下，学生自然而然地就把学习的注意力集中在语言上，而对语言所承载、所表述的文化内容却轻而视之或视而不见。这无疑是本末倒置、轻重不分。这也是为什么我国的英语教学始终难以提升到一个更高层次的重要原因。因此，翻译专业的学生文化知识（包括中、西文化知识）严重贫乏，英语考试难辞其咎。而要改善这种“文化贫血”

的状况，就必须在教材、教学改革的基础上改革目前的考核方式，充分利用考试的积极作用，因势利导，引起学生对文化的重视，从而真正学好文化。

教学评价考核，不仅可以客观及时地定量、定性测量师生的教学成果，而且对课堂教学发挥着直接的导向作用，更为重要的是它还会影响学生自学能力的培养和学习习惯的养成，最终决定性地影响人才培养的类型。现行的外语教学评价体系仍然是结构主义语言学的产物，评价的内容往往只侧重目标语语言本身的知识与技能，很少涉及本土文化的外语表达，更没有涉及对学生的跨文化批判性、创造性思维能力的评价，所反映出的学生学业水平有较大的片面性和失真性。通过本土文化教学翻译就需要建立一个涉及本土文化外语表达的科学、实用、系统的学生学业成绩评价体系。在中国的语境下评价外语学习者的水平，如果缺少中国特色文化的模块就很难保证学习者在这方面投入精力和时间。评价模块多元化、评价形式多样化的本土评价体系能有效地引导学生注重自身的全面发展，达到素质教育的目的。

鉴于当前翻译专业学生对本土文化知识学习的欠缺，相应地，在改革后的翻译课程考试中应加大中国文化知识考查的力度，使之与教材、教学改革形成一个完整而合理的链条，并最终有效地促进翻译教学与本土文化教育的完美融合，使我国的翻译专业学生既能吸收到西方的优秀文化，又能秉承我国的民族文化，并将之发扬光大，从而为中华民族的复兴奠定坚实的基础。

第六章 大学英语翻译教学的跨文化交际能力培养体系

在英语翻译知识和技能学习过程中，文化差异始终是师生需要突破的难点，唯有学生真正了解文化差异的内涵，才可更好、更有效地应用英语并进行语言转换。而且跨文化交际也是大学英语教学的归宿，由于各种因素限制，大学英语中翻译教学侧重语言文化知识学习与能力培养，对学生跨文化交际能力不够重视。跨文化交际能力除了要掌握语言知识与语用知识外，情感认同与社会文化知识也很必要，可见其内涵丰富。基于文化差异和跨文化交际能力培育导向下的大学英语翻译教学，要从教学目标、内容与教材等层面展开系统调整，以期有效提高学生的跨文化交际能力。

第一节 跨文化交际能力培养体系的建构

随着全球一体化的飞速发展，社会对于跨文化交际人才的需求也日益加剧。大学英语教学中要建构深层次的跨文化交际教学模式，实现英语跨文化系统化教学体系，培养具有跨文化意识和跨文化能力的新型英语人才。

一、跨文化交际能力培养的认知体系

（一）树立正确的教学理念

要形成英语跨文化教学中的认知体系，首先要树立正确的跨文化交际教学理念，帮助学生树立英语民族的文化价值观等方面的认知意识，使学生能够在跨文化交际活动中客观公正地使用英语语言进行交流沟通，形成英语思维方式去理解和表达自己的情感，形成系统性的跨文化交际认知体系。

1. 更新教学理念

在英语跨文化教学过程中，教师要不断地更新跨文化教学理念，创新跨文化交际教学

方法和教学手段，要坚持英语语言教学和文化教学相互融合的特色教学目标和教学理念，培养英语语言和英语文化意识，坚持英语语言文化学习，从不同的层次和不同的阶段制定教学目标，发挥母语文化的正迁移作用。

教师还要加强自身英语跨文化交际的综合素质、培养各方面的能力，要做到学贯中西、精通文史，更要注重英语交际能力的培养和提高。以学生的跨文化学习需求为中心，根据学生不同的英语知识水平和英语学习需求，制定不同的教学方法，不断地研究和探索新的英语跨文化交际教育教学方法；根据跨文化交际教学目标和教学理念激发学生的学习兴趣，发挥学生的创造潜能。

2. 建构文化理论框架

在英语跨文化教学过程中，教师在更新教学理念的基础上，还要建构英语语言文化理论框架，创新英语跨文化教学中的情境化教学，引导学生在学习英语的过程中，利用自身的学习经验和体验，经过反思学习并消化吸收，形成抽象的概念和进行理性思维，并能把学到的英语跨文化知识和技能运用到实际的跨文化实践和活动中，改变传统的被动接受式教学，逐渐形成引导式教学。

英语跨文化交际教学中要建构文化理论框架，是以建构主义的教学理论为发展基础的，建构主义不同形式的教学方法，其共同点都是以学生主动学习完成新知识构建为核心的，通过不同的教学方法提高学生的智力发展水平，训练学生的思维能力，培养学生的互助协作。建构主义的“支架教学法”是将概念知识用框架的方式展示给学生，能够帮助学生更直观形象地理解所学的知识内容，在情境中发现问题并能运用所学知识解决问题，这样一个循环过程使得学生更深入地理解学习内容。

教师在这一教学过程中，要重视学生的两个智力发展水平，即自身发展水平和潜在发展水平，帮助学生解决完成这二者存在的差异与距离，决定学生的这两个发展水平之间的状态，逐步提高学生的智力发展水平。

建构主义的支架式教学方法，应用到我们的英语跨文化教学中，就是教师在讲授跨文化英语新课程新知识的时候，要以学生现有的英语知识水平为基础，构建学生有效学习英语跨文化交际的基本知识框架，把学习内容引入英语跨文化交际的某个具体问题和具体情境中，引导学生独立自主地学习英语，进而达到学生根据一定的概念知识框架进行探索性地对英语跨文化理论知识的有意义的构建。

英语跨文化交际的学习要以英语语言知识和英语文化知识为基础，要通过不断的体验、练习才能更好地掌握英语跨文化交际学习内容和技巧，顺利地完成跨文化交际活动。

学生们还可以以分小组的方式学习，互相之间进行情境性的交流会话，使学生原有的英语知识和当前所学的英语新知识更有效地结合，使得英语语言的学习更广泛地应用到实际的跨文化交际交流活动中。这样更有利于学生理解和消化吸收所学的英语语言新知识，在学习过程中进行自我评价和学习小组对个人的有建设性的评价。

英语跨文化教学在构建英语文化理论框架的基础上，还要在互联网网络信息化背景下，利用信息技术与英语跨文化交际课程的整合，利用多媒体教学设备、教学平台、各种英语 App 学习平台等多种英语学习工具，丰富英语跨文化交际学习内容，转化为信息化的、动画的、真实情境的学习资源，也丰富了学生跨文化交际体验渠道，增加了学生学习的趣味性；不仅使学生在英语课堂上学习，还要调动学生在课前和课后的自主学习；不仅要指导学生的自主学习，还要指导学生在课堂上的讨论协作学习。

（二）明确教学目标

大学要改进英语教学模式，体现出英语教学的实用性、知识性和趣味性，要调动教师和学生的双向积极性，在教学过程中以学生为主体、教师为主导，深化教育体制改革，创新人才培养模式，培养学生的综合素质和综合运用能力。

1. 培养学生英语跨文化意识和能力

英语跨文化交际教学的目标就是要提高英语跨文化教学质量，创新英语教学方法和教学手段，提高学生的英语学习效率、学习策略，培养学生的英语跨文化语言技能、英语学习的情感态度，培养学生的英语跨文化意识，培养学生综合的语言运用能力和语言实践能力。

学生要经常进行英语跨文化交际方面的阅读，包括能够读懂英语报纸杂志、国际英语新闻等方面的内容，教师要进行阅读策略的指导，要有用英语表达日常生活中各种话题的意识，还要进行英语跨文化交际小作文的写作练习，完成英汉互译的翻译任务，帮助学生更好地理解和认识中西方文化的差异。

英语跨文化教学要创新跨文化交际能力培养模式，明确英语跨文化教育教学目标，在教师的指导下学生自主地进行英语语言的学习，完成英语跨文化交际能力培养的认知目标，帮助学生运用英语民族的思维方式构建英语表达方式，顺利地进行英语跨文化交际的实践活动，培养学生用得体合适的英语民族的语言与文化进行交流的能力，提高学生的文化素养，在实现基础教育教学目标的基础上协调跨文化交际人才能力培养的发展性目标。

2. 学会反思与比较

在跨文化英语教学过程中，在同其他民族文化进行比较的过程中，将本民族的文化从语言学习的背景中凸显出来，形成一种跨文化的氛围。在这种跨文化的学习环境中，有利于形成学习者在联系本民族文化与语言的同时提升其学习英语民族语言文化的积极性与主动性，使学习者对于所学的英语语言与文化方面的知识内容有着更为深入的、牢固的理解与记忆，从而实现灵活应用的目的。

英语跨文化教学还要使学习者对于跨文化交际过程中可能发生的矛盾冲突及解决方式有一定的了解与处理能力。学生们在对英语民族的文化知识内容进行学习的过程中，也要能够对本民族的母语文化知识内容进行反思，从而对两个民族之间的文化差异有一个更为深入的、全面的理解与认识。也就是说，学生们在进行英语跨文化教学后，能够形成一定的文化辨别能力与敏感性，能够对语言文化与交际文化做出正确的区分，能对英语民族的语言文化的表层与深层内容有着一定的认识与理解，能够对语言差别和非语言差别做出正确的区分，理解认识语言形式与意义之间存在的差异性，能够对词汇的文化内涵、习惯用语的一些背景知识以及一些语法知识、语言风格、表达差别做出对比分析；总而言之，就是能够将中西方语言文化方方面面的差异性都融入跨文化学习之中。

（三）正确处理三种关系

1. 本土文化与英语文化

英语是作为全世界的通用语言来使用的，由于各个民族地域、文化特征的不同，又形成了各具特色的本土化的英语表达方式。英语跨文化交际教学的目的，是通过英语学习可以使学生开阔视野，认识和了解世界，也能通过英语语言向全世界传播中国的文化，让更多的人认识中国，这是一个双向互动的过程。我们要强化中国本土母语文化，在传播和发扬本民族文化传统的同时，批判地认识和了解英语民族文化与价值观念，更好地解决本土文化与英语文化之间的关系。

（1）重视本土文化

我们的母语——汉语语言，是中国民族文化的象征，是中国历史文化、人生观、价值观等的深刻体现，是伴随我们一生的母语。我们在母语交际的环境中，形成了东方民族文化的认知方式。传播和发扬中华民族的优秀传统文化，是我们每个人的责任，我们要重视学习本土文化，提高跨文化交际能力。

（2）“中国式英语”

母语文化和思维方式影响着我们的英语学习，从而使“中国式英语”的现象普遍存在，我们要有意识地认识到这种“中国式英语”在跨文化交际中的不恰当表达。在用英语表达中国传统特色文化时，要用英语语言文化的表达方式、思维方式和语言习惯，确保这种说法能被英语民族的人接受和认可。例如，在中文中“柳”与“留”谐音，故其在古代诗词中多以物喻人，表达挽留和依依惜别之情。而在西方文化中，“柳”却使人联想到悲哀与忧愁，象征死亡和哀悼。因此，在表达包括“柳”的语言时，须加以注释说明，否则这一语言意象所表达的情愫可能被误解，进而导致文化内涵的缺失或误解。

总之，英语跨文化教学要十分注意对于母语文化与英语民族文化之间关系的平衡处理，在教学过程中导入英语民族文化传统的同时，也不忘对母语文化的学习与宣传所应有的责任与担当。

2. 英语功用性与人文性

语言是人类用来进行交际的工具，同时，还是一个民族文化的承载者，在语言的身上集中体现了某一个语言集团的文明成果。英语作为一种语言，同时具有人文性与功用性的双重价值。英语作为人类用来认识世界、与世界进行沟通的工具，具有其实用的功用性价值；英语作为人类文明成果的传承者，对于人类社会的文化传承、人文教学与人格塑造等方面都有着很大的作用，这是英语的人文性体现。

（1）英语的功用性

英语的功用性也就是我们学习英语的实用性，是英语教学中的一个重要组成部分，以至于很多高校的英语语言文学专业也在强调语言课程的实用性，而要求淡化语言的文学性。英语的实用性涉及人们生活的方方面面，小到一个人的出国留学、职业生涯规划、就业、社会地位等方面，大到激烈竞争的国际商业活动。英语的功用性同社会经济、科技的进步密不可分，英语作为世界各国沟通交流的手段与方式，其功用性显而易见。

（2）英语的人文性

在英语跨文化教学过程中，学生通过英语人文知识学习英语语言，也能通过英语语言学习到丰富的英语人文知识，在英语跨文化交际学习的氛围中逐步形成人文素养。在追求英语功用性的同时，还要关注学生的人文素养，提高学生的政治、文化敏感性，在多元文化发展的同时，培养学生对各民族文化的敏感性、包容性，提倡对于英语语言文化素养、文化课程的培养与开设，引导学生们进行人文意识、人文素养的渗透，从而使英语学习的功用性与人文性相统一。

3. 语言教学与文化教学

语言教学就是两种及两种以上的语言之间的转换教学，是两种语言之间信息的相互表达，是人类思想、文化交流和沟通的桥梁。语言教学要使学生有双语甚至多种语言的能力，要从双文化甚至多文化的角度去准确地表达两种语言文体的风格，使人们能够通过跨文化学习了解不同语言、不同文化以及不同的地域文化。

一个国家、一个民族，都有着自己的语言和自己的文化。语言是文化的载体，同时又是文化的重要组成部分，是文化信息的代码。没有语言，文化就不可能存在；语言也只有能反映文化才有意义。两种文化环境的跨文化交际活动，同时也是两种语言思维的再创造过程，因此要遵循一定的标准和原则，要准确地传达原作要表达的思想和内容，要符合目的语国家的文化意识要求，要能简洁流畅地表达目的语国家的文化视角。

语言是自我的表达，也是文化的反映。任何一种语言都离不开特定的文化，理解语言必须了解文化，理解文化又必须了解语言。这种跨文化、跨语言的信息交流，使人们的交流沟通不会受到语言的障碍，也能准确地传递文化信息。在跨文化交际教学中，要有语言对比意识，还要有敏锐的文化对比意识，要充分考虑语言中的文化，充分理解语言中的文化背景，使在跨文化交际活动中语言目的语交际对象能够充分了解原文语言的文化世界。

（1）两种教学同步进行

在跨文化英语教学中，对学生的英语语言教学和文化教学要同时进行，学生的语言学习机制和文化学习机制也要同步协调进行，使学生能够用英语语言的思维方式、文化价值观念解决跨文化交际中的问题，消除两种语言文化的接触障碍，在“自我认同”的基础上形成“自我疆界”的超越。

（2）两种教学相互依存

在深入认识和掌握语言的基础上，深入了解语言所处环境和所处民族的文化；在深入学习各民族文化的基础上，才能更好地掌握文化氛围下的语言，因此语言教学和文化教学是相互依存、互为条件的教学过程。没有语言的文化教学，是无源之水；没有文化的语言教学，则是枯燥乏味的。

（3）两种教学融合进行

英语教学中的语言运用能力，需要文化意识的保证，语言教学和文化教学是融合在一起的整体，语言教学中离不开一定程度的文化教学，而进行文化教学中也要运用语言将中西方文化差异知识、文化理解和跨文化意识表达出来。跨文化交际能力教学的任务就是培养出在不同文化背景下能够用语言进行有效交际的高素质应用型人才，是对语言的跨文化交际，也是对各民族的跨文化交际。只有把语言教学和文化教学融合起来，成为一个有效的整体跨文化教学体系，才能有效地提高学生跨文化交际能力。

二、跨文化交际能力培养的情感体系

（一）消除“中国文化失语症”的影响

跨文化交际能力培养的情感体系，是学生对于不确定的语言和文化因素具有的跨文化交际活动的包容程度、灵活性和共情能力等多方面的情感形成的英语文化体系。因此在大学英语的跨文化教学中，使学生掌握英语民族的语言和文化知识内容，提升跨文化交际技能，培养学生对于英语文化学习的兴趣、欣赏、了解、认识和接受能力，这些都是跨文化交际中情感能力培养的重要教学内容和目标。

1. 重视双向交叉教学

随着我国教育事业的跨越式发展以及全球经济的一体化，国际和国内环境对英语人才提出了新的要求，我国大学英语教育的主要目标也从提高大学生的英语知识水平转变为满足大学生从事英语学习研究和工作实践的需求。

在大学英语跨文化教学中，要重视教学过程中的双向交叉教学，重视英语文化和母语文化知识内容的同时导入，全面了解中西方英语民族和母语民族的文化传统和习俗，使两种文化在跨文化学习中形成良好的交流互动，提升学生对于语言和文化的理解认识，增强学生对于跨文化英语知识的判断和整合能力，激发学生的英语语言和英语文化创造能力，从容应对跨文化交际中发生的矛盾和冲突，运用英语准确地表达母语传统和文化，消除“中国文化失语症”带来的学习障碍，更好地融合中西方英语民族文化之间的交流。

2. 发挥监督引导作用

跨文化交际中情感能力的培养，要体现在高校教学理念、教学目标和教学计划中，教学主管部门要充分发挥监督、引导作用，与时俱进地对跨文化交际能力培养过程中出现的问题进行监督引导。在教学目标和教学计划中，要确保在跨文化英语教学过程中，始终贯穿中国母语文化的传授与影响，要在大学学习的各个年级、不同阶段、不同层次地体现出高校教学部门的监督引导作用，保证大学英语跨文化教学能够真正切实有效地运行。

3. 提高教师综合能力与素质

英语跨文化交际教学中的教师，面对复杂多变的跨文化交际发展趋势，要具备相当的跨文化交际背景知识，还要学习多种理论知识，包括社会学、心理学、教育理论等，要加强英语跨文化交际学习的理论知识，加强自身的英语教育理论与实践，学习跨文化交际的前沿研究成果，提高自身的理论和科研水平，不断丰富教学资源。

4. 促进学生的主动性

学生英语跨文化交际能力的培养，可以通过参与跨文化交际情境练习与训练，鼓励学生积极参与跨文化交际活动、参加国际性的文化交流活动，也可以积极承担国际赛事的志愿者服务，培养学生跨文化交际参与积极性与主动性，在真实的活动中深刻领悟跨文化交际的内涵，促使学生感同身受地体会和理解中西方文化的差异、中西方语言表达的差异，培养学生母语文化的英语表达能力，树立跨文化英语学习的自信心，实现全球跨文化交际和跨文化传播。

（二）发挥母语正迁移作用

学生在学习中国母语文化知识的基础上，通过文化迁移作用，学习英语国家的文化知识和语言表达，深刻认识和理解中西方文化、思维方式、价值观念等方面的差异，突出学习语言知识和语言技能的同时，使学生进入跨文化交际中的英语表达交际，达到学生能够使用中文和英文双语表达的水平。

母语迁移作用体现在学生的学习过程中，就是学生拥有的语言文化知识能够影响到新语言知识的学习，其中能够促进新知识内容的学习是母语的正迁移作用，对新知识学习产生阻碍作用的是母语的负迁移作用。因此要重视发挥母语的正迁移作用，就是在跨文化交际中使用得体的语言，保证跨文化交际活动顺利进行；要有意识地提高学生的文化素养，认真学习和理解英语民族的文化知识和语言内容，提高学生的语言敏感度，消除母语负迁移作用。

1. 母语正迁移的作用

在英语跨文化交际教学中，我们要正确认识母语的正迁移，充分发挥正迁移的作用。

（1）学好母语

母语是我们学习英语的起点，只有把母语学好了，在母语知识和智力的帮助下，我们才能对英语学习中的知识有正确的理解，才有学习语言知识的基础，也才能积累英语学习的经验。学生英语学习的差异很大程度上和母语学习的差异有关系。母语表达能力出众、逻辑思维能力强、语言反应敏捷的学习者往往也拥有更好的英语表达能力。

（2）母语正迁移

英语跨文化交际教学中必定要讲到英语的语音现象、语法规则、英语时态等英语学习原则问题，这些都需要学生用母语的思维来理解这些规则。英语抽象词汇的学习中，也要用母语的解释，这样可以避免英语学习中的一些难解词汇，学生可以比较容易准确地理解，增强学生对词汇的学习。英语跨文化交际教学中对课文的讲授，也常常会用到母语翻译，汉语翻译在课文学习中也会起到正迁移的作用，有助于学生对课文的理解，加深学生对课文的印象。

（3）母语正迁移作用的发挥

语言与人类的思维是紧密联系的，语言也是人类思维表达的方式，人类的思维和语言都有各自的共性。学生在母语基础上学习第二种语言的时候，母语的知识和习惯会不自觉地应用到目的语的语言学习中，会对目的语的语法、阅读和写作产生一定的影响。这就是所谓的母语正迁移的条件和规律。认识到语言的共性以后，就应该充分调动母语的优势来学习目的语的新语言，找出它们之间的共性，找出规律。

发挥母语的正迁移在英语跨文化教学中的作用，主要是运用对比的方法学习两种语言，通过其共同性和差异性更好地学习语言。汉语的思维方式和英语的思维方式是完全不同的，在语言表达中体现得尤为突出。我们要克服这种语言模式的心理障碍，利用两种语言模式的连通性，建立新的语言联系系统，学习好英语语言。

2. 英语教学与文化教学相结合

语言的特点就是在不同的时空、不同的地域形成的不同的语言文化。随着我国开放水平的不断提升，开放层次也呈现出多样化，国际交流日益频繁，语言学习的方式从单一的跨国国际化向双向的国际化转变。在国际化的语言学习环境下，英语不仅是信息互通交流的工具，也是文化交流的桥梁。

英语教学是语言教学模式的一种教学，目的是使学生学习英语语言。我们要学习英语的单词、语法和惯用法等，要进行“英译汉”和“汉译英”的练习，通过不断的练习，来复习英语的语法和生词。这是英语教学的普遍教学过程。要调动学生投入到英语教学中来，并逐渐培养英语思维模式，增加语言积累、了解文化背景、熟悉交际技巧、提升听说能力，进而提高对英语进行综合运用的能力。

大学英语教学要提升跨文化意识，大学生通过英语学习和英语实践教学活动，引导学生认识与理解英语文化知识内容的实践性，掌握英语知识和英语语言运用技能，改变传统的英语语法、词汇讲解的英语教学模式，构建英语跨文化教学模式，培养大学生英语的听、说、读、写、译的综合学习，提高大学生的综合能力和素质，提高学生的跨文化交际能力。

3. 培养学生的文化意识

英语跨文化交际能力的培养，是一个循序渐进的过程，要有选择、分层次、分阶段地进行英汉文化的比较学习，在接受西方文化的同时要学会用批判的思维，有目的地了解和认识英语国家的文化和价值观念。通过对英语语言的语音、词汇、语法、语篇等英语基础知识的学习，发掘英语民族的文化内容，培养学生对英语文化学习的思维模式和认识模式，提高学生的文化意识。

教师在平时的教学中，要利用语言材料、视频语音资料、多媒体教学视频等多种教学手段，帮助学生学习英语民族文化背景、社会风俗习惯，还要了解英语对话中遵循的文化规约。学生则要利用互联网网络、第二课堂等课外英语学习，感受西方独具特色的节日，真实地了解西方的文化环境，真切地认识西方的文化传统和文化观念，培养学生良好的跨文化意识。英语跨文化教学就是要以英语国家的文化背景知识为主要教学内容，有效地提升英语跨文化交际能力的教学效果。

4. 重视英汉语言文化

在英语跨文化交际教学过程中，要重视汉语和英语之间的文化因素，要关注两种语言和文化的密切联系。教师不仅要讲授英语语言的基本知识，还要帮助学生了解英语文化知识内容，根据学生的个性化差异、文化水平，设计适合学生学习跨文化交际的教学内容，确定文化教学的相关教学内容。只有得体地使用英语语言的整体性教学方法和教学手段，重视学生英汉语言文化的学习，才能提升学生对语言文化的适应性，树立语言文化意识和文化观念。

5. 排除母语的干扰

在学习英语的初期阶段会受到母语的干扰，我们会不由自主地通过和母语的比较学习新的英语语言，但是到了中高级阶段的英语学习中，即使存在母语知识的同步学习，但基本上不会干扰我们的英语学习。在英语教学中，教师要指导学生有效地防止这种母语的干扰。通过英汉翻译活动，分析对比两种语言的相似之处、难点和要点，就能有效地利用母语的正迁移作用，使学习收到事半功倍的效果。由此可见，学生的语言学习虽然受到母语知识和技能的影响，但是很大程度上是一种促进的干扰，有利于提高学生学习语言的能力。

（三）培养学生的文化移情能力

在互联网网络信息高速发展的当今时代，英语跨文化教学要充分重视中西方国家的文化特性，培养和强化学生的文化移情能力。教师要注意培养学生语言、文化的平等观念，要用科学的态度看待中西方文化的差异，平等地看待世界各民族的语言文化。

1. 树立平等意识

（1）平等学习各民族的语言文化

英语跨文化学习就是要学习不同的民族和不同的语言文化知识，丰富中西方语言文化知识。要在文化平等的意识基础上，处理好不同的文化交流所产生的碰撞和摩擦。跨文化交际就是不同的民族和文化之间的交流与合作，交流双方主体都要彼此尊重、彼此信任和彼此了解，平等看待彼此间的文化差异，在相互理解的前提下实现友好协调、交流合作，实现两种文化的共同发展、共同创新，两种文化相互促进、彼此融合，形成全世界文化动态的平衡。

（2）从各民族语言文化中取长补短

英语跨文化教学的目标，就是在跨文化交际活动中，双方能够顺利地进行交流，在了解西方文化、理解英语民族文化的精髓的同时，还要能用英语语言传播母语文化，将中国的传统文化和风俗习惯传播到世界各民族中，消除在跨文化交际交流活动中的文化矛盾和冲突。

任何一种语言都是在民族文化的发展中积累来的，任何一个民族的文化都有其存在的优势，全球化趋势下的多元文化要共同发展、共同进步，要以平等的态度对待不同的民族文化，要不断从跨文化交际活动中汲取各民族语言文化的精华，不断丰富学生的文化知识。

（3）建立语言文化平等观念

在英语跨文化教学中，要鼓励学生主动多接触各民族文化，要引导学生打破中西方文化的禁锢，用包容、平等的心态对待西方文化，理解和尊重不同民族文化之间的差异，建立语言文化平等的观念。在动态的跨文化交际学习和交流活动中，交际双方能够友好协商，增长学生的文化见识和文化视野，培养学生多元文化交际意识，促进双方跨文化交际活动的顺利完成。

2. 培养文化移情能力

（1）文化移情

文化移情是指跨文化交际过程中，交际者能够以目的语言的思维观念来看待问题，用对方的立场观点来思考交际中出现的事物；交际者能够有意识地超越本民族母语文化的思维定式，超越母语文化对于自己思维观念的制约，从而能够以一种超越的观点态度来对待、感受、体验、理解目的语言的民族文化。在跨文化交际过程中，文化移情是一种极为有效的沟通交流能力，是能够将交际者的语言、文化与情感连接起来的桥梁和纽带。

文化移情主要表现在两个方面：①语言移情。交际主体用英语或者母语向交际对象表达自己的观点、交流双方交际活动的事项，使得交际双方能理解和明白交际主体所要表达的主要思想，促进交际活动的顺利完成。②社会语用移情。跨文化交际双方都尊重彼此的传统文化和风俗习惯，在平等的基础上进行交流合作。

（2）文化移情的必要性

不同的民族语言和文化，都是在本民族长期的社会生产实践中逐步形成和发展起来的，都有着鲜明的民族特色。每个民族的政治、经济、文化等，都具有自己民族的特殊性，每个民族所形成的民族意识和民族文化在跨文化交际中都表现出很大的差异性。由于这些差异性的存在，如交际模式、思维方式、语言表达、价值观念等方面的差异，在跨文化交际活动中，就会有矛盾和摩擦，就会有冲突。

学生长期受母语文化的影响，无法站在全球化文化视野的立场看待跨文化交际活动，也就缺乏主动进行文化移情的自主学习，也不能够完全尊重和理解英语民族的文化习俗。因此对于英语跨文化交际教学，教师要引导学生树立这种文化差异观念，培养学生的文化移情能力，帮助学生充分认识到文化移情的重要意义；也要求跨文化交际的主体要具备相当的文化移情能力，能站在交际对象的位置上，用交际对象的语言文化进行交流沟通，这就会在很大程度上避免因文化差异产生的矛盾和冲突，加强交际双方的情感交流。

（3）文化移情能力的培养

英语跨文化交际中文化移情能力的培养，就是培养学生的文化敏感性和宽容性，要客观地看待跨文化交际双方的文化差异，遵循交际双方的交际规则和语言表达方式等。

①多媒体教学手段

要提升交际对象的文化敏感性，可以利用多媒体教学设备，让学生真实地感受英语国家的风俗习惯和文化传统。借助互联网网络和多媒体，结合跨文化英语课程的课堂教学内容，建立在线教学管理平台。多媒体教学手段，丰富了学生的英语听、说、读、写、译的学习资源和学习环境，丰富了学生对西方国家的社会、文化、民族等多元化知识的了解，有利于提高学生的综合素质、文化自信、跨文化意识、人文素养。在重点掌握跨文化交际英语听、说、读、写的语言技能基础上，培养学生的跨文化语言综合运用能力，提高学生分析问题、解决问题的能力，增强学生进行语言学习的自觉主动性和能动性。

②适度原则

培养学生的文化移情能力，能够使跨文化交际活动顺利开展，也能跨越不同民族语言文化之间的差异和障碍，遵循文化移情中的适度原则。一方面，交际主体要能正确理解交际对象并表达自己的情感和意愿。另一方面，交际主体不能过度移情，丧失自我，要在跨文化交际的两种文化中找到动态平衡点，避免文化移情中的“不及”“缺位”“过度”“越位”现象的发生，减少跨文化交际中由于文化矛盾、文化差异引发的文化冲突，保证交际双方的顺利沟通。

（4）培养文化移情能力的具体步骤

培养文化移情能力的具体步骤为：①理解和认识不同英语民族的多元文化差异。②客观公正地认识自身的英语和母语文化水平，能对正确分析自身的跨文化英语学习，进行自我评价。③感受交际对象的英语语言文化环境，站在交际对象的立场，体验其价值文化观念，真正理解目的语的语言文化。④用宽容的心态、开放的文化意识，做好文化移情的准备。⑤充分尊重交际双方的语言文化，正确认识和对待两种文化。

（四）提高文化认同度

文化认同就是对个体所处的社会环境中的文化所产生的一种依附性和归属感，文化认同包括价值观念、思维方式、语言文化、信仰等方面的认同。在全球化大数据时代，各个民族间的交流合作越来越密切，我们不仅要认同本民族的文化，对多元化的西方文化也要了解和认识。在批判接受外来文化认同的基础上，比较和认识中西方文化的差异以及各民族文化因素的异同，提高学生的多元文化认同度，在跨文化交际中认同交际双方的文化与交流。

在英语跨文化交际能力培养的情感体系中，要提高学生的文化认同度，应从三方面入手：①教师要在教学过程中进行中西方文化的对比，在学习中国文化的基础上，帮助学生认识和理解中华民族的优秀文化传统，能在跨文化交际活动中，用英语语言积极表达和传播母语文化，要培养学生的这种责任感。②培养学生开放、灵活的思维模式。对于本民族的文化及出现的文化现象要有一种反思意识，在英语跨文化教学中融入中国传统文化教学，强化对于母语语言文化的认识和理解，使学生能够理性地认识和判断本民族的文化。③要在认识本民族文化的基础上，逐步了解和认识周围的文化。尤其在国际多元文化的背景下，学习者要适应多元文化的局面，寻找自我文化的认同，在多元文化的碰撞和交流中找到跨文化交际的规则。

三、跨文化交际能力培养的行为体系

（一）跨文化交际行为能力

跨文化交际能力培养的行为体系是建立在认知体系和情感体系基础之上的，是跨文化交际中认知和情感的体现过程和体现结果，行为能力通过交际活动中双方主体之间的互动活动作用于认知和情感之中，从而完成跨文化交际的各种活动。跨文化交际中的认知能力、情感能力和行为能力是紧密联系、互相作用的。跨文化交际活动中交际主体通过对语境因素的认知，形成本次交际活动中的语篇情感，双方在互相理解语篇的行为过程中推动整个交际活动的有效进行。

英语教学中跨文化交际行为能力一般分为言语行为能力和非语言行为能力。英语跨文化交际中的语篇是交际活动的单位、工具和结果，狭义的跨文化交际活动就是言语行为能力的构建和理解，使得交际活动的双方主体能够完成实际的交际行为。而广义的跨文化交际活动包括语篇的言语行为和非语言行为的行为体系。

奥斯汀（Austin）提出了言语行为三分说，即表达性言语行为、施为性言语行为和成事性言语行为。言语行为理论的哲学意义在于将语言与世界的运作方式联系起来，可以使我们看清经济活动与语言交际的某些本质联系，经济交往行为由以经济目的为前提的各种言语行为组成。跨文化交际的过程和结果主要都体现在语篇中，因此语篇能力是跨文化交际能力的基础，非言语交际能力是跨文化行为能力中另一个重要方面。

1. 语言交际能力

在跨文化交际中，语言表达起着重要作用，而语言表达方式以及对语言意义的诠释与语境紧密相关。语境是指交际参与者所在的语言群体的历史、文化背景等，是由该文化成员之间约定俗成的，是他们文化认同的一部分。

（1）低语境与高语境

在1976年出版的《超越文化》一书中，爱德华·霍尔（Edward T. Hall）第一次提出了高语境文化（high-context culture）与低语境文化（low-context culture）的概念。他认为，在高语境文化中，人们的交际更依赖于社会和文化环境，有较多的信息量不是用语言直接表达的，而是隐含在社会文化环境和人们的头脑中的。而在低语境文化中，交际过程中所产生的大部分信息由语言直接表达出来，只有少量的信息隐含在社会和文化环境中。

高语境文化中人们所发出的语码的隐含信息可以被“训练有素”的同文化中的伙伴通过各种高语境含义还原为比语言表层意义丰富得多的暗示、双关、引申、扩展等意义；而对于来自低语境文化的接收者来说，他们就缺少这种自动还原的解码能力，他们所接收到的信息往往只是该语码的表层意义。

任何一种语言都是在一定的自然环境和人文环境中产生的，虽然语言结构和文化内容不同，但是语言美是全世界都公认的。语言美体现在语言的韵律上，通过不同国家的不同语言文字的表达，可以感受到各国文化的差异，可以培养学生的审美观，学习各国的语言文化美，可以欣赏世界各民族多姿多彩的文化理念以及中外各国语言文化的差异美。因此跨文化交际教学在英语教学中有着非常重要的作用。

跨文化交际中语言的美感，是指交际对象能从中得到美的陶冶和美的享受，符合目的语的文体特征，易于被人们接受。跨文化交际中的语言可以采用具体的形象词语创造出一种意境美，使目的语的交际对象在看完、听完后脑中立即有了一个具体的形象，使得跨文化语言文体更加具体。

（2）直接与婉转

与上述高低语境差别相联系的还有不同的文化在语言表达上有直接与委婉的区别。比如，中国人在语言表达时很多时候是委婉的语码交流，语码的丰富含义在很大程度上隐含在语境中。人们习惯于去推测和领会字里行间的意思和“话外之音”，直白流露被认为是不好的表达方式。人们更推崇“尽在不言中”“不言而喻”“心领神会”，甚至认为“言多必失”。不仅在书面表达，甚至在口语交流中，人们也常常推崇“以物喻人，借景抒情”的委婉表达风格。与此相反，西方很多文化中的语言表达风格则大多是直接和显性的，在语义上很少需要通过语境来解释。当然这些西方文化之间也是存在内部差异的，如在人际交流中，英式英语就比美式英语在表达上更讲求委婉。

2. 非言语交际能力

非言语交际是指在交际中由信息发出者自觉或不自觉发出的、对信息发出者或接收者双方都存在潜在信息价值的刺激。非言语交际不是通过口头与书面语言在沟通中传达信息的过程。非言语交际形式包括语音语调、眼神交流、身体接触、脸部表情、空间距离等方面。很多研究表明，沟通的大部分含义不在语言表达之中，而在语言之外。文化和非言语交际行为是长期历史和文化积淀形成的某一社会共同的习惯，非言语交际是文化习得的结果，是影响跨文化交际的文化基本因素。

需要引起注意的是，作为非言语交际的手势体语，其重要性有时会大于言语交际，即通过手势体语来否定言语交际的内容。比如，在言语交际中用表示拒绝的言语，而如果同时通过手势体语或眼神，则可对这种“拒绝”表示否定，而让交际的对方感觉是被赞同或接纳的。

非言语交际在跨文化交际中起着非常重要的作用，跨文化交际对非言语行为的依赖程度很高。非言语交际行为的差异比由语言行为的差异所引起的文化冲突还要严重，因为非言语行为一般是情感或情绪的表露。非言语行为大部分是后天习得的，常常为某一文化群体内的成员所共同享有，构成了该群体文化的一部分，带有很强的文化特征。严明也认为，人们对母语文化中的非言语行为往往习焉不察，而对其他文化的非言语行为却极为敏感，一旦发生偏差，就会对交际产生很大影响。

非言语交际的功能主要包括补充或完成信息、否定信息、替代信息、强调信息、调节信息。非言语交际的形式和类型的分类很多，影响跨文化交际的主要非言语交际类型包括手势体语、体触、姿势、面部表情和副言语。

（1）手势体语

手势体语是通过后天文化学习习得的，是通过有意识的应用来传达某种意义的身体姿势，包括头部动作、手势及其他四肢动作等。手势作为非言语行为的一种表现形式，主要借助单手、双手以及手指来完成动作。手和手臂相互配合，会产生多种姿态，形成丰富的非言语词汇，来表示讲话者特定的情绪和感情状态，同时可以与有声语言密切配合，达到信息的交流。体语的范畴比严格意义的手势更为广泛，它是指人们用身体的动作所表达的意义。

各文化中的很多手势体语是约定俗成的，往往为各文化所独有。因此有可能同一手势体语在不同的文化中的意义不同，这就可能在跨文化交际中造成误解甚至冲突。在跨文化交际中，比通过手势体语发出信息者的意图更为重要的是，来自另一文化的成员对该手势体语的诠释。同一手势体语在不同的文化可能有不同的含义，而同一含义，往往在不同文化中用不同的手势体语来表达。

（2）体触

霍尔根据不同文化是否鼓励身体接触而将其划分为接触文化与非接触文化。霍尔发现，接触文化通常是在热带区，包括阿拉伯国家、南美国家和地中海国家。非接触文化通常在气候比较寒冷的地区，包括中国、日本、韩国、美国、加拿大、北欧国家、德国、奥地利、英国等。

在许多国家身体动作主要表现为拥抱、拉手等形式。例如，两个女人见面可以搂抱和亲吻，这在许多国家里是很普遍的情况，但是对于两个男士见面拥抱的文化在不同的国家则有不同的文化见解。在阿拉伯国家、俄罗斯、法国及东欧和地中海沿岸的一些国家里，两个男人也热烈拥抱、亲吻双颊表示欢迎、友好和热情，尤其是中东和拉丁美洲国家的男人见面问候时，他们可能会拥抱和亲吻面颊，交谈中他们保持频繁的目光接触。但是在东亚，两个男人见面时以礼貌性的握手取代了拥抱。

在交际中，触摸也与权力和地位有关。地位高的人们可以主动去触摸那些比他们地位低的人，侵犯他们的空间；相反，如果地位低的人主动去触摸地位高的人则会被看作冒犯和无礼的行为。

（3）姿势

与手势体语不同，姿势是人们不自觉而使用的。在交际中，人们的站姿、坐姿、行走姿势、饮食姿势等都传递着很多非言语信息。姿势在不同的文化中具有不同的含义，常常会影响到跨文化交际的进行。

（4）面部表情

文化维度中有一个维度与面部表情有密切的关系，即人际交往中情绪外露的程度——中性文化和情绪文化。

①中性文化

中性文化为情绪表露含蓄微弱的文化，人与人之间很少有身体的接触，人与人之间的沟通和交流更多需要用心领会，典型的国家是中国、日本和其他亚洲国家。在情绪中性文化中，情绪外露、喜形于色的人常被看成是不稳重、不成熟、甚至不可靠的。而老成持重、喜怒不表现于色被看作有涵养，更容易受到尊重和欣赏。因为人们惯于表情含蓄而不外露，在交际中，人们对对方的表情变化就特别敏感，人们察言观色的能力总的来说就比较强。

②情绪文化

情绪文化为情绪表露鲜明夸张的文化，典型的国家为阿拉伯、南欧和南美国家。在情绪文化里人与人之间存在较多的身体接触，交际中表情和肢体语言丰富。在情绪文化中，人们进行交际时，往往辅以丰富的表情和手势体语，不表露感情会被看作无趣和冷漠。

（5）副言语

副言语也被称为言语伴随因素，它的主要形式为：①语音（包括口音）；②语调；③声音大小；④停顿；⑤沉默。副言语的各种形式在不同的文化中呈现出不同的意义与褒贬程度。在中国，心直口快的人给人一种急躁、不靠谱的形象，相反沉默寡言则会让人觉得这个人稳重、城府深、能成大事；而在开放文化的美国，心直口快的人会被认为反应快、待人热情、思维敏捷，那些默默无闻的人则会被认为是迟钝的表现。

综上所述，跨文化交际中，不同的国家、不同的文化中对于各种非语言交际的手势、身体接触、姿势、面部表情和副言语，都有不同的意义。

（二）确定教材编写特色与内容蕴含

1. 融合性

（1）文化与语言的融合

大学英语教学中，跨文化交际能力培养的核心教学内容是英语语言与英语文化的有机结合，这也是英语教学的目的和手段。两者要有机地融合在跨文化英语教学中，要体现在大学英语跨文化教材的编撰和选材中。系统的、鲜明突出的不同文化主题构成每个英语单元教学的主线，通过运用语言教学，把英语文化内容潜移默化地传授给学生，构建英语文化学习氛围，帮助学生熟练地掌握英语民族的文化与语言的使用规范，使语言教学的内容同文化内容融为一体。

（2）中西方文化融合

在跨文化交际的英语教材内容的编写上，还要融合中西方文化差异，引导学生充分认识和理解中西方文化中存在的差异，如民族文化、价值观念等方面的知识内容差异，要充分考虑到学生们学习的环境和对英语语言的学习需求，还要充分尊重每个学生的知识结构、个性特征、文化层次等方面的差异性，在融合中西方文化的基础上对中西方国家不同的文化知识和文化传统进行比较研究。

（3）批判性思维的融合

在大学英语跨文化教材的编写中，还要融合批判性思维方面的技能培养和训练，使学生接受西方国家的民族文化和价值观念的差异性，用批判性的审视目光和思维方式深入地体验中西方文化差异，提高学生进行有效文化沟通的能力。因此教材的选取内容要充满积极向上的情绪，能积极地影响学生的人生观、价值观、世界观的形成。

2. 多元化

（1）文化多元化

大学英语跨文化交际能力培养的教材编写，要充分注意到动态性、复杂性和多元化的中西方文化，选取的教材内容要循序渐进，内容要由浅入深，由具体化的学习到抽象思维，引导大学生在跨文化英语学习中，不断加深对中西方文化的多元化差异的理解，体验英语民族文化和母语文化的不同表达方式和不同的价值观，避免教材内容的古板单调。教材编写要遵循系统性、层次性、前沿性、时效性的编写原则，要与时俱进，既要体现西方文化的精神特质，也要反映出时代发展对于人才需求与培养的变化，将人文关怀与素质培养相结合。

（2）学习资源多元化

互联网时代的到来带动了教育现代化，网络使人们获取知识的来源出现了多元化趋势，学生可以从多种渠道获取自己想要的知识，远远超出了传统教学模式下的英语教材的范围，学生可以自主、有意义地构建自己的英语知识体系。

互联网可以提供不限时空的海量学习资源，这是英语跨文化交际课本及其相关练习和阅读材料所不能达到的。学生可以借助网络资源，作为教材课题的拓展学习资源。这种方式的学习极大扩充了跨文化交际能力培养体系的教学资源，广泛拓展学生的跨文化交际学习知识范围，同时开拓了学生的国际化视野，开阔思路，培养大学生的创新能力和创造力。

未来教育是优质资源共享的智能教育时代，智能教材、同步课堂使得优质的教学资源得到了共享，学生不仅能学到规范的语言知识，还能通过网络海量的英语跨文化交际学习资源学习到英文文学语言和跨文化交际英语日常用语，提高学生的英语跨文化交际能力。

3. 真实语境化

（1）真实化

大学英语跨文化教材要注重真实化，要能体现出当今社会中真实的跨文化环境，要培养我们在现实生活中切实能用到的跨文化交际技能。

真实的教材编写要选取和学生日常生活相关的文化主题内容，选取国内国际社会中学生关注的热点问题，选取学生感兴趣的跨文化交际内容，同时教材内容也要具备相当的文化性和人文精神性。这些真实的教材内容能激发学生学习的热情和积极性，使学生从认知、情感和行为方面产生跨文化交际意识，这样学生才能真切地感受跨文化交际的真正魅力。

（2）语境化

英语跨文化交际中的语言和文化是密切相关的，任何一种语言的产生都离不开文化环境。英语语言置身于英语国家的文化环境中，英语主题的选取能体现出英语民族国家语言运用时的真实语境，这样的教材内容才能使学生深入地理解和认识英语语言。

同时要设定和选择与本次跨文化交际学习主题有关的实践练习、跨文化交际案例的模拟练习，加强学生的跨文化交际意识和文化敏感度，提高学生的跨文化交际技能，锻炼学生的英语跨文化语言运用能力，帮助学生掌握英语文化知识，提高学生在跨文化交际活动中处理问题的灵活性和对现实语境的适应能力。

（3）动态化

在国际化的英语跨文化交际活动中，交际活动的主体之间的人际关系、构建的语篇知识内容、跨文化实施过程中都具有动态化的特征，因此教材内容要能够从多个角度、多个侧面体现跨文化交际的动态化特性，体现跨文化交际的多样性和灵活性。

不同的国家体现不同的文化特性，不同的民族和母语文化比较的差异性也是不同的，教材内容也要尽量能体现出这种跨文化交际的动态性，塑造学生的文化相对论观念。这样能有效地帮助学生构建和培养自己的跨文化交际知识体系，在实际的跨文化活动中，能够理智地面对产生的文化冲突，调整自身的认知和情感态度，面对多元化的跨文化差异能够充分地理解和认识。这样动态化的教材内容也能培养学生宽容、开放的学习态度，使他们能用换位思考的思维方式来解读跨文化差异。

4. 针对性

（1）以学生为中心

英语跨文化教学中，要建立以学生为中心、教师指导学习为主的教学模式，跨文化实践练习要以学生的认知情感要求为基础，具备教学内容的趣味性、教学目标的针对性、师生学习的互动性，从而促进学生跨文化交际学习的英语语言和英语文化的融合，促进学生的自主学习。

（2）灵活的教学方式

英语跨文化交际学习中，要能充分给予学生自由发挥的空间，在互动的学习氛围中提升学生参与跨文化交际学习的积极性，能够引导学生分析判断中西方文化因素和差异，重视情境实践练习和训练，创新跨文化教学方法，充分利用英语国家文化讲座、英语角等第二课堂学习，增强学生对跨文化教材内容的深入理解和认识。教师要充分注意选择的教材内容配合灵活的教学方式，促进学生学习的兴趣和接受程度，引导学生在身临其境的实践体验中去感受、体会，并能够分析、理解句子语言的运用，培养学生自主学习的自觉性及能力。

第二节　英语教学中跨文化交际能力的培养

随着经济全球化的发展，不同文化背景的人之间的交往越来越频繁。在人际交往过程中，得体的语言往往比正确的语法还重要。因此，跨文化的交际能力越来越重要，在大学英语教学中应该重视文化的教育，培养大学生跨文化交往的能力。

一、跨文化人的身份与能力培养

（一）跨文化人的身份建构

1. 跨文化人与跨文化交际能力

（1）跨文化人

跨文化人指的是能够用客观性和主观性看待两种文化的人，也就是能够在两种文化之间行动并且没有明显冲突。在两种文化叠加时会产生更多，简单说就是 1+1 得到的可能是 3 或者更多，多出来的部分会是特定的东西，但不是特定的文化，既可能是新品质也可能是新意识。

跨文化人需要先理解自己的母语文化，了解母语文化模式中的优点和缺点，再去理解异文化。文化自觉指的是在一定文化环境中生活的人，对自身的文化有一定的认知，熟悉它的来历，了解其形成的过程、具备的特色及它未来的发展方向。文化自觉可以帮助我们加强文化转型的自主能力，在新时代、新环境中获得自主地位。在跨文化交际过程中，文化自觉也能够帮助我们认识到母语文化和其他文化之间在文化上的相似和差异。

（2）跨文化交际能力

跨文化交际能力是跨文化人需要具备的能力之一，是经济全球化形势下交际者能力的整合和提高。随着经济全球化的发展，人们的交际方式逐渐发生着改变，跨文化交际能力受到了更多学者的关注。跨文化交际能力指的是不同文化背景的人，在同一环境下进行交流的时候，能够排除文化差异的干扰，解决不同文化之间的交际冲突问题的能力。目前，英语已经成为全球通用语言，因此，大学英语的教学目标也从语言能力上升到了交际能力，之后又上升到跨文化的交际能力。

在跨文化交际能力中主要包含四个层面：一是知识，指的是对母语文化和目的语文化的认知；二是技能，指的是对母语文化和目的语文化相关技能的掌握；三是态度，指的是对母语文化和目的语文化的情感和态度；四是文化意识，指的是对母语文化和目的语文化的现象、特点及它们之间关系的理解。

跨文化交际能力不是一个静态的固定结果，而是一个逐渐形成的动态。因此，跨文化交际能力是没有终点的，也不可能完全获得跨文化交际能力，它是一个需要不断经历对话、冲突、沟通，不断理解、认知新的问题，不断面对新挑战，在实际经历中获得能力的过程。

在英语教学中，英语的形成与学生对英语的正面态度成正比，但学习英语并不等同于理解文化。学习者对英语的学习和文化交流，只是增加了一些文化信息，可能态度并不会产生改变，只是加深了原有的认知程度。那是因为他们没有真正地理解和思考目的语文化，只是简单地用自己的文化标准去衡量目的语文化。因此，培养学生跨文化交际能力的前提是要培养学生对不同文化的积极态度。这是一种新视野的确立，能够帮助学生将特定的文化事实转变为跨文化的交际能力。现在，大部分文化教学都将跨文化交际能力的培养作为教学目标，重视文化意识的培养，帮助学生形成对不同文化的正面态度。

2. **文化身份**

对学习第二语言产生影响的主要有两个因素，一是“社会距离”；二是“心理距离”。其中“心理距离”，是指学生在学习第二语言的时候的感受会影响第二语言的学习。在第二语言学习的过程中，要具备“部分和暂时放弃身份分离”的能力，也就是学习者学习语言的同时，也要学会适应新的文化环境，这是学习者在新的文化环境中的身份构建。学生在大学学习英语的过程也是在进行自我文化身份构建的过程；同时，文化身份的构建也有利于学生的英语学习，二者之间相互影响、相互促进。从这方面来说，进行文化身份构建十分有必要。

文化身份的构建离不开主体，如果主体文化贫乏，那么就会导致主体文化边缘化。文化身份的构建也需要他者的参与，但往往在对人物、事物、事件进行分类的时候，会让我们产生对他者的误读。由于文化、语言、交际和身份之间的联系，大学英语教学能够帮助大学生构建文化身份。但是，目前的英语教学，涉及文化教育方面的知识比较少，再加上自身民族文化的偏见，在一定程度上会给大学生的文化身份构建造成困境，不但无法成为跨文化人，而且在母语文化和目的语文化之间徘徊，处于边缘状态。

（1）文化身份的概念

身份是一个抽象的、多层次的、无定形的自我概念，需要特定的社会、地理、文化和政治背景。身份是一个人或者一个群体被他人认知他们是谁的意识。身份是一个自我理解和外部世界的框架，每个人在社会中都会根据身份分类进入不同的群体。比如，我们在工作和家庭中都会有特定的身份，像妻子、丈夫、教师、学生等。对身份简单的理解就是“我是谁”，不同的身份会给我们带来不同的影响。

我们可以通过性别、种族、阶级、国籍等，来进行身份划分，同时我们也可以拥有不同的身份，如性别身份、文化身份、性别身份等。文化身份的构建就是对文化价值、文化内涵、价值观的内化。文化身份代表着一种共同的特殊符号，在一个共同的群体中遵守相应的规则，并被群体接受。通常文化群体会对本群体中的成员有高度的认同感，不但有自我认同而且有外部认同。文化身份代表着“我是谁”，能够通过文化群体成员的所思、所想、所言表现出来。个人在不断成长的过程中，会将周围环境中的价值观逐渐融入自己的世界观中，形成新的文化群体身份。能够影响文化身份的因素有很多，如外貌、肤色、语言等。当建立起一种文化身份的时候，人们会进入相应的群体，并能够使用该群体的共有符号且遵守群体的行为规范。

文化身份的发展一般会经历三个阶段：首先是未察知的文化身份，指的是个体对文化身份想当然，对探寻文化身份完全没有兴趣。其次是文化身份追寻，指的是个体能够主动地学习自己的文化，并且能够提出质疑不断探寻的一个过程。最后是文化身份获得，指的是通过文化探寻，个体能够掌握文化的优势，接受自己和自己的文化。对于大部分人来说，在一个文化中生活或者是与不同的人交际，都会激发他们对自己文化身份的认识，即便是之前没有这方面的认知。

大部分人可能认为一个个体只会或者只能归属于一个文化群体，但其实个体的身份并不是单一的类别，一般都会结合其他身份。当今世界，是一个多元化的世界，不同文化的人共同生存，体现了文化身份的多面性。我们可以是来自同一城市的群体成员，可以是说同一种语言的群体成员，还可以是同一政治组织的群体成员。至于我们是谁，我们与他人有何不同，这都需要通过我们和谁在一起来体现。文化身份会影响我们与他人交谈的话题，交际上产生的部分困难都是来自双方不同的文化身份。因此，文化身份会影响跨文化交际，在双方的文化符号意义和行为规范差异比较大的情况下，跨文化交际的难度就会比较大，反之，双方的文化符号意义和行为规范相差较小，那么交流起来就会容易很多。

（2）文化身份与跨文化交际

在跨文化交际中，来自不同文化背景的人之间的文化差异、历史差异、经济差距等都是影响交际的因素，也就是文化身份对跨文化交际的影响。一个人对他人行为的期望值，会对交际造成影响。当我们用自己的文化观念理解他人行为，而对方也用自己的方式理解自己，那么就会产生实际的交际困难。每个人都喜欢用自己的方式看世界，也就是说，我们都会假设他人文化与自己的文化是相似的。但是实际上，这种用自己的文化去理解他人和评价他人的方式，反映的是民族中心主义。

（二）跨文化人的培养方式

1. 增强他们对文化差异的敏感性

文化价值观本质上是一种比较持久的信念。个体和群体的思维方式、行为方式、行事准则、是非判断都会受到文化价值观的影响。因此，不同的文化价值观很容易引起交际过程中的矛盾和误解，发生文化冲突。如果一个人仅仅根据自己的价值观念来行动，那么遇到价值观念差别大的交际者时，很容易造成文化冲突。

在跨文化交际中相互理解非常重要，主要包含三个因素：一是认知约束，指的是群体中不同的世界观对新信息构成的新框架；二是行为约束，指的是不同文化中同一行为的不同含义；三是情感约束，指的是不同文化中情感的表现方式不同。与不同文化的人进行交际是一件很有挑战性的事，文化的差异使交际变得更复杂，如果不了解异文化很容易造成文化冲突。

除了学习自身文化之外，还应该培养学生对文化差异的敏感性。通常我们在遇到其他文化时，会下意识地用自己的文化去了解“异文化”，会觉得异文化很奇怪，那是因为用我们自己的文化去理解其他体系的文化时，是用自己的文化准则去判断，将其他文化模式看成是错误的。这是人类对文化差异的自然反应，也是我们需要努力克服的。因此，我们不应该拒绝不同的价值观和行为方式，而是应该努力去理解各种不同的文化观念。

对文化差异敏感培训是文化障碍消除的重要途径。文化差异敏感指的是个体对文化差异的理解和欣赏的能力，是一种正面情感，有利于个体跨文化交际能力的培养。文化差异的敏感可以从两方面进行培养：一是“知己”，了解母语文化的内涵和特点；二是“知彼”，了解目的语文化的内涵和特点。文化差异敏感的培养，可以帮助学生了解自己和对方的情感，在增强自我意识的同时，提高了对异文化的适应能力，突破文化障碍，减少偏见。

2. 培养跨文化能力

培养跨文化能力，需要进行跨文化培训；解决跨文化交际中的文化冲突也需要依靠跨文化培训。目前，英语教学中主要侧重于语言技能方面的培训，没有注意到文化培训的重要性。

跨文化能力的培养还需要帮助人们树立起全球文化的意识。虽然世界各地的文化普遍存在差异，但是还是具有某些共同特点的，这些共同之处正出现在全球文化中，通过推特、脸书等一些即时通信工具进行传播，大众传媒方式的出现打破了地域和文化之间的界限。在我国，英语教育已经成为文化素质教育的一部分，以培养全球化人才为教学目标。因此，培养学生的跨文化交际能力，能够使学生适应全球市场的要求。培训跨文化能力的做法可以有以下几个方面：

（1）文化讲解

文化讲解指的是将目的语文化知识的概况传授给学生。这也是目前跨文化能力培养中普遍采用的一种方式，也是最简单的方式，以提高跨文化认知水平为目的。目的语的文化知识包含历史、社会、制度、习俗等方面。学生可以通过对目的语文化的学习，来了解目的语国家的价值观，同时也有助于理解母语文化。教师可以在课堂上展示目的语国家的钱币、发票、照片和国内的同类事物进行比较，收集目的语国家的报纸、杂志，与国内的进行对比，从中发现两国之间观念的差异，体会文化之间的不同。

（2）深度分析

教师可以收集一些国外的材料，在课堂上与学生们一起分析讨论。也可以在网络上找到一些经典案例，和学生一起进行深度讨论，提高学生对异文化的观察能力和对异文化的包容能力。还可以进行一些文化模拟活动，让学生扮演不同的角色，通过亲身体验，加强学生对异文化的理解，增强自我意识，提高应变能力。还可以收集一些国外的影像、报纸、广告、宣传片等，让学生们进行观察，找出其中的文化特色，分析其中所表达的价值观。通过深度分析，了解异文化与母语文化的不同，了解不同文化下的思想、价值观及行为方式。

（3）实际体验

学校可以开展与外教和留学生的互动活动，让学生近距离地接触异文化，亲身体验，增强学生对异文化的感知能力。在实际互动中，学生也能够发现自身母语文化中不被异文化接受的行为，有助于培养学生的跨文化交际意识，减少跨文化交际过程中的文化冲突，增强跨文化交际的能力。例如，学生可以去采访一些外国人，然后将采访的过程、感受及自己的分析写出来。

二、跨文化交际能力的培养

（一）跨文化交际能力的界定

有学者从心理角度对跨文化交际进行了解释，提出跨文化交际能力是个体的内在能力，用来处理交际过程中的文化差异以及陌生文化带来的不适感。这一理论强调的是对差异文化的处理能力。

虽然学者们对跨交际能力解释的角度不同，但仍有一定的共性：一是场景的跨文化性，二是行为的有效性和得体性。交际需要在一定的场景中进行，语境指的就是发生交际的场景或场合，交际者指的是交际的角色，在不同文化背景中角色的认知也有所不同。同时，知识的缺乏、负面的情绪都会体现在行动上，可能会导致跨文化交际的失败。通过总结，可以得出跨文化交际指的是在跨文化的环境中，交际者进行得体、有效的交际行为。

（二）跨文化交际能力的内容

在跨文化交际能力的内容方面，各学派的观点也存在差异：①语言学界认为，跨文化交际能力的内容主要包含两方面，一是语言能力，包含语法、词汇、语音等；二是社会文化能力，主要包含处事能力、知识体系、运用能力等。其中处事能力指的是在交际过程中，交际者能够摆脱民族中心主义束缚的能力；知识体系主要指文化参照体系；运用能力指的是交际者对自身能力的运用。②跨交际学派认为，跨文化交际能力的内容主要包含四个系统，一是基本交际能力系统，主要包含语言能力、文化能力、认知能力等；二是情感和关系能力系统；三是情节能力系统；四是策略能力系统。③还有学者提出，跨文化交际能力的内容要视情况而定。首先，同一行为在不同的文化背景中的含义不同，交际者要想进行得体有效的交际，必须有具备丰富的知识、交际的技巧以及合适的动机。其次，要具备跨文化交际能力的基本要素，包含表达尊重的能力、知识定位能力、角色关系行为能力、宽容能力以及解释和评价的能力。综上所述，虽然各学派对交际能力所包含内容的观点不一样，但仍具有一定的共同性，即都包含语言、认知、情感、行为等方面的能力。

（三）培养跨文化交际能力的方法

1. 从阅读文学作品中获取文化信息

获得文化信息的渠道有很多，有宏观的也有微观的，有动态的也有静态的，有书面的也有口头的，总之渠道很多，不一而足。并且单是一种渠道也可以划分出很多方面，如口头方面，就可以分为称呼、介绍、评论、请求等。在扩大文化信息渠道的时候，要优先选择文化信息密集、覆盖面广、具有民族特色的渠道。只有这样的文化信息渠道，才能更好地获取跨文化交际能力的素材。

通常情况下，文学作品提供的材料最生动、最具体、最深入，能够给读者呈现出比较全面的他国文化。由于文学作品能够将事件的背景、场合、过程等都细致地描写出来，每个人都与他人之间存在联系，可以塑造出有血有肉的人物，呈现出来的文化更加生动具体。读者在阅读文学作品的时候就是将自己带入书中的人物，亲自体会人物的悲欢离合，进入作者描写的世界，在不知不觉中吸收文化信息。读者可以在文学作品中间接地体验各种生活，接触不同的文化信息，其生动性和深刻性非常令人难忘。拥有越多文化信息渠道的交际者，获得的文化信息就越丰富，对文化了解刘也就更加深刻、更加全面，这些能够帮助交际者更快地融入异文化的环境中，在与他人进行交际的时候，能够减少文化方面的失误。

2. 语言教学与文化教学相结合

（1）以语言教学与文化教学为导向

随着对跨文化交际研究的不断深入，语言学界对交际进行了全面的探讨，目前达成了一个共识，由于体现交际者的交际能力的不仅是正确的语言、语法，还有得体的语言行为，所以在语言教学方面不能只教语言不教文化。利用语言培养交际能力是语言教学的最终目的，同时，交际能力的培养又受文化因素的影响。因此在进行跨文化交际能力培养的时候要将语言教学和文化教学结合起来。语言本身就是文化的载体，是文化的重要组成部分，二者是不可分割的。如果只教语言不教文化，一定会影响语言的技能传授和教学中文化的导入方式，这样的教学方式是行不通的。真正的教学是要让学生参与其中，逐渐地吸收文化、接受文化、认同文化，最终消除文化交际中的障碍。将文化导入语言教学中，有利于学生准确把握语言中的文化信息，理解语言的深层含义。教师在讲授语言的时候，不能单纯地教语言的规则，也要注重对文化风貌的讲解和描述。

（2）由浅入深的教学原则

在进行语言教学的时候，要遵循由易到难、由浅入深、循序渐进的原则。在初级阶段，将文化融入语言教学中，通过语言教学导入文化。在中级阶段，简单讲授文化的规则和内涵，可以开设专门的文化专题课来提高学生的交际能力。在高级阶段，开设系统的文化课，使学生深入理解文化的规则和内涵。

（3）文化教学结合实践活动

课堂文化教学还可以与课外实践活动相结合。教师可以组织学生进行一些课外实践活动，如参观、游览、访问等。让学生们参与到社会实践中，真实地体验文化，在不知不觉中加深异文化印象，进一步理解和掌握异文化。在课堂教学中，教师要尽可能多地设置课程模式，根据文化的不同特点选择合适的课程模式，激发学生的学习兴趣。

3. 掌握网络词汇

互联网的出现，为不同文化之间的传输提供了一个很好的平台。当代大学生非常喜欢在网络上面聊天、发邮件、发微博等，因此产生了很多与网络交际相关的模式，这些模式的产生既离不开语言也离不开文化。这些网络交际模式属于类推，能够推动语言的使用和发展，而在其背后体现的是人们的认知能力。学习者还可以通过网络观看与目的语文化相关的电影，学习电影中的台词，在提高语言能力的同时，其跨文化的交际能力和认知能力也得到了提升。

4. **收听流行歌曲**

现在的大学生都非常喜欢听歌曲，尤其是流行歌曲。在流行歌曲中，歌名、歌词都非常时尚，可以表达一定的思想感情。将文化通过歌曲的方式表达出来，要比单纯的理论更加生动，有些歌曲里还会出现英汉两种语言，两种语言的出现需要进行语码转换。这种现象在流行歌曲中很常见，非常有利于了解流行文化，能够感知大学生的思想动态和情感状态。因此，可以借助流行歌曲转化文化因子，有效地提高大学生的交际能力。

5. **掌握习语**

习语是各族人民千百年来智慧的结晶，如谚语、歇后语等。这类语言内容丰富、语言精练，传播的范围比较广。我们可以利用习语的翻译来熟悉中西方之间文化的差异，从而提高跨文化交际的能力。翻译就是将异国文化用语言的方式在本国进行传播。原作品就是作者思想和文化背景的载体。译者通过归化法和异化法将原作品翻译成本国语言，了解并掌握其中的文化。在翻译异国文化的时候，翻译的方法不同，得到的结果也不一样。例如，“Love me，love my dog”，如果用归化法，翻译结果是“爱屋及乌”，虽然易于理解，但是没有将西方人特有的文化内涵表达出来。在西方文化中，人们非常喜爱狗，将其视为自己的家庭成员，用异化法翻译为“爱我，也要爱我的狗”。因此，我们在翻译各国特有的文化方式时可以采用异化法来进行翻译，在翻译两国共有文化的时候采用归化法来进行翻译。通过对习语的学习和翻译，了解西方文化，提高大学生跨文化交际的能力。

（四）跨文化能力培养的维度

跨文化能力涉及认知、情感和行为三个方面，跨文化能力的提高是一个由内而外的过程。个体内在跨文化意识的发展远比外在行为方式的模仿与改变重要。在英语课上，学习的内容有外在和内在两个维度。外在维度涉及各种语言和文化知识以及外在的行为活动。内在维度涉及内在各种心理活动和思维方式。在教学实践中，不可将两者孤立，而应作为整体来看待。

跨文化能力培养的内在维度的主要任务是促进学习者对异文化的理解，也包括对各种文化行为的理解。跨文化能力培养时有意义的做法是从大到小，即从普遍的文化知识到关于具体文化的知识。在传授普遍文化知识时，可以研究一些深层次的文化主题，如人和自然的关系、时间感、各种行为以及个体和社会的关系等。这些知识帮助学习者认识到人们采取什么样的方式应对人类共同的挑战，也展示了人类的文化具有共同性，彼此有理解的基础。在此基础上，可以让学习者认识目的语文化中特有的思维和行为方式，这样就可以建立起对比性的课堂教学。这种从普遍文化知识到特有文化知识的学习过程简化了跨文化能力的培养，如角色变换、角色距离、容忍能力等在这个阶段得到训练和促进后，学习者再学习各种交际策略就会容易很多。相反，如果在跨文化训练课上，先从某种具体文化入手，学生会只见树木不见森林，学习效果就会大打折扣。在外语课上的跨文化训练也可采取从普遍文化认知到具体文化认知的方式。由于学生正在学习某种文化的语言，通过语言这座桥梁，学生可以更好地认识和理解该文化的思维和行为模式，有助于他们较快提高自身的跨文化能力。

三、跨文化交际意识的培养

（一）第二语言学习课堂中进行文化教学的必要性

语言离不开文化，实际上，我们研究文化与语言之间关系的目的就是使文化本身成为第二语言学习课堂中不可或缺的一部分。如果学习某种语言，只是单纯地学习词汇和句式，不去了解文化的话，那么这种学习会变得枯燥乏味，是一种无谓的尝试。

对于学习第二语言的学习者来说，对第二语言文化的理解不但能够帮助其学习语言，还能够激发学习者对文化的兴趣。一般来说，英语学习者对文化懂得越多，就会想要了解更多。不仅要了解英语的语言知识，还要了解英语使用者的思维、感觉、行为、习俗等。对这些相关文化的了解，有利于学习者使用英语与该国人进行跨文化交际。

（二）文化意识形成的不同阶段

在目的语文化的学习过程中，学习者从最初的文化定式到真正的移情，需要经历不同层次的文化意识，才能最终形成。而且受学习者的知识水平和文化差异的影响，每个人最终能够达到的文化意识层次也不相同。有研究者将文化意识形成层次进行了简单的划分。

1. 文化定式

在这一层次上，学习者能够感受到文化的信息，主要是学习者认定的目的语文化事实、学习者对目的语文化持有的定式以及学习者认为的目的语文化的“不足”。例如，在进行英语学习的时候，会有部分学生先入为主地认为美国的男性喜欢喝啤酒并且喜欢穿牛仔裤、美国女性都很开放、美国人民都有汽车等。这些不同程度上的文化定式，都会对了解目的语文化造成困扰。

2. 浅层的理解

这是文化意识的第二个层次，在这一层次的学习者能够了解更多有关目的语文化的细节和特点，并且可能会感到失望或者沮丧。学习者们观察到的事物、了解到的信息还只停留在表面，只有浅显的理解。例如，在这一层次的部分英语学习者会发现美国人很友好，人际关系很好，但有些美国人仅仅是表面上比较友好；还可能有些学生会发现美国人的某些约会邀请仅仅是礼貌性的，没有任何实际意义。刚刚发现这些文化特征的学生可能会感到迷茫、困惑，甚至是恼怒，但是他们并不了解这些文化背后真正的原因。

3. 深层的理解

这是文化意识形成的第三个层次，学习者不再仅是从文化载体本身来理解文化，而是逐渐地深入理解文化，并逐步接受文化。在这一层次的学习者能进行主观防御，可以掌握目的语文化，并与自身文化结合，能够理解目的语文化带来的复杂信息。例如，以英语为第二语言的学习者，已经能够理解以英语为母语国家中人们的思维，能够接受不同民族的文化和文化群体的行为。

4. 移情

学习者的文化意识达到这一层次，才能被称为是真正的文化适应，是学习者能超越自己母语的文化框架，获得某一文化的真正文化立场。文化适应能够影响学习者在社会和心理上与目的语文化成员之间的距离，只有二者之间的距离缩小，学习者才能逐渐适应新文化，并且产生认同感。

通常学习者在学习第二语言的时候，都希望能够尽快了解目的语的文化社会。但是，实际上大部分学习者并不能完全了解目的语文化。有时候，学习者在跨文化课堂上对目的语文化的理解，依靠的还是母语文化的理解方式和行为方式，并没有真正地理解目的语文化，甚至有的留学生并不想改变其文化人的身份，只是想掌握第二语言技能或者是获得目的语国家的学位。

（三）文化教学的目标

那么对于第二语言教学来说，文化教学的目标是什么呢？教师是否应该让学生停留在文化定式层面，坚持自己的母语文化和行为模式呢？教师是否应该让学生了解他的目的语文化框架，仅是留在浅显理解的层次上呢？教师是否应该引导学生深层次地理解目的语文化呢？教师是否应该让学生形成真正的文化适应，培养学生的文化移情能力呢？

实际上语言教学的教学目标在一定程度上取决于学生的需求和目标。来学习第二语言的学生在学习能力、文化水平、学习目的、学习需求等方面都存在差异。因此，作为语言学教师给出的建议有：①第一个文化意识层次，也就是文化定式层次，是每一个第二语言学习者都应该努力超越的层次。②第二个文化意识层次，浅层理解的层次是每一个第二语言学习者都应该达到的层次，并努力达到深层理解层次。③第二语言的学习者除了要深入理解母语文化和目的语文化之外，对于世界其他国家的文化也要深入理解。这样的话，学习者至少能够达到文化意识的第三个层次。同时这也是跨文化交际的需要。④对于选择通过在他国生活或者学习的第二语言的学习者来说，建议他们努力达到文化意识的第四个层次——移情，做到真正的文化适应。

文化学习并不是简单地进行文化信息的堆砌，文化学习是一个不断深化的长期过程，学习者最终达到的层次也存在差异。同时，文化学习又是一个个人行为，学习者文化意识的形成受学习者本身的诸多因素影响，这就需要第二语言的教师不断讲解和讨论，帮助学生完成文化意识培养的目标。

（四）培养跨文化交际意识的课堂类型

如果文化教学只是简单地将文化理论灌输给学生，那么学生会逐渐对目的语及其文化学习丧失兴趣，也就无法培养学生的跨文化交际能力。实际上，在文化教学过程中，除了要将丰富的理论知识传授给学生之外，教师还需要设计出具体的课堂教学活动，形成有趣的跨文化交际课堂，有利于学生更好地理解和体会目的语文化，以及目的语文化中人们的行为。只有这样才是真正有意义的跨文化课堂，才能真正地提高学生的跨文化交际能力。根据文化教学方式的不同以及实施方式的不同，我们将跨文化课堂大致划分成以下八种类型：

1. 体验目的文化型

对于这类型的文化教学活动能采用的形式有很多，如邀请专家举办某一主题的讲座，可以安排一些问答的环节，让学生能够真实地体验一些社会场景。仅仅是这些还远远不够，教师还可以鼓励学生多与目的语文化的人接触，如果能找到年龄相仿的目的语文化成员就更好了，二者之间可以交流共同的兴趣话题，进一步增强学生对目的语文化的了解。

2. 教师讲解与展示型

在文化教学中，教师的课堂讲解是非常重要的，但是文化教学不仅仅是教师讲解的活动。学生还要学会从周围的同学或者目的语文化的成员身上学习文化知识，甚至要比从教师身上学到的多。在文化教学课堂上，教师不应该仅仅是一个演讲者，而是要成为文化教学活动的组织者和倡导者。

3. 欣赏音乐型

音乐本身就是不分国界的，可以说是一种国际化的语言，学生可以通过欣赏音乐作品来学习目的语及其文化内涵，使学生在轻松愉快的氛围下学习，激发学生的学习兴趣。在音乐课堂活动中除了可以欣赏不同类型的音乐之外，还可以进行唱歌、写歌、演奏乐器等活动。

4. 展示实物与绘画型

在跨文化课堂上布置一些目的语文化的实物、照片及图画，为学生们营造出良好的目的语文化氛围，让学生们置身其中，时刻感受目的语文化的象征物。这一类型的课堂活动，有利于学生将母语文化和目的语文化进行对比。教师可以让学生们猜测这些物品的用法、意义等，加深学生对目的语文化的理解。

5. 文化模拟型

文化模拟活动的形式也有很多种，并且都能够帮助学生学习第二语言，了解目的语文化。同时，文化模拟活动还可以帮助学生分析在跨文化交际过程中产生的误会和矛盾。例如，进行角色扮演的文化模拟活动，学生可以在一个比较轻松的环境下，呈现文化并及时发现语言和文化上的错误。

6. 调研型

这一类型的课堂活动主要是由学生自行选取和设计的，既可以以个人的形式开展，也可以与他人合作进行。这类活动一般在大学阶段的课堂活动中使用，学生可以自行设计并实施文化学习活动。例如，目的语文化中某些菜肴的讲解、针对目的语文化成员某些方面的调研、对目的语文化中某一时期音乐的简单研究等。这些都是很典型的活动，教师可以给予一定的启发，促进学生进一步的创新。

7. 学习风格清单型

这种课堂活动类型比较能引起学生的兴趣，为学生提供大量的文化信息，引导学生去观察来自不同文化的学生展现出的不同学习风格，同时，也能够体现出不同文化的信仰。据调查，学生很喜欢这种课堂活动形式，乐于列出不同种类的学习风格清单。分析不同文化群体的学习风格是非常有趣的，学生们不但需要思考其他文化成员如何看待学习，还需要分析怎样的策略能够帮助他们学习文化和语言。当然，并不是同一文化背景就会产生一样的学习风格，不同文化也会产生相似的学习方式。例如，大多数的亚洲学生都比较内向，但是分析能力很强；大多数的西班牙学生性格外向，学习风格比较开放。

8. **课堂讨论型**

课堂讨论活动可以采用不固定的文化讨论形式，也可以只针对某一文化的特定方面进行讨论。这一类型的最重要的作用是培养学生的文化意识，并且效果非常好。课堂讨论活动的实施需要刺激方法和输入方法的配合，例如，阅读文化作品、欣赏文化影响、模拟文化活动等方式。

四、跨文化交际能力的培养途径和策略

（一）提高跨文化交际能力的途径

1. **认识自我**

据传“认识自我”一词出自苏格拉底，是一句古希腊的格言，被雕刻在阿波罗神庙廊柱上。交际包含十个构成要素。在交际过程中，我们一般都会关注交际对象的反应和信息，往往忽视自己的认知、情感、态度等。因此，认识自我就是要求我们对自己的文化、态度、风格等进行了解。

（1）了解自身文化

通常人们会将本民族的文化作为行动指南，用自己民族的价值观、行为规范来衡量别人的行为。如果人们能够了解自身文化的优点和缺点，那么就能够帮助人们克服自身文化中的狭隘倾向，从而提高跨文化交际能力。

（2）了解自己的情感态度

在交际过程中情感态度非常重要，它往往决定了我们的交际质量。我们在与他人交际之前，一般会有一个预先的印象，给我们带来一定的情感态度。这种在交际之前就产生的情感态度，就像是一副“有色眼镜”，会对我们看到的客观现象产生影响，甚至产生误解。如果我们能够在交际之前意识到这一问题，尽力去克服这种主观情绪，就会减少交际过程中的负面情绪。

（3）了解自己的交际风格

所谓交际风格，指的是交际者在交际过程中，喜欢的交际方式、交际话题、交际渠道、交际参与度以及交际者在交际过程中的情感和内容。通常人们在交际之前会先了解一

下对方的交际风格，却很少有人了解自己的交际风格。这就会导致交际过程中的感觉偏差，如果你认为自己是一个开放型的风格，而对方感受到的却是内向型的交际风格，就可能会对交际造成影响。

2. 考虑物理环境因素和人为环境因素

（1）时间概念

时间概念在任何领域都是非常重要的。在交际过程中，知道该在什么时间谈论什么话题，这也是交际强者的必备能力之一。因此，我们需要了解不同国家的“时间”文化，这有助于提高交际的效果和效率。有些国家文化是单一时间取向，如美国讲究做事的效率，在交际和谈判中都比较直接，对时间的要求比较严格，在约会的时候如果迟到，需要向对方道歉。而在多时间取向文化的国家中，人们不会严格遵守时间，但是要在约会之前与主人确定好时间，如在墨西哥，人们可以在午休时间签订合同，也会出现在会议快结束时才开始谈论生意的现象。

（2）物理环境

文化在交际中有十分重要的作用，并且在不同的语境中不同文化的交际规则相差很多。因此，交际者需要了解自己所处环境中的交际要求，通过非语言交际的时空语来帮助交际，使自己的行为举止更得体。例如，美国在谈判的时候会比较严谨，通常会安排在会议室进行，气氛紧张。而阿拉伯人不喜欢这种严肃的气氛，为了避免正面的冲突，他们通常会选择圆桌会议。

（3）习俗

最能够反映人们价值观和行为模式的就是一个民族的文化习俗。能够了解并适应当地的文化习俗也是跨文化交际能力之一。如果不了解当地的文化习俗，那么在交际的过程中会遇到很多困难。因此，我们在去国外之前，要先对当地的文化和习俗等基本常识进行了解，以便我们能够更好地适应当地的环境，更好地交际。

3. 掌握不同的交流方式

（1）学习语言

语言是交际中重要的工具之一，交际者能够熟练地掌握对方的文化，使用对方的语言，是一种重要的跨文化交际能力。当然，世界上语言种类很多，我们不可能全部学会，但是要学习你要前往国家的语言或者世界上的通用语言，如英语。在大多数国家，英语被作为第二语言使用，也是高校主要开设的外国语课程。因此，无论是否出国，学好英语都是十分重要的。当然只是学习语言还是不够的，我们需要宽泛地掌握更多文化方面的知识。

(2) 认识语言和文化的关系

文化信息的载体是语言，语言反映的是文化的传统，如习语和谚语。据调查，在以英语为母语的国家中，人们常用的习语有一万五千多条，英语习语表达的意思通常与字面意思不同。因此，我们只有了解习语文化，才能真正地理解习语，从而正确使用习语。

(3) 非言语交际系统

人们在进行交际的时候，不但会使用大量的语言符号，而且会伴随着非语言交际符号，如目光、神态等。这些非语言符号在不同文化中的意义也是不同的，不正确使用非语言符号会引起矛盾和误会。因此，跨文化交际者要正确掌握非语言交际符号的含义和使用方式。

4. 移情能力

情感态度的核心部分就是移情能力，指的是交际者能够跳出自身文化的束缚，不用自己的民族价值观去评判他人的文化，能够设身处地为他人着想。

5. 学习处理冲突

无论是在本国文化的内部交际中，还是在跨文化的交际中，冲突都是不可避免的。能够引起冲突的原因有很多，而且不同的文化，在看待冲突的时候也会有不同的态度。

(1) 退避

避免冲突发生最常用的方式就是退避，这也是最简单的方式。退避包含两种形式：一种是身体上的，比如远离冲突，表达不愿意卷入冲突的态度；另一种是心理上的，比如，保持沉默，不参与谈话。

(2) 和解

采用和解的方式处理冲突，意味着要放弃自己的立场和观点来满足或达到他人的要求。这种处理方式一方面表达了交际者无所谓的态度，另一方面说明了交际者的软弱，最终结果就是被另外一方占便宜。

(3) 竞争

竞争的方式是双方都坚持自己的立场和观点，争取胜利，将自己的想法和要求强加于人。

(4) 折中

采用折中的方式处理冲突，是为了使双方都能够同意和接受。使用折中策略解决冲突的时候，代表交际双方都要牺牲某些东西，做出一定程度的让步，最终得到解决冲突的方式。

（5）合作

采用合作的方式解决冲突要建立在双方都想解决冲突的基础上，通过积极的方式看待冲突，提出切实可行的解决方法来满足双方的目标和需要，这也是所有方法中最理想的一种。

（二）跨文化交际能力培养的策略

培养的策略是跨文化交际能力形成的土壤，又是跨文化交际能力研究的主要内容和目的之一。为了满足跨文化交际对于学习者能力的要求，跨文化培养的专业人士在理论研究、课程开发和教学方法设计上下了很大的功夫，大大丰富了英语教学中跨文化交际能力培养的内容。

1. 积极看待异文化并促进其对自我价值的认识

对于英语专业大学生来说，他们大多对异文化只有粗浅的了解，也少有与来自目的语国家中的成员的交往。因此，应当引导学生在跨文化交际发生之前和进行当中，先假设来自异文化的对方是善意的，是寻求与自己的理解和交流的，假设异文化和中国文化在深层次上有很多共同点。这样积极地看待异文化及其成员的态度也会辐射到跨文化交际的对方，促进双方的好感与信任感的建立，形成一种有益的跨文化交际场景，促进跨文化交际的良性循环。这样，在这个过程中，即使出现文化差异或令人困惑的情况，双方也能遵从与人为善的原则共同找到解决办法。

2. 探索母语文化与目的语文化

如果对异文化怀有浓厚的兴趣，则更有助于人们理解异文化的成员，有助于培养跨文化移情能力。因此，要培养和促进英语专业学生的跨文化能力，应当培养他们对于新事物的好奇心和勇于探索的精神。应当让学生领悟到，学习就是对安全感的放弃，应当培养学生不将新事物和陌生的环境看作危险和威胁，而是看作拓宽眼界、发展个性的机会。

探新求异在我们中国的教育过程中一直受到忽视，很多大学生可能是考试高手，但大多怯于探索新事物，这也是多年应试教育所产生的结果。要培养英语专业学生的跨文化能力，很重要的就是要培养学生对母语文化和异文化的兴趣。

3. 培养学生多视角看待问题的能力

引起文化之间冲突和误解的大部分原因都是由于人们会戴着“母语文化”的眼镜去看世界，将自己民族的风俗习惯、思维方式、价值观等作为世界的统一标准，因此，在大学英语教学的跨文化交际能力培养中，要帮助学生了解自身文化，意识到自己的民族主义思想，并通过学习和实践逐步克服。

理解他人基于自我理解，首先可以帮助学生批判性地审视自己惯常的思维方式、行为方式和价值观，使学生认识到每一个人都是受到文化的影响的。如张红玲所强调的，学习者对潜移默化形成的价值观和参考框架进行反思和质疑，这种自我反思能减少或消除民族中心主义思想。因此，有必要首先引导学生分析文化对自我的影响，培养文化反思能力，如分析自己在何种程度上受家庭、所属集体、教育、社会、价值观、传统等的影响。通过自我分析可以帮助学生认识到民族中心主义思想的存在，并在一定程度上加以克服，从而不以母语文化的“有色眼镜”看待另一种文化。

4. **培养学生的文化敏感力和跨文化移情能力**

一个具有较强文化敏感力的人，对跨文化交际过程中的文化异同、轻重缓急、敏感地带等十分敏感，跨文化能力培养的一个重要方面就是培养学生的跨文化敏感力，使其了解掌握异文化的主要价值观、思维方式和行为方式，具有对异文化基本特征的感性和理性分析能力。培养学生的文化敏感力，就是培养他们对文化表层的现象有敏锐的感知和觉察，同时培养他们探究和分析文化表层现象背后的文化深层原因和本质的能力。

文化敏感力不是与生俱来的，而是需要通过学习形成。文化敏感力的培养需要由表及里、由浅入深、循序渐进地发展。在英语专业学生跨文化能力发展的初期，可以训练他们对处于文化表层的母语文化和异文化基本特征进行观察与描述，训练他们发现常人不易发现的事物与现象。在此基础上，引导他们对所感知到的事物与现象进行文化比较和文化深层次原因分析，同时学习多视角看待和分析问题，尤其学习从异文化成员的视角来感知、判断和分析事物和问题，提高跨文化移情能力。

跨文化移情能力是指尽量站在来自另一文化的他者的立场去思考、去体验、去进行跨文化交际。培养跨文化移情能力，就是要跨越和超越母语文化的局限，使自己处于异文化成员的位置和思维方式，设身处地感悟对方的境遇，理解对方的思维和感情，从而达到移情或同感的境界。

第三节　英语翻译教学中跨文化交际能力的培养

在跨文化交际视角下，翻译教学的目的在于培养高素质的翻译人才，为以后的交际服务。因此，在大学英语翻译教学中，需要注重跨文化交际能力的培养，具体来说可以从以下两大层面着眼：

一、文化语言能力的培养

文化语言能力是翻译能力的基础。也就是说，文化语言能力培养在翻译能力培养中有着十分重要的地位。具体来说，可以从如下两大途径入手：

（一）扩大人才的知识面

在我国翻译人才培养中，扩大人才的知识面非常重要。因为对于中国学生来说，英语学习环境本身是缺乏的，加上传统培养观念的根深蒂固，导致学生学习语言的积极性较差。很多人认为学习好课本知识就可以了，但是实际上，学好文化知识与文化翻译策略才是最重要的。

翻译是一门综合性学科，很多领域的活动都会包含在内，如果译者不熟悉语言基础知识，那么他们就很难对翻译文本进行准确的理解。如果译者的知识面很窄，那么他们就很难进行复杂文本的翻译工作。

（二）培养人才的语用能力

学生提升自己的语用能力，有助于更深层次地理解文本的文化知识。在跨文化交际能力培养中，教师可以从英美文化出发，为学生讲解不同的文化差异与文化现象，从而让学生对不同文化有不同的感受，提升自己学习他国文化的乐趣，进而提升翻译的兴趣。

另外，翻译教材的选择也会影响学生语用能力的培养，教师应该选择那些包含文化差异与文化知识的教材，让学生对语言使用的方式有清晰的了解。另外，教师还可以为学生设置跨文化语用场景，让学生了解语言的语用情况。

二、文化策略能力的培养

（一）归化与异化策略

1. 归化和异化的由来

1995 年，美国翻译理论家韦努蒂（Lawrence Venuti）在《译者的隐形》（*The Translator's Invisibility*）中提出了异化策略和归化策略。异化和归化可以看作直译和意译概念的延伸，但不完全与直译、意译相同。直译和意译关注的最本质问题就是如何在语言层面上处理形式和意义。异化与归化则突破语言的范畴，将视野扩展到语言、文化、思维、美学等领域。

“化境”是20世纪60年代我国翻译理论中较为重要的一个。这一观点是由钱锺书提出的。钱锺书在《林纾的翻译》一文中指出“化”是文学翻译的最高理想。译者将作品从一种语言转变成另外一种语言的过程中，不可因语言习惯的差异而露出生硬牵强的痕迹，完全保存原作的风味，就算实现了“化境”。钱钟书将这种现象也称作“脱胎换骨”。他认为，译本是否忠实于原文，要看其读起来是否像读原文一样自然。

可见，翻译研究者们对“归化”“异化”的争论早已出现，并且一直没有停止。如今，有关归化和异化翻译策略的文章非常多，并且都有着各自的观点，出现了百家争鸣的局面。

2. 归化策略

归化策略是指对源语表达形式进行省略或替换，找到地道的表达形式表达译入语的一种翻译策略。这一策略的运用会致使源语文化意义丧失，更符合译入语的文化意义。

3. 异化策略

异化策略是指译者对源语文化进行保留，并且尽量贴近作者表达的策略。虽然语言是对客观世界的反映，但是受不同思维方式与文化背景的影响，不同民族对同一事物的认知也存在明显的差异。译者在翻译具有丰富历史色彩的信息时，应该尽量保留其文化背景知识，采用异化策略是比较好的选择，有助于传递源语文化信息。

（二）归异互补策略

归化与异化是文化翻译的两大主要策略，从上述分析可知，二者是对立统一的关系，都存在着各自的适用范畴，但是在一些语境中，仅仅选择其中一种并不可行，甚至无法将源语的真实内容与意义传达出来，这时就需要将二者相结合，采用归异互补策略。

要想成为一名好的译者，首先需要能够在运用归化策略与异化策略时，找到二者的折中点，然后根据这一折中点，对原作进行仔细品读，采用合适的翻译策略。当然，译者需要弄清楚原文的底蕴，然后从翻译目的、作者意图等层面考虑，谨慎地对翻译策略做出选择，这样才能把握好翻译的分寸。

总而言之，译者在处理归化与异化的关系时，注意一定要适度。具体而言，在采用异化策略时，译者一定要保证不影响译文的理解；在采用归化策略时，译者一定要保证不改变原作的风味，力求做到真正的“文化传真”。

就这一意义而言，异化策略在文化层面上有强烈的表现，而归化策略在纯语言层面有强烈的表现。需要说明的一点是，即便在同一篇文章中，翻译策略也不是唯一的，不能仅使用一种策略来进行翻译。在对待不同的文化问题时，一名好的译者应该洞察其中的文化知识，发挥自身的跨文化意识，采用恰当的翻译策略进行翻译，争取做好一名文化传播的使者。

（三）文化间性策略

所谓文化间性策略，是指基于文化间性主义与文化间性观而逐渐形成的一种翻译策略。在文化间性主义者看来，译者在进行文化翻译时应该保证互惠互补、相互协调的文化关系。不同文化有着明显的差异，运用文化间性来处理这些差异，有助于找寻二者的共性，实现不同文化之间的互动。

作为一名好的译者，他/她应该具备文化间性的身份，对不同文化的组成要素进行内化，同时对不同文化的进步与发展情况持有开放、接纳的态度。在这种文化间性理念的指导下，译者可以从容地参与到文化翻译实践中，具体可以实现两大效益。

（1）译者保持开放的心态，对不同文化进行接纳与包容，从而采用得体的策略处理不同文化。

（2）译者对源语文化进行拓展与开发，在共性思想的指导下，分析源语文化，进而将源语文化推向世界。

从上述定义与理念分析中可知，文化间性是对归化策略与异化策略所存在的极端主义的弱化，也是对“信、达、雅”翻译标准的支持。

（四）文化调停策略

在文化翻译中，文化调停策略被广泛运用，下面就对这一策略的概念与具体的运用进行分析和探讨。

1. 文化调停策略的概念

文化调停策略是指将一部分文化因素省略不译，甚至将全部文化因素省略不译，直接翻译其中的深层含义的一种翻译策略。

2. 文化调停策略的运用

显然，文化调停策略是针对归化策略与异化策略来说的，即如果这两种策略不能解决真正的文化问题时，这时译者就可以采用文化调停策略。这一策略可以让译文更具有可读性，而且能够减少归化策略与异化策略中的文化问题，但是其也有一定的局限性，即不能保留文化意象，因此不利于文化交流。

（五）文化对应策略

所谓文化对应策略，是指采用译入语文化中知名的事件、人物等，对源语文化中的内容进行解析与诠释的一种翻译策略。例如，“梁山伯与祝英台”是中国人广为熟知的，但是在西方人眼中并不知道两人到底是谁，如果将其翻译成“罗密欧与朱丽叶”，那么西方人就知道什么意思了。同样，“济公”与“罗宾汉”的互换也是如此。

需要说明的是，在归化、异化、归异互补、文化间性、文化调停、文化对应六种文化翻译策略中，归化策略与异化策略仍旧占据主导地位，但是呈现对立统一的关系。归化策略的运用是译者为了照顾译入语读者，在翻译时偏向于译入语读者；而异化策略的运用是译者为了对源语文化读者进行照顾，在翻译时倾向于源语文化读者。在具体的翻译实践中，译者需要把握好度，选择合适的翻译策略，否则就会走入极端。当然，如果这两种策略仍然无法解决具体的文化问题，那么译者就应考虑运用其他因素，这样才是真正优秀的译者。

第七章 文化自信视角下跨文化交际能力培养路径的革新

因为对文化教学意义的认识不够全面、深入，对文化学习过程和内容了解得太少，所以如今英语教学中的文化教学有很大的局限性，仅停留在具体文化信息的传授上，忽视了文化能力的培养，这一方面阻碍了跨文化交际能力的培养，另一方面延缓了英语学习的进程。基于此，在文化自信的视野下，必须将英语教学的文化功能充分发挥出来，必须像习得语言那样习得文化，并对跨文化交际基础知识进行熟知，了解我国外语界对文化学习的态度以及影响学生英语学习的主要因素，并在此基础上培养学生的跨文化意识与跨文化交际能力，这样才能真正地培养出适合国家需要的应用型人才。

第一节 线上英语教学跨文化交际能力的培养

一、线上英语教学简述

（一）线上英语教学的意义

1. 更新教学观念

网络技术的创新与应用可使教师对教学过程与教学资源利用有新的思考，进而促进教学观念的更新。传统的英语教学以教师为中心，教师作为传授知识的主体，在英语教学过程中发挥着十分重要的作用，而且这种作用被放大化，整个教学都围绕教师来进行，学生只是被动地参与学习。教师是教学技术（黑板、教学教具模型）的绝对使用者，学生只是被动观看。在英语教学观念方面，网络技术的应用为英语教学的发展提供了新思路、新思想、新办法，促进了现代教育观、现代学校观、现代人才观的形成。

在现代英语教学中，网络技术在英语教学过程中得到了广泛利用，不仅增加了师生之间的交流与沟通、实现了师生之间交互的双向教学，教师从单纯地讲授书本知识转变为利用多媒体技术进行教学设计。网络技术在英语教学过程中的应用，学习者从被动地接受知识转变为利用网络技术进行自主学习，学生能更加主动地获取知识，教师也在英语教学过程中逐渐建立起以学习为中心的观念，“应试教育”更加彻底地向“素质教育”转变。

2. **提高教学质量**

网络技术的应用极大地提高了英语教学质量。具体来说，英语教学质量的提高表现在英语教学过程中真正实现了英语教学目标，促进了学生的德、智、体、美、劳多方面的发展。网络技术在英语教学过程中的应用对于学生的多方面素质的发展均有较高要求，学习过程中学生的各项知识与技能不断得到提高，手、眼、耳、鼻、口各个感官共同应用到英语学习过程中，还促进了学生大脑思维的发展，可实现学生的全面发展。网络技术对英语教学质量提高的促进作用具体分析如下：

首先，网络技术为教学提供技术支持，能为现代英语教学提供一个良好的交互环境，给学生提供更自主学习的机会，使学生更加主动地投入学习中去，更加积极地去搜集，处理、加工，反馈各种学习信息，有助于增强学习效果，促进学生主动发展、个性化发展，提高个体化英语教学品质。

其次，在新时代，网络技术与英语教学的结合无时间、空间的限制，有利于创建英语教学的大格局，能更加高效地调动各种英语教学资源，使得优质的英语教学资源得到有效整合，扩大优质的英语教学资源的受益面，进而促进英语教学质量的整体提高。

最后，现代化的英语教学强调高素质全面发展人才的培养，强调学生的发展应与社会发展相适应，现代英语教学为提高教学质量和促进英语教学为社会现代化发展服务，新的英语教学观念将会催生新的英语教学质量评估体系和评价方式，并有助于建立信息全面的大数据跟踪与检测，促进每一名学生的真正发展。

3. **转变师生角色**

在网络英语教学中，最大的障碍是教师角色的转变。网络环境下的英语教学通过“传递信息”和“吸收内化”过程的转变，教师由知识的传授者转变为学生学习的指导者、服务者；学生由被动的接受者转变为主动的研究者。

4. **提高教学效率**

生产技术的改革必然会促进生产效率的提高，在教育领域，技术也具有相同的提高教学效率的作用。所谓教学效率，具体是指一定时间内完成的更多教学任务，或者完成相同教学任务量使用更少的教学时间。网络技术的发展和英语教学的结合可缩短英语教学时间，能更加高效地实现教师和学生在英语教学过程中的知识输出与输入。在网络英语教学过程中，丰富而先进的网络技术可使学生综合利用多种感官进行学习，使学生充分获取知识。有实验证实，在学习过程中，学生利用的感官越多，越有利于学生对知识的记忆、理解，就越能帮助学生获得较佳的学习效果，进而提高英语教学的效率。

5. 促进教学改革

网络技术的发展是英语教学改革与发展的制高点和突破口，引起了英语教学领域的多方面变革，具体分析如下：

（1）英语教学组织形式的变革

在传统的英语教学中，英语教学组织形式是以学校、班级和课堂为主场所，在英语教学过程中，也重视学生的个体化发展，提倡个别答疑、分组学习，但是，受多种条件限制，学生的统一化教学仍是主要教学形式，学生的个性化教学难以实现。随着网络技术在英语教学中的应用，学生的小组学习、个别化学习成为可能。例如，网络化的传输功能可以在各种学科实现实时交互学习。

（2）英语教学手段与方法的变革

网络技术在英语教学实践中的应用，为教师的多样化灵活教学提供了更多的技术支持，也能丰富学生的感官体验，有助于提高教师和学生的教与学的积极性与主动性，教育手段多媒化，教学方法多样化。在英语教学实践过程中，教师对多样化的英语教学工具与方法的选择，能为学生的不同英语教学内容的学习提供最佳的教学环境与教学体验。

（3）英语教学模式的变革

在英语教学模式上，传统的英语教学模式限于教室、教师、黑板和教科书。现代教学媒体改变了原有英语教学过程的结构，形成了多种人—机结合的教育新模式。网络技术在英语教学中的应用突破了有围墙的学校模式，使教师的“教”与学生的“学”均摆脱了学校、课堂、时间、地域的限制，远距离教学的模式——“网络大学”“开放大学”“全球学校”得以实现。

6. 扩大教学规模

网络技术能扩大教育规模，加速英语教学的发展。从当前我国的英语教学现状来看，国家正在实施科教兴国战略，充分利用网络技术，开展各种远程教育，使更多的偏远地区的学生受益，客观方面大大节省了师资、校舍和设备，并有效促进了英语教学规模的扩大。

7. 匹配学习活动与学习环境

按照学习过程是否需要交流协作或独立思考，可以将学习分为独学和群学。独学以独立思考为特征，如知识传授；群学以协作交流为特征，如知识内化。学习环境也有两类：私环境和公环境。私环境如家里，安静，干扰少，适用于独立思考，适用于独学；公环境如课室，公共场所，适用于交流分享、协作探究，适用于群学。网络英语教学将“在课堂学习知识，在家完成作业”的方式转变为“在家观看视频学习知识，在课堂讨论学习”，实现了学习方式与学习环境的完美匹配，即适宜群学的学习内容和与适宜群学的环境相互匹配；适宜独学的学习内容与适宜独学的学习环境达到高度的统一。网络英语教学的最大潜力和最大特色可以认为是实现学习活动与学习环境的完美结合与匹配。

（二）线上英语教学的理念

既然是教学，那么必然与教学理论及学习理论有着密切的关系，当然英语教学也不例外。在网络技术背景下，英语教学还需要遵循特定的教与学理念，下面就对其进行具体分析。

1. 视听教育理论

（1）视听教育理论的核心——“经验之塔”

在教育中，教师会运用到各种视听教学媒体，这些教学媒体也发挥着非常重要的作用，视听教育理论也指出了这一点。视听教育理论是现代教育技术应用的基础理论之一，也是教育技术应用需要遵循的一个基本规律。“经验之塔”理论将人们获得的经验划分为三种类型：做的经验、观察的经验和抽象的经验，并将经验获取方法分成若干层次。

做的经验主要源自如下三个层面：直接有目的的经验、设计的经验、游戏的经验。其一，直接有目的的经验。在“经验之塔”模型中，位于最底部的是直接有目的的经验，指的是从日常生活的具体事物中获得的知识，这类经验最具体也最丰富，从日常生活中总结而来，学生获得直接经验是形成概念和进行抽象思维的基础。其二，设计的经验。通过间接材料（如学习模型、学习标本等）获得的经验就是设计的经验。由人工设计、仿制的学习模型和标本与实物是有差异的，如大小差异、结构差异、复杂度差异等，尽管如此，学生利用这些材料可以更好地理解实际事物。其三，游戏的经验。通过演戏、表演等获得的经验更接近现实。学生要获得关于社会观念、意识形态、历史事件等事物的经验，通过直接实践是行不通的，因此要根据这些事物的特点来设计相应的活动，让学生在活动中通过角色扮演获得逼真的经验。上述这三种经验的共同特征是都通过学生的亲自实践而获得，比较具体、丰富。

观察的经验主要源自如下几个层面：其一，观摩示范。学生先模仿别人，再亲自尝试，以获得直接经验。其二，广播、录音、照片与幻灯。学生听录音、广播，看幻灯与照片，可获取相关信息，形成视听经验。这些经验来源的真实性不及电视、电影，比较抽象，但和完全抽象的经验相比，还是具有直接性的。其三，参观展览。学生通过观察展览活动中陈列的实物、图表、模型、照片等事物而获取经验。学生在参观展览中看到的事物缺乏真实性，也不具有普遍意义。其四，电视与电影。学生观看电视与电影获得的经验是间接的。利用电视、电影艺术可以将教学中的难点内容形象表现出来，表现手法有编辑、动画、特技等，采用这些丰富的手法可以生动形象地呈现教学内容，使学生理解起来更方便。电视和电影相比，具有直接功能，学生观看电视获得的经验比观看电影获得的经验相对来说更直接一些。其五，见习旅行。学生在参观访问、考察等活动中对真实事物进行观察与学习，从而增长见识，获得丰富的经验。在学生的学习过程中，抽象思维伴随其整个过程，只是在程度上存在某些差异。随着信息技术的推广与发展，应在这层经验和电视电影之间增加“计算机互联网”这个新的层次经验。以上经验的共同点是都通过学生的“观察”而获得，它们在“经验之塔”中的分布越高，就越抽象。

抽象的经验主要源自言语符号与视觉符号两大类。其一，言语符号。在“经验之塔”模型中位于最顶端的言语符号的抽象程度是整个模型材料中最高的。言语符号是事物与观念的抽象表示方法，包括口头语、书面语等。言语符号几乎不能单独发挥作用，而要和模型中的其他材料结合起来发挥作用。其二，视觉符号。学生在示意图、图表等事物中获得的经验都是视觉符号经验。例如，水的流动方向用箭头代表，铁路用线条代表等。这些符号是真实事物的抽象表示形式，学生在这些视觉符号中无法看到真实事物的形态。和语言文字相比，视觉符号更直观一些，学生要对视觉符号所代表的事物有正确的理解，这样才能学到知识，获得有价值的经验。

（2）“经验之塔”理论的要点分析

“经验之塔”理论的基本要点如下。第一，“经验之塔”模型中最底层的经验是最直接和最具体的学习经验，学生容易掌握，层次越高，经验的抽象程度和间接程度就越强。最抽象的是顶层经验，这一层次的经验便于形成概念，应用起来较为便捷。学生并不是一定要经历从底层到顶层的这个过程才能获得经验；也没有说哪个层次的经验比其他层次的经验更有价值，对经验进行层次划分，只是为了对不同经验的抽象程度有一定的认识。

第二，观察经验在经验之塔中处于中段位置，和抽象经验相比，这类经验相对更形象、具体，更容易被学生理解，有利于对学生的观察能力进行培养，并使其直接经验得到弥补。

第三，获得具体经验并不是学习的目的，要在获得具体经验后过渡到抽象经验，以形成概念，便于应用。在推理中需要用到概念，思维与求知都要以概念为基础，这有利于对实践进行有效的指导。在教育中不能过分重视直接经验和过分追求具体化的教学，而要尽可能使学生达到普遍化的充分理解。

第四，在学校教学中，为了使教学更直观、具体，应充分运用丰富的教学媒体手段，这也是使学生获得更好的抽象经验的重要手段。

总之，“经验之塔”理论模型对学习经验进行分类，说明各种经验的抽象程度，这与人们的认知规律相符，即从具体到抽象，从感性到理性、从个别到一般。

（3）视听教育理论的优劣

视听教育理论的核心是“经验之塔”，其对现代教育技术起到以下几方面的作用：

第一，经验之塔理论划分出具体学习经验和抽象学习经验两种类型，提出学生的学习规律是从直观到抽象，这与人类的基本认识规律相符，为教学中对视听教材的应用提供了重要的理论依据。第二，为划分视听教材的类型提供了重要的理论依据，即划分视听教材时，应参考的一个主要依据就是各教材所对应的学习经验的抽象程度，对视听教材的合理分类能够为划分教学媒体的类型和优化选择教学媒体奠定基础。第三，有机结合视听教材与课程，这也是现代教育技术研究与应用的思想基础。

2. 程序教育理论

程序教育的概念源自行为主义学习理论，该理论中对关于程序教育的原则进行了总结，随着教学原则的不断完善，程序教育理论也逐渐形成。程序教育理论提出，为了最大化地提高强化的频率，最大限度地降低教育中因出错带来的消极反应，应将教学内容分解为一个个相互关联的教育单元来有序实施。程序教育原则是根据刺激—反应—强化的原理总结而成的，具体内容如下：

（1）积极反应原则

传统教育以教师为主导，学生的学习存在很大的被动性，对于教师提出的各个问题，学生做出反应的机会并不多，这种学习方式是消极的，要改变这一点，就要在课件制作过程中尽可能让每个学生对每个学习单元都做出积极反应，学生做出反应的方式有选择、填空和输入答案等，这是让学生形成并保持积极学习态度的重要手段。

（2）低错误率原则

教师要根据具体教学内容和教学要求由浅入深地排列教学单元，使学生在学习过程中由已知到未知，尽量对每个学习单元都做出正确反应，最大限度地降低学生学习的错误率，使学习效率得到最大化的提高。

（3）及时强化原则

教师要在学生做出反应尤其是正确反应后给予“及时强化”，让学生知道自己的反应是否正确，并进行相应的调整。

（4）小步子原则

按照教学内容的内在逻辑，将其划分成多个小单元，再按一定的逻辑顺序排列这些小单元，制作程序化教材。学生遵循循序渐进原则来一步步学习每个单元的知识，先从简单的单元开始，逐步向有难度的单元过渡，程度也越来越深。在今天的教学中，设计教学课件依然需要遵循小步子原则，但不同的是，行为主义学习理论的代表人物斯金纳主张尽可能细致地划分各个学习单元，也就是每个单元越小越好，这样容易造成学生厌学，不利于学生对学习内容的整体把握。而现代教学如果要贯彻小步子原则，要求合理划分学习内容单元，单元大小根据教学目标、教学任务及具体教学内容而定。

（5）自定步调原则

传统教学中，所有学生以同样的学习进度来学习各单元的内容，因而导致学生发展的自由性受到了极大的限制。程序教学理论提倡围绕学生这个中心展开教学，让学生从自身情况出发对学习进度自由安排，学生按照自己的节奏学习，学习内动力会不断得到强化。

3. 教育传播理论

在现代教育学中，用传播学理论对媒体与教学过程进行研究，从中对教学过程中媒体的作用机理进行探索，这是比较传统的一种研究手段，教育传播学就产生于这个研究中。下面主要对教育传播理论的模式、应用、传播过程的功能条件及教学传播中媒体的作用进行分析。

（1）传播理论及模式

传播源自拉丁文 communicure，是共享、共用的意思。英语中的传播 communication 被译为沟通、交流、传通等。当前，传播一般被解释为传播者运用一定媒体与受传者之间进行信息传递和交流的社会活动。

（2）传播理论对教学过程的解释与说明

利用以上传播模式可以对教学过程进行解释与说明，这些模式为教育传播学研究奠定了重要的理论基础。

指出教学过程的双向性。早期传播理论片面地认为传播过程是单向的，也就是受传者对信息内容被动接受的过程。这种理论对信息接受者作为独立个体所拥有的主动性和自主性没有正确的认识。施拉姆模式指出传播过程是双向的互动过程，传播主体不仅包括传播者，还包括受传者。之所以能够循环不断地进行传播，主要是反馈机制在起作用，这也说明了受传者的主体作用。按照施拉姆传播模式，教学过程中包含教师与学生共同的传播行为，教师传播教学信息，学生接受的同时也做出反馈，因此要从教与学两方面出发来设计与安排教学过程，并将学生的反馈信息充分利用起来，及时调控教学过程。

说明教学过程包含的要素。拉斯韦尔提出了“5W”直线性传播模式，用该模式可以解释一般传播过程。有人以此为基础构建了“7W”模式。该模式指出，传播过程包含7个要素，将该模式运用到教学中，也能说明完整的教学过程包含7个要素，如表7-1所示。

表7-1　教学过程的要素

who	谁——教师
says what	说什么——教学内容
in which channel	用什么方式——教学媒体
to whom	对谁说——教学对象
where	在什么情况下——教学环
with whateffect	有何效果——教学效果
why	为什么——教学目的

需要注意，在教学过程研究、教学设计安排及教学问题解决中，这些要素都应纳入考虑范围。

确定教学过程的基本阶段。传播是一个连续的不断变化的过程，具有明显的动态性。为便于研究，可将其划分为六个阶段，每个传播阶段都对应教学过程的一个环节，具体分析如下：

其一，确定教学信息。将所要传递的教学信息确定下来，这是教学传播的首要环节。教师要从教学目标出发来确定要传递的教学信息。通常而言，要传递的教学信息出自专家按照教学大纲精心编写的课程教材中。在这一阶段，教师要对课程教材认真钻研，细致分析各教学单元的内容，并进行适当分解，确定被分解后的内容所要达到的传递效果。

其二，选择传播媒体。这个阶段主要是进行信息编码，选择适当的媒体手段来呈现与传递信息，这个过程比较复杂，需要在科学原理的指导下循序渐进地完成。教师所选的传播媒体要满足以下要求：能将教学信息内容准确呈现出来；方便获取，传播效果较好；与学生的知识水平，经验相符，使学生接受和理解起来更快一些。

其三，传递信息。在这个阶段重点是将以下两个问题解决好：确定媒体信号传播的范围；合理安排信息内容的传递问题，利用媒体对教学信息进行有序传递，尽可能减少外界环境对媒体信号的干扰。

其四，接受和解释信息。在教学过程中，学生作为教学主体，不仅要接收教师利用教学媒体传递的教学信息，还要对此进行解释，做出反应。从传播学的角度来看，这个环节主要是进行信息译码。学生先用感官接收信号，然后从自身知识水平与经验出发将接收的信号解释为信息意义，并在大脑中加以储存。

其五，信息反馈与教学评价。学生接收并解释信息后，知识得到增长，智力得到发展，但还需要通过评价来判断预期教学目的是否实现。观察学生的行为变化、课堂提问、课后作业、阶段性测试等都是可采用的评价方式。

其六，调整再传递信息。对比信息传播效果与预期教学目标，发现教学的不足，及时调整传播内容、传播媒体，然后再传递，以达到预期教学目标。例如，对于课堂上出现的问题，要在课堂上迅速解决；对于学生课后作业中存在的问题，如果是个别问题，以个别辅导为主，如果是共性问题，需要在课堂上集中解决；对于远程教育中的问题，多提供有价值的资料，或创造条件提供面授辅导。

其七，揭示教学过程的规律。随着传播学与教育学的不断融合，现代教学与信息传播逐渐拥有了共同的规律，将传播学与教育学理论方法综合运用起来对教学过程与规律进行研究，可有效提高教学效果。

（3）教学传播过程的功能条件

教学系统的结构是在系统各要素相互组合和联系的基础上构成的。这种结构可能是功能较弱的静态结构。只有在信息传播中让系统各要素相互联系与作用，并产生连续循环的动态过程，系统的多重功能才能形成。教学传播过程就是在教学系统各要素相互作用的基础上产生的循环动态过程。教学系统内部信息传递是实现教学系统多重功能的基本条件，而要维持教学传播过程，需要教学系统各要素具备一定的条件或满足一定的要求，并在此基础上实现自己的功能。具体分析如下：

在教师层面，作为教学系统中起主导作用的重要组成部分，他们应达到较高标准的要求，如精通专业、熟悉教材、了解学生，教学态度端正、传播技能良好等。此外，教师在教学中必须对教学系统的其他要素及相互关系有深入的了解，如教学对象、内容、方法、媒体、环境等。教师自身功能的实现需要具备以下几个条件：教师在所教学科领域的知识水平要高于学生，教师通过不断的学习来提高自己的知识水平；教师要有良好的教学技能，如语言表达技能、教学媒体运用技能等；教师对教学活动要有良好的调控能力，包括调节自身状态和师生关系等。

在学生层面，完成学习任务，各方面素质协调发展是教学系统功能实现的首要标志。学生实现其功能要满足具备几个条件：明确的学习目的、一定的学习能力、良好的自控能力。

在教学内容层面，具体来说，要做到随着社会的发展与时代的进步而不断更新教学内容；在教学内容体系中纳入具有潜在发展意义的前沿知识，注重理论与实践的有机结合；按照学科逻辑、学生认知规律来编排教学内容，如从已知到未知，从整体到部分；教材内容纵横联系，融汇贯通，便于学生接受，又能启发学生探索。

在教学方法层面，根据教学规律，教学目的任务、教学内容特点、教学环境，学生的适应性及教师的教学能力选用教学方法；对各种有效的教学方法进行适当的优化组合，达到优势互补、相得益彰的效应。

在教学媒体层面，根据教学目标任务、学生特点、学校教学条件合理选用教学媒体；了解各类教学媒体的优缺点，综合使用教学媒体，达到相得益彰的效应；教学媒体功能的发挥受其自身特点及一些实践因素的影响，如媒体操作的复杂程度、媒体资源软硬件添置的可能性、媒体资源配合使用的灵活性等。在教学媒体选用中要综合考虑这些影响因素，将不良影响降到最低。

教学系统中每个要素的功能都直接影响教学系统的运行，只有充分发挥教学系统各个要素的功能，才能保证教学系统的正常运行。此外，教学系统中各要素之间的相互关系与作用情况直接决定了教学传播效果，因此要按照信息传播的规律与法则来传播教学信息，以最大化地提高教学传播效果。

（三）线上英语教学的模式

随着信息技术的发展和在英语教学中的运用，英语教学产生了新的基于网络的教学模式，即翻转课堂教学模式、慕课教学模式和微课教学模式。这些先进的教学模式不仅更新了当代英语教学的理念，也改变了传统“满堂灌”的教学模式，对促进英语教学质量的提高具有重要意义。

1. 翻转课堂教学模式

翻转课堂是运用互联网思维创新教学的产物，核心在于将互联网开放、自由、平等的特征与英语教学的本质与规律紧密结合，形成对教学活动、师生关系等要素的重新思考与定位。在基于班级授课的框架下，翻转课堂引入网络学习新思维，对课堂的时空加以拓宽，实现传统课堂与网络课堂的有机结合。也就是说，在“互联网+”背景下，翻转课堂作为一种全新的英语教学模式融入传统课堂中，颠覆了传统课堂的基本结构，为英语教学注入了新的活力。

（1）翻转课堂教学模式的内涵与特征

从一般意义上说，所谓翻转课堂，即将传统的课堂学习与课后作业的顺序进行颠倒，将课堂上知识的吸收转向课外知识的吸收，将课后知识的内化转向课堂知识的内化。在课堂开始之前，学生通过网络学习课程资源，进行个性化自学；在课堂上，在教师的引导下，师生之间、生生之间进行合作探究与反思巩固，从而实现知识的内化。当前，美国著名教授罗伯特·塔尔伯特（Robert Talbert）提出了最初的翻转课堂的模型。这一模型的提出对于后续关于翻转课堂教学模式的研究意义重大。随着教学过程的颠倒，教学过程、教学主体责任、教学师生角色、学生学习地点等都发生了改变。与传统的英语教学相比，翻转课堂是对传统课堂模式的颠覆，对学生的学习流程加以改变，从新的视角阐释课堂的新含义。有人认为，翻转课堂打破了延续了几千年的教学手段与结构，对人们头脑中理解的传统课堂进行了颠覆，倡导先学习后教授，通过学习来确定教授内容，这就赋予了学生更多的选择性与自主性，将师生之间的关系加以强化，实际上是解放学生学习力的一场重大革命。这不仅与国家教育信息化发展规划的指导思想相契合，也因此被称为对传统教学模式的“破坏式创新”，称为信息技术与学习理论高度融合的典型代表。

（2）翻转课堂教学模式的理论根据

学习金字塔理论、掌握学习理论等理论，从教学本质层面对翻转课堂教学的实施奠定了理论基础。它们从认知观、学习观等角度出发，对翻转课堂教学的实施提供了理论指导，也印证了翻转课堂在实施过程中对学生学习成果与多元发展的促进价值。

学习金字塔理论。美国学者埃德加·戴尔（Edgar Dale）率先提出“学习金字塔（Cone of Learning）”理论，它用数字形式形象显示了学生采用不同的学习方式在两周以后还能记住的内容多少（平均学习保持率）。

掌握学习理论。“掌握学习”指的是学生基于足够的时间与最佳的学习条件，对学习材料进行掌握的一种学习方式。学生的学习有的快有的慢，但是只要给予他们充足的时间，那么每一位学生都可以获得学习内容。之后，芝加哥大学心理学家本杰明·S. 布卢姆（B. S. Bloom）基于卡罗尔的理论，提出了“掌握学习”教学法，这一理论对后期的教学模式改革提供了帮助。

在布卢姆看来，掌握学习这一策略非常有效，其核心思想在于强调学生之所以未获得优异成绩的根源不在于智力，而在于他们未能获得充足的时间与教学帮助。因此，如果学生能够得到教师和其他学生的帮助，并能够与个别需要相适应，那么他们就可以达到对学习内容掌握的水平。

根据布鲁姆的研究可知，如果采用上述方式，80%的学生可以掌握80%的内容，这就超越了实际的教学效果，可以提升教学的质量和水平，还有助于学生破除分数观念，帮助学生掌握规定的内容。上述两大理论为为翻转课堂的提出描绘了框架，从而对翻转课堂理论的完善提供了指导。

（3）英语翻转课堂教学模式的优势

翻转课堂教学模式为英语教学提供了新的平台与良好的契机，从本质上体现了英语教学改革的深化，帮助英语教学突破困境，为学生的英语学习提供便利。下面具体分析英语翻转课堂教学模式的优势。

学生可自由安排时间。英语翻转课堂教学模式有助于学生对自己的英语学习时间进行安排，尤其是对于毕业生而言，有助于他们平均分配自身的学习时间，将一部分时间用于自身的实习工作上，另一部分业余时间用于开展知识的学习。对于这一部分学生而言，英语翻转课堂教学模式非常适合他们，便于他们恰当安排自身的工作与学习时间。

师生之间可以互动。与传统的英语课堂教学相比，英语翻转课堂教学模式便于师生之间进行互动，改变他们传统的相处模式，彼此之间是一个一对一的交往方式。如果学生对某一或某些知识点存在着疑惑，那么教师可以将这些学生存在困惑的知识点加以整合，并对其进行解析，帮助学生解惑。除此之外，在英语翻转课堂教学模式上，学生也会不断地进行互动，他们不会再将教师作为唯一的知识来源，还可以通过与其他同学之间的互动来获取知识。

学生可以个性化学习。由于学生很多都是来自各个地方的，他们的基础水平不同，对英语的认知程度与爱好程度不同，因此呈现了明显的参差不齐。虽然现代的教学研究领域对这一点已经予以关注，但是传统的英语教学模式很难改变这一现状，尤其是很难实现分层教学。相比之下，英语翻转课堂教学模式恰好能从学生的学习兴趣出发，根据学生自身的能力展开教学，这样可以使不同阶段的学生获取符合自身水平的知识，从而循序渐进地开展英语学习。

课堂管理趋于人性化。在传统的英语课堂教学中，教师为了让学生更好地获取知识，往往对课堂管理非常注重，强调学生应该集中注意力。这是因为，在教师的眼中，如果学生被某些事情扰乱了思绪，那么必然会影响他们的学习进度。相较于传统的英语课堂教学，英语翻转课堂教学模式是不存在这一情况的。这可以从如下三点来理解：

第一，英语翻转课堂教学模式将学生的主动权归还给学生。英语翻转课堂教学模式强化了师生间、生生间的互动关系，让学生有了足够的主动权，可以发挥自身的主观能动作用，投入学习中。虽然在传统的英语课堂教学中，教师也会对学生进行辅导，但是基于传统理念，教师的辅导仅限于形式上，教学活动仍旧在于讲授，学生并未占据主体地位。在“互联网+”背景下，英语翻转课堂教学模式使得学生的主体地位得以确立，学生能够根据教师给予的资源开展自主学习，然后遇到不懂的情况，可以在课堂上与教师展开讨论，这样自己的知识久而久之就不断深化了。

第二，英语翻转课堂教学模式对传统的教学模式中学生的学习态度与观念进行扭转。在英语翻转课堂教学中，学生的学习内容是从自身的需要考量的，根据自身的兴趣来定位。基于总体学习目标，学生根据教师提供的学习资料与路径，对自身的知识进行建构，提升自身的英语水平。

第三，英语翻转课堂教学模式逐渐降低了学生对教师的依赖程度。也就是说，在英语翻转课堂教学模式下，学生知识的习得是最主要的，他们并不完全依赖于教师，因此学生占据主体地位。英语翻转课堂教学模式要求学生自主学习，在他们的自主学习中，往往会需要其他同学的帮助，久而久之就会形成一种习惯，然后愿意去接受与学习知识，并展开与其他同学的探讨，这样不仅有助于提升自身的英语水平，还有助于加强自身与他人的交流。

（4）英语翻转课堂教学模式的实施

根据相关学者对英语翻转课堂教学模式的研究，一些学者提出了具体的流程。通过对英语翻转课堂教学模式的基本流程的分析可知，英语教师主要可以从如下两个层面来着手安排：

课前安排。根据英语翻转课堂教学模式的基本流程可知，教师需要在课前进行安排，即为学生准备充足的资料，如电子教材、演示教材及微视频教程等。

第一，电子教材的设计。一些学者认为，电子教材设计的最高原则应该是完整性。换句话说，除了将纸质教材中的内容以及附加内容，如音频、录像等必须录入电子教材之中，还需要将相关网站、数据库等资料的链接纳入其中，以备使用者随时取用。

第二，演示教材的设计。作为一种可选择性教材，演示材料主要是为教师提供一个可供参考的教学模式，在设计时需要遵循开放性与可教性两大原则。开放性是指在演示教材的设计中需要为教师留有自由选择的空间，即教师可以自由选择其他教学内容开始课程教学；可教性是指教师可以直接将演示教材用作教学软件，在学术上、技术上不存在其他问题。

第三，微视频的设计。在英语翻转课堂教学模式中，微视频是非常常用的、针对性非常强的学习资源。在开始英语教学之前，教师可以从学习目标出发，设计两三个微视频，一个微视频仅对一个知识点加以介绍即可。如果一个微视频介绍了太多的内容，那么就会对学生英语学习的接受与理解情况造成影响。对于微视频的设计，需要考虑几个层面。

英语教学视频的长度、视觉效果等会直接影响着学生的学习情况，因此在微视频的设计中，教师需要考虑学生的学习内容，并对练习的数量与难度进行分析，从而帮助学生将即将学习的新知识与自身掌握的旧知识紧密联系。

在课前学习中，学生可以运用网络，与其他同学展开交流，尤其是交流自身学习中遇到的那些问题，通过彼此解决这些难题，从而促进自身自主学习能力的提升。

在设计微视频时，教师还需要将学生的适应能力考虑进去，即对于未接触微视频的学生来说，他们可能很难集中自己的注意力，甚至更多的是对自己的笔记进行关注。因此，为了对学生的这一情况进行改善，教师可以构建一些副本文件，帮助学生解决刚接触时遇到的问题，从而引发他们对微视频内容的关注。

在设计微视频时，教师不仅需要融入视觉效果，还需要将主题与要点加以凸显，从知识结构本身对教学活动进行设计，这样可以为学生构建一个新平台，让他们提升对英语学习的积极性与主动性。

当微视频制作完毕后，教师需要将其传到网络上，便于学生观看与下载。

当学生学习完微视频后，他们还需要总结与归纳自己的学习情况，如果在学习中遇到问题，并且其他同学很难解决时，可以集中起来向教师求助，让教师在课堂上进行集中讲授。

课堂组织。在翻转课堂上，教学大概涉及五大步骤：合作探究、个性化指导、巩固练习、反馈评价及课程总结。

第一，合作探究。首先，要合理进行分组。合作学习即学生结成小组进行学习，其组员的结构设置是非常重要的，这就要求教师在分组时考虑每一位学生的能力，从而保证每一组组员知识结构的多样化。同时，小组成员还需要保证个性的均衡，这样才有助于各个小组之间的竞争。当然，在进行分工时，每一位组员都要体现出自身的价值，定位好自身的作用，在任务完成之后也需要积极地进行思考。其次，对问题进行策划和提出。合作的内容需要保证可操作性，即能够在小组成员之间进行讨论。在课堂开始之前，教师应该考虑不同的学习内容与任务，对分组的原则予以明确，确定完成时间。在进行分组学习时，教师是引导者，为学生设定任务，让小组间成员不断合作，从而实现共同学习与进步。最后，要合作实施，并对过程进行控制。小组合作学习并不是从任务一开始，就需要一起努力完成规定的任务，而是从任务一开始，小组成员开始展开探究，各个成员需要开拓自己的思维，独立进行思考。之后，小组内成员开始交流与探讨，将自己的观点表述出来，最后进行汇总。当然，一个认可的发言人是必不可少的，他需要一个统一一致的意见，进而反馈给教师。

第二，个性化指导。在这一阶段，教师需要为学生答疑解惑。这是因为，在上一阶段中，学生在讨论中不免遇到问题，这时候教师需要对这些问题进行汇总，思考不同的问题，并为学生做出解答。

第三，巩固练习。在这一阶段，基于教师的指导，各个小组内成员需要总结与回顾，加深自身的印象。另外，这一阶段仍旧需要小组内成员间的交流与探讨，引导他们分享自身的知识与经验。

第四，反馈评价。这一阶段一般包含两个层面。其一，评价学习过程与结果。其二，评价小组表现与小组内成员表现。在评价过程中，教师需要将重心置于整个小组的完成情况上，而不是置于某一个人的完成情况上。另外，教师需要对小组内成员的参与情况进行评估，优秀的成员可以为他人树立榜样，差一些的可以提高自身的热情，调动自身学习的主动性与积极性，最终为以后的小组学习服务。

第五，课程总结。这是最后一步，各个小组之间进行沟通与交流，教师给予他们足够的支持，让他们能够顺利完成目标与任务。

课后评价。这一评价与课堂中的小组评价不同，其评价的主要是学生对知识的掌握情况，避免学生在以后的学习中出现同样的错误，并从学生的认知情况出发，对学生提出合理化的学习建议。

由于英语翻转课堂教学模式兴起的时间较短，因此还未形成一个统一的评价规范。因此，英语翻转课堂教学模式的评价要求师生之间多进行沟通，要求教师考虑学生的个性化特点，对其进行个性化指导与建议。另外，教师还需要为学生提供多种学习渠道，让他们树立足够的信心与自豪感，从而愿意去学习、去获知。

总而言之，英语翻转课堂教学模式不仅是强化课前预习的情况，还是对课堂学习效率的提升。对于教师而言，通过对课堂活动进行设计，有助于学生对知识的内化。基于此，教师在设计时应该考虑情境因素，引导学生参与真实的体验。

2. 慕课教学模式

在“互联网+”背景下，慕课教学模式是基于关联主义理论建构起来的一种在线的教与学方式。慕课教学模式的诞生并不是偶然的，是随着互联网技术的发展而不断发展的。

（1）慕课教学模式的内涵

慕课（MOOC），全称是“大规模在线开放课程（Massive Open Online Courses）”，源于美国，在短短数年间，被全世界广泛运用。慕课这一模式是具有分享与协作精神的个人组织而成的，将优异课程予以上传，让世界各地的人们可以下载与学习。

从形式上来看，慕课教学模式就是将教学制成数字化的资源，并通过互联网来教与学的一种开放环境。从本质上来看，慕课教学模式是一种与传统课堂相对的课堂形式，因为其基于互联网环境而发送数字化资源，实施的是线上教学。学生完成了网上课程学习之后，通过在线测试，可以获得证书或证明。一般情况下，慕课教学模式的要素包含四点：其一，具有完整的教学视频，一般时间设置为6~10分钟。其二，具有完善的在线考试体系，往往可以实现过程考核与个性考核。其三，具有一定量的开放性话题，可以集中学生的学习兴趣与积极性。其四，具有PPT、电子参考教材、模拟试题与解析等其他辅助资源。在这些要素的基础上，慕课教学模式需要教师与学生之间的互动，如教师对信息的发布，回答学生问题等。慕课教学模式本身为学生提供了学习的数据，教师和学生都可以通过数据，对学习状态进行分析，从而改善自身的学习情况。

（2）慕课教学模式的具体分类

慕课教学模式一般划分为两大类：一种是基于任务的慕课教学模式，另一种是基于内容的慕课教学模式。下面就对这两种模式展开论述。其一，基于任务的慕课教学模式。基于任务完成为主的慕课教学模式即侧重于研究学生完成任务之后对知识与技能的获取情况。按照步骤开展学习，学生可以采用符合自身的学习方式，不受其他条件的约束和限制。通过对文本材料或录像材料等的阅读与观看，学生对学习成果予以共享，并通过音频、视频设计等将自己的某一项技能展现出来。这就是以完成任务为主的慕课教学模式的体现，其对学习社区的研究也非常看重，因为社区是展现学生学习案例与设计的地方，有助于学习内容的传递，其并不关注学生学习的结果，也不对学生展开评价。

其二，基于内容的慕课教学模式。基于内容的慕课教学模式的掌握，往往会通过总结性评价、形成性评价等形式，对学生的学习结果进行评价。当然，其对于学习社区也非常看重。这一模式构建了很多名校的讲课视频，同时设置了专门的测试平台，学生可以免费学习，并获得证书。

但综合来说，上述两种模式具有的特征是：其一，慕课课程的设计与组织是基于网络建构的。其二，慕课课程的设计不仅涉及课程资源、视频等，还涉及学习社区等。其三，慕课视频一般在 8~15 分钟之内。其四，学生可以自由选择慕课课程的学习内容。其五，慕课课程的设计对象是大规模的，面向大多数学生，设置的学习目标也是多样化的。其六，慕课课程的设计具有交互性，是开放的、不断创新的。

（3）英语慕课教学模式的优势

英语慕课教学模式在英语教学中的运用必然会导致教学方式与理念的变革。这就是说，慕课教学模式对当前的英语教学具有重大的作用，具体而言主要有如下优势：

平衡不同学生水平。如前所述，很多学生来自不同地区，学生之间也存在明显的差异，因此学生的基础水平也明显不同，如果教师实行大班课堂，那么很多学生很难学到想要学习的知识，甚至丧失学习的积极性。英语慕课教学模式是一个开放性的平台，为学生展开一对一教学提供了机会，便于缓解师生之间的教与学矛盾。同时，英语慕课教学模式也不受时空的限制，有助于学生在任何地方、任何时间巩固自身的英语知识，提升自身的英语水平。

提供能力培养平台。我国的英语教学在不断发生变革，但是总体上还是将重心置于基础知识教学层面，这一教学模式必然对当前的英语教学产生负面影响，即很难帮助学生提升自身的综合能力。受其影响，很多学生对英语并未给予过多关注。英语慕课教学模式为学生提供了新的专业动向与视角，便于学生调动自身的积极性，促进他们提升自身专业能力，对自己的教学问题进行专业化解读。

形成语言使用环境。对于我国学生来说，英语属于第二语言，所以对英语环境本身是缺乏的，很多学生很难将自身学到的知识运用到具体的实践中。长期这样学习，学生的成就感也就逐渐降低了，十分不利于之后的英语学习与英语能力提升。慕课教学模式为学生创设了真实的语言学习环境，帮助他们与真实的语言环境接触，学生可以和世界上其他国家的人们进行交流，从而不断提升自身的能力。

3. 微课教学模式

随着“互联网+”的推广，人们的学习方式在逐渐发生变化，这时微课悄然进入人们的视野，并在各个领域产生了重要影响，英语教学领域就是其中最突出的表现。可以说，微课为英语教学开辟了一个新视角，提供了一个新平台，逐步推动英语教学向前发展。

（1）微课教学模式的内涵

对于“微课”的概念，目前还未统一，不同的学者观点不同，下面介绍一些有代表性的关于微课的观点。最早提出“微课”这一概念的是学者胡铁生，他通过借鉴慕课的定义，认为微课即微课程的简称，即以微型视频作为载体，对某一学科的重难点等教学知识点与教学环节来设计一个情境化且支持多种学习方式的网络课程。之后，胡铁生又对这一观点进行了改进，认为微课是根据新课程标准及课堂教学的实际情况，以教学视频作为载体，对教师在课堂中针对某一知识点或教学环节而展开的精彩教学活动的有机结合体。微课即时间设定为十分钟之内，具有明确的目标且能够针对某一问题进行说明的短小的课程。上述学者的概念是非常具有针对性的，在一定程度上将微课的特征反映了出来。本书作者对胡铁生的定义更为推崇，认为从本质上说，微课是一种支持教与学的微型课程。

（2）微课教学模式的具体分类

当前，在微课教学中，有几种模式是非常常见的。这几种模式的构成要素有着较大的差异，但是各有特点与使用范围。下面就对这几种模式展开详细的论述。

①非常 4+1 微课资源结构模式

这种模式在教育部组织的全国高校微课教学比赛中是极力推崇与倡导的模式，这一模式主要由五个要素组成。

“1”代表的是微视频，占据着最核心的地位，是核心的教学资源，其他四项包含微教案、微课件、微练习，微反思，是围绕这一核心建立起来的，并配合这一核心完成教学过程的构建。因此，“4”是指与微视频关系最为密切并与之配套的四种资源，即上面提到的微教案、微课件、微练习、微反思。这一模式的结构非常简单，但是适用性非常强，对于那些独立的、内容简单的微课设计具有强大的借鉴意义。

②可汗学院微课教学模式

这一教学模式是非常独特的微课教学模式，其建设成本较高，但是适用面是非常广泛的。在这一微课教学模式中，教学设计者、教师、学生三者之间相互促进，但是又是相对独立的。可汗学院主要将对教学设计的工作完成作为主要目标，合作学校的教师应用可汗学院的微课视频和练习等作为自己的教学资源，组织学生展开自主学习。同时，也组织学生在课内展开翻转课堂教学。这一微课教学模式有如下几点特征：第一，可汗学院本身并不存在翻转课堂教学模式。第二，可汗学院与学校是独立的实体。第三，可汗学院属于一种在线教育。第四，可汗学院对于知识的传授非常看重。第五，可汗学院的教学很难实现人才综合发展目标。第六，可汗学院很难提升学生的综合能力。

③111 微课内容构建模式

这一微课教学模式是指在每一集的微课设计中，注重把握好这三个“1”的教学环节。第一个“1”指的是用1个案例将教学情境引入，在教学中最好使用一些行业的适用案例进行导入，这样能够让学生明确学习的意义和价值，也能引起学生学习的兴趣和积极性。第二个“1”指的是通过前面的导入，引出一个本节微课需要学习的知识点，通过导入案例，对知识的理解加以强化。导入案例与知识点的关系要保证是密切、自然的，如果是勉强地引出或者关联性不强，那么会导致结果不佳。第三个“1”指的是微视频结束之后，利用1个总结、测试操作，实现知识的内化与迁移，从而保证学生能够形成自己的能力。教学案例应该确保知识点明确。三个“1”所包含的内容应该环环紧扣，使学生能够自然地实现知识的内化。

④123 微课程教学运作模式

通过微课、微课程、慕课、翻转课堂等模式的研究，并考虑现在国内学生的学习情况。这里的“1”指代教学活动应该以微课程为中心。一般情况下，一门微课程中包含20~30集微课，那么这20~30集微课视频就可以称为一组。这里的“2”指代教师根据两套教案，对微课程进行组织的教学活动。其中，以微课教案来组织微课视频设计，以翻转课堂教案组织具体的学习内容、课程结束之后学生的自主学习等。这里的“3”指代学生根据三组资料展开自主学习，从而提升学习的效果。其中导学案指导学生课前学习、课中学习与课后学习；助学资料指导学生创新与探索，解决学习中的疑难问题；内化训练包含微课平台中进阶式的训练与检测，还包含一些创新课题研究等，从而便于知识的内化与迁移。这一教学模式具备如下三个特点：

运行模式分别考虑到教师和学生两大主体的活动内容和关联要求，使微课程教学运行有机统一，不会产生割裂。两个教案均以微课视频为核心且各有侧重点和目的性，构建了一个微课程的系统性、完整性教学方案。指导学生自主、有序和科学地进行学习的三组教学资料密切配合，使不同基础的学生都能得到相应的支持和帮助，减少因学习差距引起的恶性循环，促进全体学生基本上能同步提高学习成绩。

（3）英语微课教学模式的优势

从微课教学模式的内涵与构成来看，微课是基于现代的信息技术建立起来的，与英语教学大纲相适应，是一种新型媒体在英语教学上的运用。可以说，基于微课模式的英语教学有着很多现实意义，下面做具体分析。

教学内容少，时间短。英语微课教学模式是针对某一知识点建构起来的，是对某一环节、某一主题的反映。与传统的英语教学模式相比，英语微课教学模式内容少，时间短，与教师和学生的需要相符。

在时间设置上，英语微课教学模式一般要求视频设置在 3~8 分钟，很少有超过 10 分钟的情况。在当前的英语教学中，运用英语微课教学模式有助于教师从重难点出发，对教学内容进行精讲，让学生们集中于这些问题，帮助他们解答疑惑。

资源容量小，构成情境化。一般来说，英语微课教学模式中的视频占据约几十兆的容量，因此是非常小的，在格式选择上也多为流媒体格式。在英语教学中，微课教学模式更有助于师生之间、生生之间的互动。

除此之外，英语微课教学模式凸显主题，趋向于明确性与完整性。视频片段作为微课的主线，对教学资源进行统一整合，构成一个资源包，为学生创造一个真实的学习环境。这些都体现了英语微课教学模式的情境化特点，有助于教师与学生提升自身的英语教与学水平。

反馈及时，针对性强。如前所述，英语微课教学内容少，时间短、容量小，这些都有助于师生对信息的快速捕捉与习得。另外，每一位学生都可以参与到课前组织活动中，有助于自身能力的提升，这在一定程度上也可以减少教师的教学压力，便于教学活动的开展。

成果简化、多样传播。由于英语微课教学模式具有鲜明的主题与具体的内容，因此便于成果简化与传播。同时，其传播的方式也是多样化的，如可以通过微博进行传播，也可以通过网上视频进行传播。

二、线上英语教学中跨文化交际能力培养的原则

实施任何一种教学，都有着特定的准则。在网络视角下的英语教学中培养跨文化意识，教师要根据文化的属性制定相应的原则。具体来说，网络视角下英语教学中跨文化意识培养应该遵循如下几项原则：

（一）教育性原则

教育性是英语教学中网络技术运用的特性要求，要求网络技术在确定文化教学目标、选择文化教学内容、设计文化教学材料、安排文化教学活动等各个方面都要符合英语文化教育和教学的基本规律和原则。网络技术是文化教学的手段与工具，开发网络技术必须围绕着一定的教学目的进行，英语文化教学中网络技术运用的教育性，是指课件的设计应遵

循认知规律，要有明确的教学目的，有助于教学对象加深对知识的理解和掌握，并通过各种网络技术的合理运用和巧妙组合来增强教学内容的广度、深度和趣味性，激发学生的求知欲。英语文化教学中网络技术运用的教育性原则主要体现在以下几个方面：

1. 要充分体现教学规律

利用网络技术辅助英语文化教学，切忌仅仅是为了追求英语文化教学的现代化、先进性，必须以教学大纲为依据，并根据文化教学目的与要求，发挥多媒体图文并茂、形声并举的优势来表达教学内容。网络技术应能对学生获取知识、发展能力、培养品德和促进健康起到良好的教育作用，有益于学生的个性发展。为了体现教学规律，应注意以下几点：

（1）明确教学目的

既然网络技术是为了促进英语文化教学，网络技术是依照教学大纲编制的，就应该首先明确教学目的。为什么要运用网络技术，教学中要解决什么问题，希望达到什么目标，编制者要心中有数，有的放矢。

（2）教学对象要有针对性

在英语文化教学中运用网络技术是针对特定的教学对象设计制作的，其内容的选择和阅读的难易确定要有明确的针对性。要考虑到应用此课件的学生的年龄特点、知识层次水平和智力的实际情况，切忌追求形式上的时髦和视听感受上的新鲜。

（3）突出重点难点。运用网络技术进行文化教学必须根据教学大纲的要求，围绕教学中的重点、难点或关键性的问题来设题立意。要充分发挥网络技术在英语文化教学中的优势，采用恰当的表现方法，将复杂问题或难点问题简单化，并在如何消化、接受和理解上下功夫。

（4）灵活变换教学形式

利用网络技术辅助教学具有传统教学方式所无法比拟的优势，教学形式要灵活多样，要用图、文、声、像交替地表现教学内容，突出教学内容的主体。

2. 要充分运用认知心理规律

（1）记忆规律

记忆规律表明，学生加工信息时要受到学生自身的经验、需求及信息特性等诸因素的影响。学生记忆的效果与学生自身的经验、需要有关。对于涉及学生自身的利益、荣誉等有关信息和对学生情绪具有正面激励作用的信息，学生的关注程度比较高，投入大，学生也能够轻松地记忆。因此，在英语文化教学中运用网络技术进行辅助教学时，对学生已掌握的内容要及时强化，给予强烈的、积极的评价性语言，从而唤起学生的荣誉感；对学生没有掌握的知识点，评价性和提示性语言应是鼓励性的。

在英语教学中，学生记忆的效果与教学内容的性质有关。如果教学内容新奇有趣，易于形成独立而清晰的记忆痕迹，那么学生就能够轻松地记忆。学生对新奇的教学信息的记忆效果明显优于一般的教学信息。因此，在英语文化教学中运用网络技术要充分运用这一规律，一方面突出教学内容中已有的形式新颖的信息；另一方面将重点内容运用色彩、闪烁或动画等技术使之与其他信息区别开来，增强其呈现方式的新奇感和趣味性，从而增强学生的记忆效果。

（2）语义层网络

语义层网络的概念源于认知心理学的长时记忆模型理论，是知识的一种表征方式。语义层网络的每个节点都代表一个对象、概念或一种情景，节点之间的连线表示节点的关系。在英语文化教学中运用网络技术时，尤其是运用多媒体进行教学时，多媒体课件的信息结构应是类似于语义层网络的树状、网状或复合的非线性结构，它们可以把各知识点之间的上下位概念关系、从属关系、并列关系等层次组成清晰地反映出来。

在设计多媒体课件时，可以依照语义层网络原理，将知识之间的逻辑层次作为主信息流表示出来，从而有助于对学生的学习起到引导作用。学生在使用多媒体课件进行学习时，也可以任意改变学习顺序，自由选择其中的任意节点进行学习，无须一页一页地查找要学的内容。这种以时间和空间为主要线索来反映知识的结构，它非常符合学生的联想、跳跃的思维方式。再加上通过文字、图形、图像、声音、动画、视频等多种媒体形式呈现知识信息，不仅创设了情景，还提供了丰富的语境信息；既促进了学生对语义信息的理解，又调动了学生的学习积极性，符合学生的认知心理。

总之，以语义层网络来实现多媒体课件的结构，不仅改变了学生逐行阅读的习惯，而且拓宽了学生的视觉广度和认知广度；多媒体课件中的生动的视觉元素可以启动情绪机制，有利于知识的内化和深化，使学习变得轻松而容易。

（3）认知容量与速度

人的短时记忆以组块为单位，而一个组块内的信息总量不是固定不变的，而是变化的。学生在加工处理信息时，将其重组或再编码，组合为一些有意义的组块单位。美国著名的认识心理学家米勒通过实验证明，个体能够在短时记忆中保留的信息的组块数是7±2，这就是短时记忆的容量。认知速度受到学生的年龄大小、信息媒体的形式的直接影响。

因此，利用网络技术进行文化教学，要将语义信息、语境信息进行合理的组合，其呈现数目要适合学生的记忆容量，教学内容的呈现速度不要太快。总之，教学信息的数目以及教学内容的呈现速度，都要与学生的认知容度以及认知速度相符合。例如，在利用多媒体进行教学时，内容不应过长，字数不宜过多，若条件允许可将多而长的文字采用分段、块状、移动、滚动的方式呈现。多媒体课件在内容呈现速度上要考虑学生的年龄特征，如低年级课件的呈现速度应低一些，知识点要少而精，可利用多媒体的优势，用图像、动画、视频等媒体多角度、多方式呈现教学内容；在知识的广度上延伸，扩大知识面，以使学生产生积极的联想和想象；精心设计视觉信息，为学生提供丰富的视觉表象，形成通过视觉特征直接转换的加工方法，训练学生提高加工速度。

3. 要充分突出启发性教学

（1）比喻启发

比喻是一种常用而有效的表达策略，可以变抽象为具体，化深奥为浅显。网络技术在英语跨文化教学中的使用，使教师在教学过程中能够更多地利用视听表现手段的直观形象，使比喻变得更加生动，从而启发学生的联想、分析、综合、抽象、概括等思维活动，促进学生更有效地学习。

（2）兴趣启发

兴趣是最好的老师。因此，在英语文化教学中，教师应该采用易于引起学生兴趣的视听表现形式，激发他们的求知欲望，把他们的注意力和思维活动引导到教学过程中来。例如，引导参与，让学生身临其境，积极投入教学过程；设置悬念，刺激学生的好奇心和求知欲等都是比较好的方法。

（3）对比启发

在英语跨文化教学中，对比是一种比较有效的启发方式。通过对比，使学生能在认真思考之后，分清是非，辨明正误，启发学生的思维，加深对知识的理解，使学生获得更好的学习效果。

（4）留白启发

所谓留白，就是给学生的思维活动留有必要的空间和时间。教师既可以通过画面留白也可以通过解说留白。画面留白要在画面简洁、主体突出的基础上，在画面组连接上产生一个“空白”，可采用画面的虚化、定格、淡入、淡出等手法，给学生思维、回味的余地；解说留白的处理应让解说少而精，在问题的结论处留有足够的时间间隙，让学生思考，达到此时无声胜有声的境界。

（5）设题启发

根据文化教学内容，在课件中适时地、恰当地设置一些富有启发性的问题，充分调动学生的学习积极性，启发学生进行积极思考，并及时强化学生的思考。启发性问题的设置，可诱发其创造性思维，培养、锻炼其思维的灵活性、发散性、求异性和独创性。

总之，英语文化教学内容的展示要符合心理学规律，教师应充分分析和研究教学对象的心理状态，利用巧妙构思和不同的节奏形式来推动学习思维活动，帮助学生进行分析、对比、判断、综合，把教学中深奥抽象的概念转化为有条理的具体形象，做到由表及里、由此及彼、从感性到理性，从而提高教学效果。

（二）以学生为中心原则

英语是一门实践性很强的学科，在英语学习过程中学生需要大量的实践才能获得语言的应用能力。学生是学习的主体，英语教学中的网络技术应以学生为中心，为他们的学习活动提供环境支持。在网络技术支持的英语文化教学中，教师应让学生积极参与语言学习活动，主动建构知识与意识，按个人实际水平和特点，选择语言学习所需内容；自我安排学习进度。以学生为中心原则，要求教师在英语文化教学中应用网络技术时要分析研究学生的需要、英语水平、性格特点等，能调动他们的积极性和主动性，刺激他们思考和使用英语，并能满足他们学习的需要。

（三）交互性原则

英语文化教学中网络技术运用的交互性原则，是指教师或学习者在教与学的活动过程中能够实现对网络技术的灵活操作和控制，可根据教学或学习的程度与需要随时搜索、寻求帮助或评定，人与机器之间形成相互交流信息的特征。交互性是网络技术教学资源区别于传统教学资源的最重要的特征之一。传统的教学信息在展示时间和空间上是线性的、不可逆的，并且是静态的，不便于学习者任意选择与组合，更无法为学习者的自学和自测提供良好的交互功能。

交互性是教学内容与学习者之间沟通的桥梁。英语文化教学中运用网络技术应该遵循互动性原则，充分发挥网络技术的优势，提高英语教学效果。

（四）最优化原则

英语文化教学中网络技术手段的选择与组合，要遵循最优化原则，以取得最好的教学效果。网络技术的效果因人、因时而异。因此，应按具体情况选择最佳网络技术手段，使网络技术的选择与组合最优化。以多媒体在英语文化教学中的应用为例。

（五）文化包容性原则

人类历史的发展必定导致世界历史的形成。大工业的发展以及对剩余价值最大化的追求，导致人类历史的发展跳出了地域限制，成为利益相关的命运共同体。在文化全球化的大格局之下，引领潮流的世界性文化不再单单由某个国家或民族来创造，而是由更多主体来创造。因此，文化全球化是世界文化创造主体和世界文化元素的多元化。

如今的时代已经远离了文化霸权，而是你中有我、我中有你，倡导文化包容。文化只有具备包容的品质，世界不同国家和民族的文化才能在共存中达到更多的一致，进而使得世界各个国家和民族联系得更加紧密。在人类文化发展史上，封闭的文化会被推到边缘的地带，并且阻碍世界历史的前进脚步，而那些包容性的文化才能主导世界文化，推动着世界历史的发展。

包容性的文化比较能够接受其他文化中的先进成分，因此能够较好地发展，也比较容易被其他文化所接受，因此就能够从地域性文化向世界性文化转变，进而成为推动世界文化进步的强大力量。从根本上讲，一种文化之所以缺乏包容性，是因为文化创造主体的思想狭隘，并且这种封闭的文化也会影响生活在其中的人们的思维方式，使得他们也变得狭隘，缺乏开放精神，难以接受其他文化，从而导致世界在文化上的割裂。过于强调世界上的文化冲突，不利于世界文化的发展。只有包容性的文化，才有利于推动世界文化的车轮滚滚向前。

（六）文化的多维度互动原则

在网络视角下的英语教学中培养跨文化意识，教师既要实现教师和学生之间的互动，还要实现语言和文化的互动，更要实现中西文化的互动。就教师和学生之间的互动而言，教师教学影响着学生的学习，而学生又反过来影响着教师的教学传播行为。跨文化教育应该紧贴时代的教育脉搏，改变以前的单向传递模式，在互动中求得发展和优化。至于语言和文化的互动，学生应该了解语言和文化的相互联系，用发展的、动态的眼光看待二者之间的关系。在这个全球化的时代，不同文化之间的互动表现得越来越突出，互动的频率有所提高，互动的范围有所扩大，互动的深度有所增加。跨文化交流本身就要求进行文化的双向交流，语言本身也是在交流中产生和发展的，因此跨文化外语教育过程应是一个互动的过程。

（七）文化多元性与情境性结合原则

在网络视角下的英语教学中，培养跨文化意识，改变传统的教学模式，将先进的科学信息、教学理念等输入到课堂中。教师可以运用丰富的网络资源对自己的课件进行改良。在讲授新课之前，教师可以为学生布置预习任务，让学生提前上网查阅下节课将要讲述的内容，这样不仅有助于激发学生的学习积极性，也有助于学生增进对相关背景知识的了解与把握，加深他们对文化的理解，扩充自身的知识面。另外，教师应该注意课外教学是培养学生文化意识的重要渠道，因此教师要充分利用课外的教学实践，让学生形成感知文化的氛围，使课外教学成为课内教学的有效补充。

让学生沉浸于目的语文化氛围的目的在于让学生培养自身的跨文化意识，提升自身的跨文化能力。在课堂上，教师为了方便操作，可以在教学计划实施的同时，每堂课抽出一定的时间培养学生的文化意识。教师可以设计一些与文化相关的话题与活动，让学生讨论与参与，从而加深学生对文化差异的感受与理解。另外，课外活动也是对学生语言能力与文化意识培养的最好检验，教师可以让学生在真实的情境中对自己学过的文化知识进行体验与运用，如定期举办角色扮演的活动，这样学生就可以对西方文化有深刻的理解，从而真正地做到学以致用。

（八）整体文化、主流文化输入原则

依据语言教学的整体目标，单纯的语言教学已经慢慢向文化教学倾斜。在英语教学中实施文化教学时，教师应从宏观入手，帮助学生掌握文化学习的整体性。整体文化输入原则包括纵向和横向两个维度，从纵向来看，文化的形成是一个源远流长的过程，时间横跨古今，学生应该对文化的生成和发展脉络有一种清晰的把握；从横向来看，文化具有多样性，不同的文化具有不同的特色，所以文化的输入类型也应是兼而有之的。另外，为了提高学生在跨文化交际中的文化自信心，教师应该引导学生尊重母语文化，适度适时地宣扬母语文化中的精华部分。但是，教学内容应保持理性中立的态度。总之，教师不应该将教学孤立起来，应注重引导学生关注文化的整体性，即整体地输入古今中外文化。从文化支配地位的角度来看，文化分为主流文化和非主流文化。主流文化是当前社会提倡的文化，是大多数人认可的文化。在英语教学中实施文化教学时，教师应该选择具有广泛代表性的主流文化来进行输入，从而使学生更能适应当下的社会生活。

三、线上英语教学中跨文化交际能力培养的方法

在网络视角下的英语教学中培养跨文化意识，不仅要教授目的语文化知识，还需要让学生掌握一些现有的规约与事实，同时要注重搜寻各种有效的学习途径，引导学生对现实事物有主观的感受。但是，在网络视角下的英语教学中培养跨文化意识培养有了更高的要求。

（一）务实手段，创设跨文化交际基础

在网络视角下，要想在英语教学中培养学生的跨文化意识，教师应该利用网络技术，将现代媒体作为教学手段，实现教学过程的完善、教学资源的优化、教学效果的达成。网络技术有助于教师创设真实的教学环境，通过声音、图像、动画等的结合，有助于增强教学的直观性，让教学更为形象。

（二）组织协作，倡导交互学习

在网络视角下，要想在英语教学中培养学生的跨文化意识，进行有效的组织和安排是其中的一大关键要素。根据建构主义理论，英语学习的关键在于教师如何进行分组，如何组织学生共同完成学习任务。通过学生之间的协作学习，教师和学生之间能够建立一个学习共同体，实现学生与其他学生之间、学生与教师之间、学生与媒体之间的交互。在交互协作的过程中，学生大脑中的图示可以被激活，建构更为准确、全面的语言意义。通过这种协作学习，可以将学生的学习积极性调动起来，激发学生学习的智慧与思维，使整个团队完成意义的建构。

在具体的英语文化教学中，教师应该基于文化主题、交际内容，为学生安排与创设一些操作性强、任务重的教学任务，并对任务的内容给予具体的要求与建议。之后，教师对学生进行分组，确保组内成员之间的差异与互补，让小组内成员与成员之间实施互动与交流，对教师交代的任务进行归纳、总结，从而最终掌握文化知识，提升自身的跨文化交际能力。

（三）组织会话，展示学习成果

在网络视角下，要想在英语教学中培养学生的跨文化意识，会话是必不可少的组成部分，学习小组之间往往需要会话与协商，将教师交代的任务予以完成。在小组会话的过程

中，每一位学生都能发散自己的思维，并与组内成员进行分享，最终实现学习任务意义的建构。

当学生讨论完成之后，教师可以让学生对成果进行展示。当然，展示的形式有很多，如演讲、角色扮演、案例分析、情境模仿等。在展示的时候，学生可以用PPT课件，也可以使用录音材料等。通过对学习任务成果的展示，教师可以了解学生是否掌握了文化知识，从而为下一步骤的教学做准备。例如，在做演讲时，教师可以让小组内所有成员都参与其中，共同配合完成演讲。根据教师提出的问题，对任务完成情况进行汇报。其他小组在听取演讲的过程中，对其中存在的问题进行记录，等到小组演讲完成之后，可以进行提出，并要求解答。通过这一过程，全班所有成员都会扩大自身的知识面，尤其是对英美习俗、英美文化背景知识等有系统的了解与把握。

（四）塑造角色，提升教师素质

1. 尊重文化差异，建立平等的文化观

各民族文化都有其独特的魅力，文化没有优劣之分。对于存在文化的差异，我们应予以承认、尊重、欣赏，同时注意将异域文化与本民族文化进行比较，进而取长补短，使本民族文化得以丰富，在与不同文化交流过程中促进本民族文化的发展。

2. 充分发挥外籍教师作用

客观条件优越的学校可以适当地聘请一些外籍教师授课。外教的到来对跨文化教育具有以下几种作用：

外教不仅可以提升学生的英语学习兴趣，还能真正促进学生跨文化交际能力的提高。外教作为异域文化中的成员，能够引起学生的好奇心，这些学生在与外教接触和交流的过程中增强了对英语口语表达的信心，还能收获课堂上学不到的社会文化背景知识，能真正提高英语文化敏感度和英语交际能力。另外，学校可以利用外教定期组织英语角，这样就为学生创造了纯正地道的英语环境和文化环境，有利于他们英语听力和口语能力的提高，从而使得跨文化交际能力也有一定的提升。

在中国的大环境下，很多中国英语教师虽然出身于英语专业，集各种英语等级考试证书于一身，但是由于口语的练习机会很少，英语口语表达能力依然比较欠缺。外教来到学校以后，本地的英语教师因为教学工作的关系，就获得了许多与外教直接交流的机会。外教可以帮助他们纠正语音上的错误，就使得本地的教师锻炼了英语口语表达能力。另外，外教是在另外一种不同的文化氛围中成长和学习的，其教学模式可能更加有趣、生动，本

地的英语教师就可以汲取他们教学模式中的优势，有利于提高教学水平。

第二节 文化自信视角下英语教师的角色定位与素质要求

在教学活动中，教师处于组织者的身份，也是对教学效果产生影响的一个重要变量。教师的主导作用往往需要与学生的互动与交往才能实现。在教学中，教师应该将自身的主导作用发挥出来，不断提升自身的素质与能力。在文化自信视角下，英语教师有了新的角色与素质要求。

一、文化自信视角下英语教师的角色定位

（一）英语教师的传统角色

在传统的英语教学中，教师扮演了两种重要的角色：一是知识的复制者，二是知识的传授者。

1. 知识的复制者

在传统的英语教学中，教师的工作就是将知识原封不动地传授给学生。在传统英语教师的眼中，书本知识就是金科玉律，教参就是真理，因此教师往往将书本知识视作教授学生的知识来源，并且根据书本来设计教案。对教师教学好坏进行评价主要看教师能否把书本知识传达到位、准确。显然，基于这样的观念，大多数教师从书本内容出发展开教学，教师很自然地就成了英语课本的复制者。

2. 知识的传授者

传统的教育观依然在教师的心中存在，这与现代的信息环境有着较大差距。在信息技术环境下，很多教师的理念中仍旧存在“教书匠”的意识，他们侧重以书本作为经验与教学方式，采用灌输的手段进行教学。一些教师将学生看作被动接受知识的容器，认为教材是学生获取知识的对象，教师是将这些知识灌输给学生的人。显然，教师充当了一个“传话筒”的角色，学生是接收器，将教学简单地视作知识传递的过程。这种对知识过于重视而忽视具体能力的教学方法，势必会造成教学过程的重复、单一，也会制约教师的创新意识与研究精神，让教师的教学思想与观念更加保守、陈旧。

（二）文化自信视角下英语教师的新角色

说到角色，一般人会觉得其与身份、地位有关，认为角色是对人们身份、地位的诠释。在当今社会，教师扮演着十分重要的角色，他们以各种方式调动与引导学生参与活动，并引导学生在自己设定的环境中展开探索。传统的英语教师所扮演的角色已经很难适应当今社会的需要。在这个多元化的社会，教育具有多样性，他们需要适应不同层次、不同族群人的需求。教师需要以文化传承执行者的角色展现在人们的面前，他们通过间接的形式逐渐实现文化传递。只有具有多元文化教育观的教师，才能与多元文化社会教育相适应。也就是说，教师不再是知识的传授者与复制者这些简单的角色，而是被赋予了新的多样角色。下面具体分析英语教师角色的转变。

1. 知识与技能引导者

（1）语言知识的诠释者

英语教师是英语语言知识的诠释者，他们在开展课程教学之前，首先必须具备渊博的知识。简单来说，英语教师需要对英语专业知识有系统的、全面的把握，并能够从这些知识中分析出语言现象。一般来说，英语教师需要掌握的专业知识包括理论知识、语境知识、实践知识等，这些知识中囊括了语音、词汇、语法、语篇、文化等知识，英语教师只有掌握了这些知识，他们才能解决学生学习中遇到的实际问题，帮助学生提升自我，实现更好的语言输出。

（2）语言技能的传授者

当然除了英语知识，英语教师还需要掌握语言技能，并且将这些技能传授给学生。在学生学习语言的过程中，掌握语言知识是基本条件，而最终目的是为了提升自身的语言技能。一般来说，语言技能包含听、说、读、写、译五项。就语言的发展规律而言，听、说居于重要地位，读、写处于次要地位，译处于辅助地位。其次，就外语教育的角度而言，读、写、译居于重要地位，听、说其次。这就说明英语课程教学的目标是让学生具备一定的读、写、译能力，而听、说能力是实现读、写、译能力的前提与基础。英语教师要想提高教学质量，熟练地驾驭英语这门课程，就必须掌握这五项技能，并且保证五项技能的有机结合，从而提升学生的语言综合技能。

（3）课堂活动的组织者

无论是英语教学还是其他教学，课堂活动都是必不可少的一部分。在英语教学中，课堂教学是其重要的载体与媒介。英语教师要想提升自身的教学质量，必须设计出合理的课堂活动，如辩论、对话、对话表演等，这些都是能够让学生参与其中的活动，让学生有真实的语言训练机会，从而提升自身的语言表达能力。在这之中，学生也会不断加深对英语语言知识与技能的印象，巩固自身的知识体系。

（4）教学方法的探求者

英语教师在英语教学中不能仅使用一种教学方法，应该承担起教学方法开发者与设计者的角色，创新教学方法，使教学课堂更多样有趣。与其他学科相比，英语教学具有极强的实践性，因此其与教学方法的关系更为密切，甚至教师对语言知识的分析，学生语言技能的掌握，教师课堂活动的组织等都需要考虑相应的教学方法。

2. 多元文化驾驭者

（1）多元文化环境的创设者

学校的文化环境会对学生的学习产生影响。作为一种社会化机构，学校的目标、功能、管理等都属于主流文化，如果教师不知道如何对学校的教学环境进行塑造，就很难在家庭—社区—学校之间构建一个平衡点，很难让学生予以适应。因此，教师要努力创建多元文化教育环境。具体来说，可以从如下几点着手：

首先，师生之间要构建信任关系。师生间的人际关系对学生的成绩有着重要影响，文化差异的存在、教师的偏见容易造成师生之间的隔阂与误解。如果师生之间存在这种隔阂与误解，就会对学生的自我观念产生负面影响，让学生受到挫折，甚至孤立无援。

其次，教师要努力构建一种积极的家庭式氛围。教师要为学生提供一个尊重与关怀的环境，让学生领略到家庭语言与文化。教师要对学生的文化背景有充分的了解，不断搜寻相关的信息，并将这些相关信息自然地融入教学中。

总之，教师只有充当一名多元文化者，才能对学生所处的文化环境有清楚的了解，对学生的文化价值观有清楚的把握。同时，教师只有从多种角度对文化加以理解，才能为每一位学生创造合适的教学策略与内容。

（2）中西文化差异的解释者

在多元文化背景下，英语教师充当了中西文化差异解释者的角色。由于中西方文化传统不同，二者在价值观、思维模式上存在明显差异，而这些差异逐渐成为学生跨文化交际的障碍。就社会文化角度而言，语言属于一种应用系统，具有独特的规范，是文化要素中的一项重要组成部分。因此，在英语教学中，英语教师除了要教授英语知识与技能，还需要囊括文化背景知识，实现英语知识、英语技能、文化背景知识三者的融合与补充。

就语言文化知识的内容而言，除了要教授本土文化知识，还需要讲授西方文化背景知识。中西方语言文化的差异性主要体现在风俗习惯、思维模式、价值观念等层面，而这些差异性在语言上有明显的呈现，无论是词汇中，还是篇章中，因此英语教师应该充当中西方语言文化的解释者这一角色，将中西方语言的差异性解释给学生，让学生在了解这些差异的基础上掌握好英语语言。

(3) 本土文化知识的传授者

前面提到英语教师应该对西方文化背景知识有清楚的了解，除此之外，他们还应该对本土文化有清楚的了解与认识，甚至需要成为本土文化的专家，挖掘本土文化所蕴含的特色与思维形式。英语教师既是知识的引导者，也是文化的传承者，他们应该以一个真诚的面孔展现在学生面前，将本土文化知识融入自己的课堂中，与学生展开平等的交流，从而为英语教学提供更为广阔的空间，同时构建和谐的师生关系。

3. 网络技术应用者

(1) 语言单元任务的设计者

要想实现单元主题目标，就必然需要对单元任务进行设计，这是英语教师的一项重要任务。学生通过教师设计的这些真实的任务，可以拓宽自己的语言知识面，还能够提升自身解决具体问题的能力。因此，在英语学习中，语言单元训练任务的设计是非常重要的。这要求教师在网上设计相应的单元任务，让学生在规定的时间内完成，最后提交完成任务的结果。通过这种方式，学生可以降低自身的压力，让他们愿意参与其中。

(2) 有效主题教学模式的设计者

在新形势下，英语教学要求教师不断探求新的教学模式与方法。具体来说，英语教师不仅需要发挥网络的优势，还需要提升学生学习的效率。对此，英语教师在设计主题教学模式时，应该选择学生感兴趣的话题，并且整个教学模式都围绕这一主题开展，以小组合作讨论的形式完成任务，最后提交讨论结果。当然，由于处于网络环境下，英语教师设计的每一个主题应该能让学生在网络上找到丰富的资料，包含这一主题的文化背景与发展动态，然后由学生进行总结与归纳，进而学生在网上进行讨论，这样的设计模式实际上帮助学生摆脱了课本的限制。另外，在设计有效主题教学模式时，英语教师要尽量链接一些有效网址，帮助学生接触更多的国内外文化知识。英语教师还可以下载一些前沿性的资料，以吸引学生，提升他们的求知欲。当然，对于一些敏感性的话题，英语教师要进行正确指导，避免学生出现文化偏见。

(3) 学生网络学习的帮助者

在英语教学中，网络能够起到监控的作用。通过网络监控，英语教师可以对学生的学习过程有所了解与把握，从而帮助学生实现自己的学习需要。英语教师是学生进行网络学习的帮助者，尤其对于差生而言，英语教师更是发挥了不可磨灭的作用，他们通过记录学生浏览网页的情况，了解学生是否参与其中，从而清楚学生在学习中遇到的困难，之后帮助学生解决实际的问题。另外，由于不同的学生遇到的困难不同，因此英语教师应该给予分别指导，促进不同层次学生各自的进步。显然，英语教师对学生网络学习的帮助更具有人情味，不仅有助于提升优等生的水平，还有助于避免差生的畏惧心理，帮助不同层次的学生解决不同的问题，真正帮助他们实现有效的自主学习。

（4）在线学习系统的建立者

网络为学生的英语学习提供了便利，而教师在这之中充当了调控学生学习，提供个别指导的作用，但在这之前，首先就需要建构一个完善的在线学习系统。在这一系统中，有教师与学生两个端口。学生通过填写自己的信息，向教师端提出申请，教师负责审核，使学生加入这一系统。

二、文化自信视角下英语教师的素质要求

（一）英语教师的传统素质要求

根据“三层次五成分”教师素质观，从当前英语教师的基本情况考量，英语教师的素质涉及如下几个层面：

1. 职业理想

教师的职业理想是教师从事教学工作的兴趣与动机的体现，是其献身于教学工作的原动力。在英语教学中，教师的职业理想表现为积极性、事业心、责任感，英语教师具备的崇高的职业理想，是他们开展英语教学活动的有利层面。

2. 教育观念

教师的教育观念是他们在教学活动中形成的对教育现象的主体性认知，是从自身的心理背景出发进行的认知。一般来说，教育观念包含知识观、教育观、学习观、学生观等。

3. 监控能力

教师的监控能力指的是他们为了保证教学能够顺利实现预期目标，在教学过程中对其进行主动计划，检查与反馈等。具体来说，包括对课前教学的设计、对课堂进行管理与指导、对课堂信息进行反馈。事实上，教学监控能力是教师对其认知的调节与控制，是教师思维反省与反思的体现。

4. 教学策略与行为

教师的教学策略与行为是教师为了实现教学目标，从学生的特点出发，采用各种教学手段因材施教。在英语教学中，教师的教学策略与教学行为是教师根据不同学生的学习风格与水平差异，创造符合学生风格的课件，采用网络多媒体技术，将自身的教育思想与学生容易接受的方式完美地融合。

（二）文化自信视野下英语教师应具备的素质

1. 解读多元文化的能力

在文化自信视野下，教师需要具备对多元文化进行正确解读的能力，具体而言表现为如下三点：

首先，多元文化是一种历史事实。不同的文化具有差异性与多样性，这是人类文化从诞生开始所体现出来的一种客观存在。就历史角度而言，多元文化的差异性与多样性是一个不争的事实。就宏观的世界历史而言，早期有古希腊文化，中国有春秋战国文化、隋唐文化、明清文化等。这些都可以说明，历史时期不同，文化自然也不同。因此，多元文化是一种历史事实，指的是在一个地域、社会、区域等特定存在的、相互关联的却又具有独立文化特征的几种文化。

其次，多元文化是一种政治诉求。多元文化不仅是一种事实存在，还是一种价值存在，是人们在文化上所秉持观念的展现。多元文化源自不同族群为争取平等的经济、文化权益所展开斗争的结果，是一种对经济、文化等平等的追求。多元文化不仅仅限于文化层面，而是包含了不同民族、不同族群的经济、社会等多种概念。

最后，多元文化是一种思维方式。从哲学的角度而言，多元文化体现的是一种思维方式，对多元文化的理解就是对多元文化差异性、多样性的承认，并要认识到所有文化都应该是平等的，彼此之间会产生直接或者间接的影响。与之相对的认识就是对客观世界的认识，人们对其认识不应该从单一的角度出发，而应该从多个视角来认识和理解。多元文化这一思维方式打破了传统的一元思维方式。

2. 师德素质

师德是英语教师必备的素养，也是英语教师从事教育活动的动力源泉。教师的师德具体体现在对学生的热爱、对事业的忠诚、对教学执着的追求和人格的高尚。与此同时，教师的师德直接影响着学生的成长。因此，英语教师在日常工作中要有理想的信念，科学的世界观、人生观、价值观，忠于人民的教育事业，具有爱岗敬业的奉献精神，热爱学生。

可以说，英语教师只有先懂得奉献、体现公正、具有责任感，才可能实现言传身教。

（1）教师职业道德的形成

同其他事物的发展一样，教师职业道德品质的形成有其内在的规律性。从品德心理学的角度来看，教师职业道德的形成也是一个知、情、意、行的培养过程。为此，教师职业道德品质的培养也需要从道德观念、道德情感、道德意志、道德信念、道德行为和道德习惯几方面入手，进行全面培养和提升。

其一，增强教师的职业道德观念。教师在职业道德形成的过程中要理解和掌握教师道德的基本原则，提高道德认识。为此，学校领导、各级教育行政部门应该加强对教师进行教师职业道德基本常识和基本理论的教育，使教师懂得自己哪些行为符合教师职业道德，哪些行为违背教师职业道德，这样就能首先在思想认识上构筑起一条道德防线，为教师教育教学行为的合道德性奠定思想基础。

其二，坚定教师的职业道德信念。教师有了坚定的职业道德信念，就会使其道德行为表现出坚定性。教师的职业信念一旦确立，其道德行为和道德观念的一致性就不可动摇。

其三，陶冶教师的职业道德情感。教师的职业道德情感是关于教师在教育教学过程中的言行举止，是否符合职业道德规范而产生的情绪体验。作为教师，应该有高尚的职业道德，这就需要教师不断陶冶自己的道德情感，使自己对善与美的认识具有价值认同感。

其四，磨砺教师的职业道德意志。教师职业道德意志是教师在道德修养实践中克服困难的一种力量。教师要培养治学严谨的品格，就必须有一种顽强的意志。教师有时为了求证一道题，往往会牺牲自己很多休息的时间，如果没有顽强的意志是做不到的。正是在这样的实践中，教师的道德意志得到了磨砺，同时也培养了教师良好的职业道德品质。

其五，培养良好的道德行为和道德习惯。教师的道德行为是教师在道德观念、道德情感、道德意志和道德信念支配下采取的行动。教师在教育教学活动中的道德行为，是评价教师道德品质好坏的重要标志。教师在职业道德修养中有良好的道德行为，久而久之，就形成了教师良好的道德习惯。从道德观念到道德行为，再形成道德习惯，是教师职业道德形成的全过程。

综上所述，教师职业道德形成过程中有教师职业道德观念、教师职业道德情感、教师职业道德意志、教师职业道德信念、教师职业道德行为习惯诸要素。它们是相互联系、相互促进、相互作用的。只有这样，教师才能在实践工作中达成崇高的教师职业道德，表现出高尚的职业道德品质。

（2）教师职业道德发展的阶段

从教师的专业成长历程来看，教师职业道德的发展阶段可以分为职前教育阶段、职业实践阶段和终身追求阶段。

其一，职前教育。教师职业道德是社会道德的重要组成部分，是道德在教师职业领域中的特殊表现。职前教育的目标主要在于使教师成为一个具有良好道德修养的人，这是保证教师职业道德的底线达标，即先为人，后为师。

其二，职业实践。职业实践是教师职业道德养成的根本保证，在教育教学过程中，教师会遇到各种各样的问题，在解决这些问题时，教师总是被要求要具有自己的独特方式，即要有所创新。因此，教师需要不断提升自己的专业素养，在实践中不断践行职业道德规范，提升职业道德水准。

其三，终身追求。社会在发展，知识在更新，教师要想跟上时代发展的脚步，必须不断学习，终身学习。当然，教师所追求的职业理想也是没有止境的，教师必须不断学习，自觉从各方面抓住一切机会来提高自己。另外，教师需要在面对学生和教学工作时产生一定的成就感，这样才会拥有不断进行学习的动力；否则，教师容易出现心理倦怠，从而缺乏追求理想的动力。

（3）教师专业道德的要求

其一，爱国守法。爱国守法包含两个方面的含义，即爱国和守法。爱国是一种高尚的道德心理体验，可表现为对祖国深切依恋的归属感，对祖国地理、历史、发展现状和国际地位的自豪感，对国家利益的责任感和使命感。对教师这一特殊职业而言，最好的爱国方式是把对祖国的热爱、对学生的关爱、对教育事业的责任感结合起来，在强化自身爱国情怀的同时，也对学生进行爱国主义教育。

其二，爱岗敬业。爱岗敬业是爱岗与敬业的总称。爱岗是教师对自己工作岗位的热爱，安心从事本职工作，有强烈的使命感和责任感，并能稳定、持久，恪尽职守地做好教育教学工作。敬业是指教师认识到了自己本职工作的道德价值和社会意义，具有从事本职工作的荣誉感和自豪感，从而专心致志、兢兢业业地从事教育教学工作。爱岗与敬业之间有着密切的关系。爱岗是敬业的基础，敬业是爱岗的升华。爱岗与敬业互为前提、相辅相成。爱岗敬业是教师职业道德规范的重要内容之一，是处理教师个体与教育职业之间关系的准则。

其三，关爱学生、尊重学生。学生既是教育教学活动的对象，也是教育教学活动的主体，具有独立的人格和尊严，渴望得到教师的尊重和理解。教师要尊重学生，必须认识到学生与教师在人格和尊严上是平等的。教师要客观地看待学生的种种表现，学会自制，不要因为自己情绪的失控而伤害学生。学生是一个整体概念，能否公正、平等地对待全体学生，是衡量一个教师是否真正关爱学生的重要标志。激励学生。教师要善于赏识学生，鼓励学生的点滴进步。每个学生都希望自己是学习上的成功者，都期待得到教师的肯定和赞许。教师要懂得学生心灵深处的渴望，赏识自己的学生，用放大镜关注学生的优点和进步，帮助其改正缺点和不足。信任学生。信任是人际交往中一方对另一方给予自己正面且积极反馈的心理期待。教师对学生的信任和期待是学生积极进取的动力。教师对学生的信任既表现为相信学生有积极向上、向善、向美的愿望，有自主学习、自主选择的能力，有改正错误的信心和能力等，同时还表现为不断地给学生提出新的行为目标。在学生实现目标过程中，教师及时给予鼓励和肯定，学生的主体意识不断地被激发，从而完成对自我的不断超越和发展。严慈相济。教育关爱的目的，是让学生得到良好的发展，这意味着教师对学生的关爱中要有一定的要求。教师对学生的关爱，要体现严慈相济，坚持做到以下几点：教师要对学生有慈爱之心。教师要把学生培养成为对社会有用的人才，就要对他们倾注无私的爱和真挚的情。教师对学生慈母般的关爱，是一种更崇高而伟大的爱，能强烈地感化学生，使他们感悟人生，走向人生。教师对学生的严格要求要有科学标准。教师对学生的关爱是建立在高度责任性和理性基础上的爱。教师的关爱既要体现对学生有种种严格的要求，又不损害学生的生理、心理健康。这就要求教师对学生提出的一切要求要符合法律法规，要符合国家的教育方针和政策，要符合教育教学规律。教师对学生的严格要求要掌握一定的度和方法。要掌握一定的度，是指教师对学生提出的各种要求要切合实际，符合学生的特点。教师对学生的严格要求，要寓教于教育教学活动之中，采用耐心疏导的方法。只有方法得当，对学生的严格要求才能真正得到落实，才能取得好的教育教学效果。

其四，教书育人。教书育人，是指在教育教学过程中教师根据社会发展需要和学生身心发展规律，既传授科学文化知识，又进行思想品德教育，把学生培养成为德、智、体、美、劳全面发展的社会主义现代化建设需要的接班人。

其五，为人师表。为人师表，就是要求教师自觉地以自身纯正品德为学生做示范和榜样，即言传身教，以身立教。具体来说，为人师表要做到以下几方面：

知荣明耻。知荣明耻是良心中的知耻心、自尊心，自爱心的表现。人们只有知荣明耻，才能自觉地履行道德义务，保持尊严、荣誉和人格。不做可耻、毁誉和损害人格的事。因此，作为新时代的教师必须知荣明耻。

严于律己。教师要严于律己，以身作则，这是由教师职业的示范性决定的。教师的职责在于教书育人，既要用自己的学识教人，又要用自己的品格育人。正人先正己，这要求教师要严于律己，在思想品德、学识才能、言语习惯、生活方式和举止风度等方面树立自己的良好形象，处处做学生的表率，借此教育和感化学生。

语言文明。教学过程是一个信息传递的过程，而在这一过程中，教师的语言是传递信息的载体，教师语言素养的优劣以及口语表达能力对教学效果具有重要影响。这就要求每位教师必须加强自身的语言修养，提高自己的教学语言表达能力。

仪表端庄。良好的仪表能够得到学生的认同，获得学生的好感，而邋遢的仪表则会引起学生的反感，对教学效果也具有负面的影响。

关心集体。教师事业是一项集体的事业，将青少年培养成社会主义合格的建设者和接班人需要全体教师的共同努力。因此，关心集体、维护集体的荣誉就成为全体教师职业道德的重要内容。

团结合作。在现代分科教学的情况下，教师要特别注意以团结协作的精神来对待教学，这是教育目的统一性的要求，也是教育发展规律的需要。不同科目、不同年级的教师之间，不同年龄、具有不同特长的教师之间，都要一切从学生的利益出发，团结一致，通力合作，互相学习，取长补短，勇于创新，共同提高。教师能否自觉为加强教师集体的团结而努力，是衡量这个教师道德水平高低的一个重要标志。在团结协作的过程中，教师之间要互相尊重、互相学习、共同进取。

作风正派。在教育领域，作风正派是教师道德的应有之义，历来为立志于献身教育事业者所践行。教师职业要求教师要十分珍视自己在学生心目中的形象，十分珍视自己在社会上的形象。作风正派既是教师职业的要求，又是形成良好社会风气的需要。

其六，终身学习。终身学习的含义表明，学习是贯穿个人一生的自觉行动。新时期教师职业道德规范将终身学习作为教师职业道德的一个重要内容。为此，教师应该做到以下几方面：

树立终身学习理念。树立终身学习理念既是提升教师自身素质的内在动力，也是教师职业的现实要求。教师作为知识和文明的重要传播者和创造者，必须树立终身学习理念。只有如此，教师才能不断完善自己，充分发挥自己的潜能。但是，目前教师工作量普遍较大，真正有效进修的时间不多，从客观上给教师拓宽眼界带来了困难。因此，教师应努力克服困难，找准自己的定位，树立终身学习的理念，掌握科技知识。只有如此，才能在教学中及时反映所任学科的前沿成就。

更新知识结构。为了适应教育的未来发展，教师必须拓宽知识视野，更新知识结构，才能提高教育教学质量。

积极探索教育规律。现代社会各国对人才的要求越来越高，教师只有把教育活动作为自己的研究对象，反思自身的教育实践，不断探索育人规律，才能适应时代的要求，才能创造性地完成教育工作。如果作为教师仅仅教书育人而不从事探索创新活动，那么其教育教学便不会有大的进步。我国教育发展要求教师具有基本的探索创新能力。实践表明，教育要创新，就要通过提高教师的探索能力去实现。

认真钻研专业知识。教师只有不断提高专业素养，才能成为高师，培养合格的人才。具体来说，教师要钻研专业知识，提高专业素养。

3. 以学生为中心的教学意识

在现在的英语教学模式中，众多学生往往形成一个多元文化语境，他们来自不同的地区，具有不同的成长背景，这就使得他们有着不同的接受能力、不同的思维方式等。如果教师对所有学生都一视同仁，那么必然会削弱学生学习的积极性与主动性，也势必会导致教学效果不佳。对此，教师应该“以学生为中心”，教师自身的角色也应该发生改变，从原本对课堂的控制者转变为对学生英语学习的辅助者，同时对待每一位学生都应该持有平等、公平的姿态。教师要认识到不同学生的文化差异与多样性，对不同的学生采用不同的方法，使学生成为教学的主体，展现自身的个性，从而更好地在多元的环境中习得英语这门语言。

4. 信息素质

信息能力是指人获取信息、加工处理信息和利用信息的能力，具体包括文献信息检索能力、信息分析能力、信息加工处理能力等。具体体现在人们对信息存储机构，如图书馆、互联网等的应用能力和运用计算机、网络、通信技术的能力。当今世界已经进入知识经济时代，信息与智能革命正席卷全球，在这种经济背景下，产品的智能成分大大增加，劳动者智能劳动成分也大大增加，信息技术的发展将成为新技术的核心。英语教师作为智能劳动的主力军，无疑在整个社会变化过程中起到了重要的作用。作为21世纪的英语教师，便捷、高效地获取信息是从事教学、科研与社会服务活动的基础，有效地搜索，分析、利用信息既是自身发展的需要，也是必须掌握的技术和必备的能力之一。

第三节　文化自信视角下英语教师专业能力发展的基本路径

一、教师专业发展的概念

（一）教师专业发展的定义

自20世纪80年代以来，教师专业发展的问题得到了学术界和教育实践界的高度重视。教师专业发展成为教师教育的一个核心问题。因为教师教育的质量和水平的高低直接影响着教育事业能否实现健康、持续的发展。教师专业发展的内容，包括专业精神的发展、专业知识的发展、专业能力的发展、专业自我的发展。另外，教师的现代素质也显得尤为重要。比如，教师是否拥有健康的体魄和良好的心理素质、是否拥有创新的精神和能力、是否拥有教育研究的意识与能力、是否能够熟练运用现代教育技术、是否具备浓厚的法律法规意识等，这些都是现代教师必备的职业素质。可以说，在每一个实现专业化发展的教师身上，都能看到这些素质自然而和谐地共存。

（二）教师专业发展与教师继续教育

教师专业发展具有三种含义，下面分别就前两种含义与教师继续教育概念的区别与联系进行论述。教师专业发展的第一种含义是把教师专业发展理解为教师个体的、内在的专业素质提高的过程。这一含义强调教师专业提升的个人能动性、持续性。这种含义与教师继续教育概念的主要区别有两大点：①前者旗帜鲜明地指出了教师继续教育的目的，即教师个体的、内在的专业素质的提高；后者的侧重点在于表明促进教师专业发展的手段，即教师在职进修和在职培训。②前者强调教师专业发展的个人能动性和主动性，后者强调培训部门在教师专业素质提升中的功能，把教师专业素质的提升作为一种外在的、被动的活动。两者的联系也有两大点：①教师继续教育是促进教师专业发展的手段之一，此外，促进教师专业发展的手段还有教师个体的自主学习以及其他非正式的学习等。②两者均强调教师专业素质的提升是个体终身学习的过程。

教师专业发展的第二种含义是把教师专业发展理解为促进教师专业成长的途径和策略，即教师教育。其与教师继续教育的区别在于：前者包括教师的职前培养和继续教育。

两者的联系在于：在职教师的专业发展指的就是教师继续教育，当然也包括在职教师个体的自主学习以及其他非正式的学习等。这里所言的教师专业发展指的就是一切促进在职教师专业成长的途径和策略，在外延上包括教师继续教育（或教师培训）教师自主专业发展活动以及各种非正式学习和偶发学习。

（三）教师专业发展的意义

在教师专业发展的进程中，教育界人士进行了坚持不懈的探索，向世人展示了教师专业发展的内在魅力，也体现了教师专业发展对教师个人、教师职业和社会的深刻意义。

1. 教师专业发展有利于人们重新审视教师的职业性质

长期以来，在公众和社会舆论方面，对教师职业强调的主要是知识传授方面的要求。由于所学内容的浅显性，使得相当多的人并不看重教师作为专业人员的理论水平与特殊能力。教师专业化的推进将有利于改变人们对教师职业性质的认识。它能让人们意识到，教育过程不是简单的传授过程或塑造过程，而是由师生共同构成的一个互动过程。

2. 教师专业发展有助于优化教师素质

在学校教育过程中，教师的作用主要在于向学生传授知识，开发学生的智力；培养品德，启迪学生的心灵；指导学生锻炼身体，增强学生的体质。教师承载着千万青少年的未来和希望，肩负着开启民智、传承文明的使命。社会上的每种职业都有各自的素质规定，具有较强专业性的教师职业对于专业素质的要求也很高。教师仅具备一个现代人的基本素质是远远不够的，还必须具备教师职业所需要的特殊的专业素质。教师承担的使命要求教师必须具备合格的思想政治素质、科学文化素质、教育理论素质、教育能力素质、身体和心理素质等。此外，社会的进步、科技的发展以及知识经济时代的到来，对教师素质也提出了越来越高的要求。教师专业素质的提高不再是依靠职前系统定向培养一次性完成，而是需要延伸和覆盖教师的整个职业生涯。教师专业发展给教师个体和群体都提供了优化素质的途径。

3. 教师专业发展有助于促进教师职业成熟

教师专业发展对教师职业的促进作用体现在以下几个方面：第一，教师培养课程使教师的素养更能适应社会教育对培养人才的需要。第二，教师职前培养更加系统化和专门化，以适应社会对不同层次教师的需要。第三，教师培训专业化。大量的教育机构根据一定的条件将进入教师培训这一领域，形成一个规模巨大的市场，这就需要对教师培养和培训机构进行认可和评估。第四，教师群体和教师职业的道德规范的形成和稳定发展。专业化的另一个含义就是群体价值观的形成。教师的道德规范、价值观是随教师职业的专业化形成的。第五，教师任用制度化。通过专门的机构根据一定的规范和程序进行，使教师职业的准入适应社会的需要。教师的专业发展与教师教育的高质量需求是联系在一起的，并因此促进教师职业趋向成熟。

4. 教师专业发展有助于推动社会进步

教师专业化与社会进步息息相关。根据社会学理论，个体和群体的社会化是社会进步的一个重要标志。无论是个体的人还是群体的人，在被社会化的同时，也在参与创造社会，从而形成了这一群体的独特的文化、个性发展和社会结构。不难理解，教师在被社会影响的同时，也在影响着社会，与社会形成共生共存的关系，这一群体自身也具备了高级社会的特征，并且还会随着社会的进一步发展而发展。教师专业发展通过促进教师职业的专业化来推动教师个体和群体的社会化，最终推动社会进步。当教师职业不再与平庸、烦琐相关联，而是与高尚、创造、尊严为伍时；当教师的劳动不再是重复、枯燥，而是充满着发现的喜悦和探究的乐趣时，我们教育事业的兴旺发达也就是近在眼前的事了。

（四）教师专业发展的有效途径

1. 专业政策扶持

政策可以为教师提供制度保障，降低教师专业实践可能面临的风险与代价。提供专业政策扶持、完善教师政策可以从以下几个方面着手：

（1）政策制定着眼长远

真正的教师专业发展往往在一线实践和系统化专业支撑体系相融合的基础上产生。因此，应从战略角度看待教师和教育研究之间的联系，从国家层面供给相应政策促动这种融合形成。这意味着，借助政策驱动打破职前与职后藩篱，实现大学与中小学教师培养深度联合，将一定比例的师范生课程安排在中小学完成，同时让更多一线教师重新进入大学进修，相互取长补短以谋求合力。这还意味着推进教师专业不断走向高端化，促进教师学历标准由“中师—专科—本科”体系向“专科—本科—研究生”层次升级。

（2）政策文本严谨规范

一方面，政府部门应避免各自为政导致政策价值取向过于分离，追求政策间相互融合；另一方面，则应对政策文本中那些模糊的、想当然的概念保持必要警醒。

（3）顾及教师切身利益

考虑到社会财富不断增加和国民整体生活质量不断提高，教师的地位、待遇与其贡献依然不相称，教师的实际政治、经济地位低于其应然地位。近年来，对发展不力地区和学校的教师，在津贴、补贴、专业机遇等方面给予更大政策倾斜，提升他们的专业满意度，降低他们的离职意向，规定小学教师也可以受聘正高级专业技术职务等，一定程度上体现出决策者对教师专业价值的认知正趋于深化。

（4）参与主体应更多元

首先，应改变公权部门决策专断的局面。其次，增加一线教师的实质性话语权才可能降低教师在政策实施中的惰性与抵制。再次，专业性较强的政策交由非官方教师协会，基金会主导制定，关涉政府与教师利益分配的政策则应向第三方中介机构监督制定。最后，加强政策执行监督，避免有“策”不依，鼓励社会力量、新兴传媒参与监督。

2. 学校专业管理

学校是教师专业发展核心场域，教师专业面貌是学校的基本校情，重视教师专业发展是学校爱师的表现。绝大多数教师专业发展事件都在学校遭遇、发生，教师专业发展各个时期都需要学校提供支持与引导，校本化也是教师专业发展新趋势。

学校专业管理是教师能否顺利发展的外部因素。调控和优化这一因素在教师专业认知生成、专业自主性提升等方面不可或缺。倘若一所学校教师精神涣散、工作懒散、教学懈怠，离职现象严重，提升学校教学质量及社会声誉的期许自然难以实现。对于教师而言，教师也必须回应学校的诸多专业要求。在学校，教师专业实践遭遇来自校方的复杂影响，这要求教师洞悉学校专业管理意图及旨趣，并在自身需要与学校管理产生冲突时学会自我调适。可以从实现学校管理理念转换，反思学校专业管理规范、学校专业管理实践准则几个方面着手进行。

3. 教师培训机制

教师培训早已成为教师专业发展的重要途径。最初，教师培训主要针对教师学历偏低、教学理念滞后与基本技能欠缺。尔后，培训扩展至新手教师专业适应，前沿教育科研方法、高端信息技术应用、现代课堂管理乃至教师情商修炼等领域。注重校本教师培训是非常重要的。

4. 教师自我完善

一切教育归根结底都是自我教育。一般认为，自我完善是教师有意识地依据专业标准及自身专业定位，积极主动地利用外在环境条件，通过自我认知、自我评价、自我管理不断弥补自身不足、提升自身能力的内部引导机制。专业竞争日益加剧、专业要求普遍提高、专业发展不确定性增大也使教师自我完善成为必然。

首先，教师需要丰富自我内涵。自觉对已有知识体系加以取舍、补充、优化和重组，适时调整知识结构，拓宽知识视野，促进自身知识更有效地迁移，避免过时守旧的知识观影响专业效能；在接触学生、辅助技巧、课堂评价、自学讨论、引导学生自我检查、发现学生的疑难问题、分析教材、以学定教等方面不断磨炼自己，了解学生的时代特质及发展规律，对学科内容和学生状况心中有数，基于学生的知识经验背景设计教学、组织教学活动；学会理清教学内容间的关联性、层次性及难易等级，拓展可供选择的教学策略范围，做到教学环节衔接合理自如，教学行动自然流畅，策略选择审慎而合理。

其次，学会自我管理。一般认为，教师自我管理的具体策略包括：行动，不仅包括外在行为本身，还包括行为背后的观念支撑或知识体系，行动反思，剖析核心问题，搜寻替代方案，进行新尝试。应避免惯性思维，摒弃自以为是的成见，注重对专业实践进行观念和技术层面的重建。

最后，实现自我价值。一方面，教师应在市场思潮中秉持正确的专业价值观。另一方面，教师应坚持自我完善与自我价值的内在统一。

二、文化自信视角下英语教师专业能力发展的路径

在新形势下，英语教师的专业发展面临着专业意识欠缺、专业能力薄弱等问题。对此，教师应该展望世界，培育自身的专业意识，丰富自身的专业能力，大胆反思，从而成为适应当前社会需要的高素质教师。具体来说，主要从以下几个方面着手：

（一）提高专业意识

当前很多年轻的教师由于教学实践短、缺乏教学经验，也没有过多参与课题研究的机会，因此经过一段时间的教学工作后，往往比较厌烦，这都是自我专业发展意识薄弱的表现。因此，在当前的跨文化教育背景下，大学英语教师应该不断提升自身的专业意识，具体而言可以从如下三点着手：

1. 理想意识

教师的理想对教师的专业发展起着十分重要的作用，为教师指明了前进的方向。大学英语教师的专业理想主要指的是他们对工作的热情。只有具备了热情，他们才能富有积极性，才能具有专业认同感，愿意在自己的工作中付出努力。

2. 科研意识

通过记录专业中的关键事件与自我专业发展保持对话，并对未来的发展规划做出适当

的调整，教师在专业化发展的过程中必有大成。教师能否具有科研意识，决定了教师能否尽自己所能投入科研活动中。也就是说，教师要想从事科研工作，就必须具备科研意识，他们要在思想上对科研有所重视，在理论上不断加强学习，获得科研的理论指导，在时间上还要不断提升自身的问题与思考意识等，这样才能真正地投入科研活动中，并为大学英语教学研究贡献一份自己的力量。

（二）提升专业能力

教师要想在跨文化教育背景下提升自身的跨文化意识，首先就需要提升自身的专业能力。具体来说，可以从如下几点着手：

1. 实行专业引领

当前，我国的英语教学在不断革新，先进的理念需要有骨干、研究者的带领，才能促进自身的专业发展。一般来说，教学专家、资深教师等都可以起到专业引领的作用。普通大学英语教师要向他们学习，接触先进的思想与经验，从而推动自身的专业化发展。一般来说，专业引领具有如下要求：

（1）要发挥专家与普通大学英语教师之间的能动性与积极性

不同的引领人员，所侧重的层面也必然不同。科研专家对教学理论非常注重，因此在其引领上更注重理论与实践的结合。骨干教师注重教学实践，因此在其引领上更注重具体操作。但无论是哪一种引领，他们都需要较高的引领能力，既能够在理论上进行指导，还能够在具体操作中提供建议。对于普通的大学英语教师而言，他们应该配合专家与骨干教师，对他们给予的建议要认真听取，并择优采纳，从而分析与总结自身的教学问题，对自己的教学活动进行反思，提升自身的专业素质。

（2）英语教师要保证内容、目标等的正确，采用的方法要恰当

英语教师专业发展的总目标在于让他们能够对新知识、新信息予以把握，并且能够在这些新知识、新信息的基础上提升自身的专业素质。不同的英语教师存在着个体的差异，因此在专业发展、水平上也必然不同，因此在进行专业引领时，需要考虑不同教师的具体情况，对不同的教师制定与他们相符的方法，从而实现专业引领的合理性与有效性。

2. 提高教师实施能力

英语教师的教学实施能力是教师专业素养的核心部分，是在教师专业知识的基础上促进教师专业理念、专业智慧生成的根基。开展英语教师教学实施能力训练，必须在扎实掌握英语教师专业知识的基础上，切实将所学的学科知识、教育理论转化为从师任教的行为

方式。

(1) 英语教师教学实施能力的基本认知

英语教师的教学实施能力，指英语教师为保证教学成功，达到预期目的，对整个教学活动进行计划、控制、检查、评价、反馈和调节的能力。这种能力包括三部分内容：第一，英语教师对自己教学活动的事先计划和安排。第二，对教学活动进行有意识的监察、评价和反馈。第三，对教学活动进行调节、校正和有意识的自我控制。

教学活动包括的内容和涉及的因素多种多样。因此，英语教师的教学实施能力也具有多方面的内容和多样化的表现。英语教师的教学若想走在新课程改革的前沿，需要通过课堂实践，探索既符合新课程精神，又符合英语教师自身实际的教学方式，不断提高各方面的能力。

通过提升英语教师教学实施能力的专题实践研究，我们期望在学校的课堂教学中切实实现以下方面的转变：将知识传授为中心转向以学生发展为本；由过去“依教案教学”转向“以学定教”；由过去只关注教学结果转向兼顾结果与过程，特别是关注学习过程中学生获得的自信、养成的科学态度和习惯以及培养出来的人文精神等，这比单纯追求拥有知识的多少更有价值。这样才能最终使广大英语教师基于新课程标准理念下的教学设计，在现实的课堂情境中尽可能高质量地达成课堂教学的目标。

(2) 提升英语教师教学实施能力的机制与保障

其一，制订教学能力自我提升计划。在英语教师教学能力提升培训的基础上，每位英语教师参照评课标准进行自我教学能力的测评，根据结果制订相应的教学能力自我提升计划。通过英语教师教学能力自我提升计划的实施，计划由学期到学年，可侧重每学期重点改进的一个方向，目标分阶段，力求合理化。这让每位英语教师自我的改进方向变得更明确、更具体、易操作、易测评，促使英语教师课堂教学水平明显改进和提高。其二，以英语教师专业发展电子平台为载体，提升教学质量。英语教师专业发展电子平台建立后，要求全体英语教师定期上传自己的教案、案例、教学随笔和论文。电子平台如同档案室，也像阅览室，可以真正的交流，不限地点与时间，实现真正地便捷。在英语教师的成长历程中，电子平台上的教学设计、案例、课例、课件绝大多数是常态课，不像公开课那样遥不可及，具有极强的实效性、真实性。

以前被推广展示的都是公开课的教学设计与课件，但一堂公开课的工作量之大，是日常教学不可能保持的；台前幕后参与的方方面面之多，也是日常教学所做不到的。这就是为什么听讲座报告时心潮澎湃，但过后这份澎湃却因发现不实用或是自身没能内化而烟消云散；听公开课、优质课时，感觉非常好，因欣赏而照搬设计，却发现效果不能复制，因为我们没有看到被呈现的理论、理念的背后，没有机会感受过程，缺乏过程的支持，理解的深度与反思自然不足。在平台上我们可以看到同伴的日常教学，以及互动教研后改进的教学设计与反思，感受整个过程，这份真实、这一过程，对英语教师成长的帮助将更实在，更有效。可以说，电子平台建立之前，教研活动主要是针对公开课；建立电子平台，教研活动转向主要立足于常态课。这样的校本教研、校本培训才真正体现出“校本”的优势、特色及意义。

当然，互联网上也会有许多的案例、课件、教学设计，但由于教材不同，英语教师背景不同，自然没有身边同事教师的东西来得亲切、实在、实用。另外，时常会发生这样一种情况：当我们在教育教学中遇到问题，尤其是课堂突发事件时，往往会第一时间在办公室里发出感叹，但这种感叹大多属于一种即时的情感宣泄，同事的回应大多是与我们的情绪相呼应的，希望能够给我们些许安慰。

这时人们分析问题往往带有极强的主观性和情绪，强调客观原因，归因分析表面化，不能平心静气地从学科知识思维方式、学习方法、学生的视角等方面客观地分析问题的本质，反思性地看问题，更多的时候感叹过后一切归于平静，甚至被遗忘，问题并没有解决，不了了之。敬业的英语教师会把这些写成教学随笔，及时记录下自己的感想、反思、困惑、问题，以备一段时间以后再回顾、梳理，看看是否会有新的感悟或解决策略。但能够定期将自己的教学随感进行重温的英语教师并不多，而且自己的回顾毕竟依然局限于个人的思维。因为按中国人的文化习惯，常态课一般不会主动把教案、教学反思拿给别人看，请别人提意见。有了电子平台后，这一切都在悄然地发生变化……

在以往的教学管理中，要求教师每节课后，至少每个章节教学后，必须完成书面的教学反思，以培养教师养成记录教学反思的习惯。现在如果大家能及时将自己的教学随感写在电子平台上，既可以完成资料的积淀，又便于梳理资料，同时还可避免局限于个人的思维。借助电子平台，同事可以随时浏览，他们瞬间的思维灵感可以与我们形成互动，课题或策略就在这种积淀、梳理、互动中生成了。或许当你在第一时间用语言宣泄时，同事们由于忙于自己的事情，或者由于当时的心境、情绪等，没有什么想法，而浏览电子平台时，由于心境、情绪的不同，思维状态自然也不同，就会有新的思维火花。

电子平台的又一优越性是持续的开放性。它让校本教研可以随时随地进行。也许初看时没有感觉，但当自己在工作中遇到困惑时，哪怕是无意中的浏览，也会引发共鸣，产生交流互动，这也是在平台上开展校本教研的价值所在。尤其是在本校内，因为学生、班级都很熟悉，某种意义上说可谓零距离接触，更易产生共鸣，更具现实意义，更易产生校本研修的课题。

第四节　文化自信视角下英语教材的多维度开发

一、英语教材简述

随着我国改革开放步伐的加快和中国加入 WTO，使用多年的教材反映出了“内容陈旧和忽视对学习者交际能力的培养”等问题。我国大学英语教学面临新的挑战，人们纷纷探求适合我国国情的新的教学路子。教材作为教改的一个重要方面，作为教学思想的一种载体，理应有新的作为。

新的大纲、新的形势，呼唤着新的教材。随着大学英语教学改革的进一步发展，大学英语教材的编写引起了人们更多的关注。大学英语教材的发展呈现出一系列的特点。一方面，教材不断地系统化、层次化、精细化和考试化。大学英语教材的编写从最初全国理工科通用的大学英语教材，到各具特色的大学英语教材；从以大纲为主要依据的教材编写，到结合其他教育政策以及考试大纲的教材编写；从着重培养阅读能力的教材，到各种能力分层培养、各种能力同等重要的教材。这一系列发展变化与大学英语的发展，社会发展、学生英语水平的提高等是分不开的。另一方面，教材在内容、题材和体裁上发生了变化。

随着大学英语教学改革的推进，为了适应社会各界对大学生英语能力的要求，教育部颁布的《教学要求》对大学英语提出的教学目标为“培养学生的英语综合应用能力”。大学英语的改革导致大学英语教材的变化和教学系统的发展。《教学要求》对大学英语教材从编写到发行都产生了深远的影响。

（一）《新视野大学英语》教材

1. 教材简介

《新视野大学英语》是大学英语课的指定教材，也是优秀的外语教材，它开阔了大学英语发展的空间，下面就详细讲解一下它在教材撰写、内容设计和课本制作方面所做出的创新和突破。

其一，拓展了教学内容。《新视野大学英语》与时俱进，开创了网络课程，值得一提的是，网络课程不仅开放所有教学内容，而且内容还极为详细。网络课程上，有大学生必修的基本内容，更贴心的是，网络课程为了使教师能根据自己的教学习惯制订教学方案和制作课件，还专门设计了网上工具，教师可自主修改、完善和增添教学内容。另外，网络课程也考虑到了学生的学习需求，为学生提供了与教材内容有关的学习网址，学生可以根据自己的需求进行学习。在教学上，有教材的基本教学内容和那些被拓展的教学内容两个部分，教师在教学时不能把两个部分都当作重点知识来讲，而应该注重基本的教学内容，进行重点讲解。

其二，理论与实践相结合。从 1980 年开始，我国就从国外引进了许多语言类学科教材和经典著作，各个高校的英语教师也不负众望，他们学以致用，研读过这些教材和名著的理论后，主动把经典理论运用到了课堂中以及自己的学术研究上。编写《新视野大学英语》教材的工作者们，在教学内容撰写、内容设计和教材制作的过程中，很注重科学、正确的理论对于教学实践的指导性作用。为什么要学英语呢？理由很简单，为了与人交流，这也是语言之所以存在的最大意义。因此，语言教学就需要把交流能力和语言知识结合起来。之前，在英语课堂上，教师也会安排一些课堂练习或者组织一些课堂活动，教师这样做的目的，可能是想重点培养一下学生的某一种能力，但是，这种教学模式要想获得成功，更多的还是需要学生使用其他的交流沟通技能。《新视野大学英语》最大的优点就是把提高大学生英语综合使用能力放在了第一位，在教材中，它以应用为教学基础，做到了写、读、说、听多方面的培养。

其三，课堂教学和网络教学相结合。《新视野大学英语》拥有传统课程和网络课程的很多优点，同时拥有英语教学内容传输和学习管理两大教学内容，它在追踪学生学习与练习的过程中，还能自动保存学生的全部学习状况，而且学生还可以随时随地查询学习成绩。另外，网络课程也给教师提供了各个学习阶段的试题库，同时提供了考试流程，安排了考试环境。《新视野大学英语》通过网络技术，弱化了时间和空间对学生学习的限制作用，网络课件设置了电子邮件板块和线上交流互动板块，这一设置，让学生在线上就能和教师、同学进行交流讨论，但是这些都只是对传统课堂教学的拓展、完善及巩固，无法替代课堂教学，师生面对面交流的课堂教学，是所有教学方式中最重要的手段。在出现了网络课程教学，并且教学内容越来越多种多样的状况下，教师在课堂上应当精简教学内容，杜绝重复累赘，要增加课堂上面对面辅导学生的比重。

其四，兼容传统教材、光盘资料和网络课程。《新视野大学英语》教材中兼容了传统教材、光盘资料和网络课程。传统的英语教材，是历年文化精华的总汇，在它的影响下，培育出数不尽的人才。教材都有着一定的编写规则，置课本而不顾，会对传统教学习俗产生许多不利影响。因此，教学课本依然不能被抛弃，它是最基本的教学工具。一方面，教学课本、光盘资料和网络课程的兼容，有利于教学内容的延伸，教学内容由此以书本为起点，以网络为媒介，拓展到了丰富多彩的信息世界里。另一方面，教学课本、光盘资料和网络课程的兼容，使传统的“你教什么我学什么”的模式，逐渐转化到自由选择的教学模式中。这一兼容所引起的教学模式的改变，使学生既可以在课堂上听教师现场教学，又可以根据教学计划，实现网上自学，这种自学不受时间，空间影响，还可以在网络上使用电子邮件、发言、通信等功能，与其他同学互动。

2. 编写依据

《新视野大学英语》在坚持大学英语教学精髓的基础上，引进了国外科学、先进、有效的外语教学理念和模式，兼容了国际一流的教学资源，丰富的教学方法和科学的教学设计，非常有效地提高了大学生的综合应用能力，同时也促使大学英语教学跨出了飞跃性的一步。《新视野大学英语》在设计和编写中遵循以下整体原则：在课程性质上体现工具性与人文性的有机结合。《新视野大学英语》一方面遵循通用英语阶段语言学习规律，采取有效的教学方法，提高学生的英语综合运用水平；另一方面学生学习课本知识和参与一些活动，可以培养学生的思维能力与创造能力，学习知识能让学生明理，让他们在进入社会，认识世界的过程中，能够拥有正确的价值取向，提高对各类文化和知识的理解能力，提高跨文化交际能力，从而实现工具性和人文性的有机统一。

教学目标强调学生的个性化教学需要。《新视野大学英语》根据大学阶段的教学需要，培养出具备综合运用能力的杰出人才。也希望通过这门课程的学习，提高学生的英语水平、增强文化底蕴、提升学习能力、交际能力。该教材共有四个别级，在主题内容、词汇分布和练习形式等方面充分考虑了难度的递进，学校可根据学生的起点水平进行个性化选择，使学生通过不同级别的学习达到通用英语阶段的基本要求或提高要求。

在教学理念上体现“以教师为主导、以学生为主体”。《新视野大学英语》体现了“以教师为主导，以学生为主体”的教学理念，采用丰富多样的练习，激发学生学习兴趣，便于教师灵活指导，选取最佳的教学方法，鼓励学生主动参与，提高课堂教学效果。此外，该教材注重培养学生的学习能力和学习策略，这就需要大学的教学活动完全从“教”转向“学”。经过不断的实践发现，以团队形式开展的学习活动，能指导学生积极参与实践活动，用心去思考。通过讲解新的知识点，学习方法和事实热点，使学生学会正确的方法和思考方式。

在教学手段上体现教学的立体化、个性化与便捷性。《新视野大学英语》充分体现了信息技术给教育模式带来的变革。该教材根据学生学习特点，教师教学习惯和学校教学环境的变化，创建升级版外语数字化教学平台，为教、学、评、测、研，提供全方位的支持，实现课堂教学与自主学习的有效结合。同时，开拓交互式、开放式、移动式的功能和资源，突破了学生学习的时间空间限制，学生可进行自学式的个性化学习，这大大提高了教学的整体学习效率，也提升了学生的学习效果。

3. 教材特色

选材富有时代气息，体现思辨性和人文性。这份教材注重网络技术和当代大学生的生理、学习特点，因此从题材和素材选择上，就比较偏向具有时代色彩的内容，而且选题时也比较关注知识性与趣味性相结合，在知识内容安排上，故意让各个理论相互碰撞，同时也让各个理论相互补充。教学方式上也注重培养学生的创新能力和善于思考的习惯，培养他们用不同的角度、不同的高度去做人做事，以及了解这个五彩缤纷的社会和世界。视听说分册包含丰富的英国广播公司（BBC）原版音（视）频，音（视）频里的对话语言生动，发音正宗，对话场景比较真实贴切，这样的教材设置，不仅能使学生的视野变得开阔，而且能增强学生的理解能力和翻译能力，能让学生发自内心地去喜欢这门语言。

一方面，教学与评估并重，帮助教师实现教学相长。《新视野大学英语》，一方面为教师提供了各式各样的教材资源，教师可以自主选择教学方式和教学资料，同时教师还可以把自己精心制作的教案，教学课件以及教学心得，分享到“Ucreate”专属教师的交流平台，鼓励教师相互学习、取长补短，不断促进英语教学的创新和改进。另一方面，《新视野大学英语》拥有阶段性的与完结性的测评系统，教师可以在教授完一阶段课程后，及时了解学生对所教知识的掌握程度，从而整改教学方式，尝试更多科学有效的教学方法。随时随地的网上交互式学习模式、多元化教学模式、学习测评模式等新的学习模式的探索，可以给教师提供更多的教学思路、研究方向和教学案例，促进教师在教学方面和学术方面的共同发展。

（二）《全新版大学英语综合教程》教材

李荫华、王德明主编的《全新版大学英语综合教程》旨在指导学生在深入研究、学习教材知识内容的基础上，从文章的各个组成部分，进行传统的由听到说、由说到读、由读到写、由写到译的多角度语言训练，旨在提高学生的综合应用能力。这本教材使用了 Eclecticism 的教学模式，使用了基于教学主题的从听到说、由说到读、由读到写、由写到译的多角度综合训练的授课方式。

1. 编写宗旨

《全新版大学英语综合教程》的编写宗旨，是遵守英语教学的根本规则，同时满足学生在英语学习方面的切实需求，做到了课堂教学和课后利用网络自主学习相结合，不但使学生的语言基础变得更加扎实，而且英语综合应用能力也得到了极大的提高，其中听、说、写的能力最为重要，因为在今后的学习、生活和工作中，掌握了听、说、写能力，就可以自如运用英语。

2.《全新版大学英语综合教程》编写的指导方针

《全新版大学英语综合教程》的撰写，采用了我国在英语课程教学过程中逐步探索出来的经典教学方法和经验。详细解读了学生在学习英语的过程中和文化交流中时常发生的一些问题，它引入国外优秀的、有效的教学方法和教学理论，并结合我国目前的教学条件和教学需要加以加工改进，自主进行教材选择和编写。所以，《全新版大学英语综合教程》的编写，统筹了国内和国外教学方法的优点，是一种 Eclecticism 的教学模式。

3.《全新版大学英语综合教程》的编写原则

《全新版大学英语综合教程》的编写，使用了一个单元讲述一个主题的编写形式，主题多半都是来自目前生活中比较热门的话题，这样做的好处是，可以把英语学习融入探讨、思考日常生活发生的各式各样的问题中去，充分利用实践法、交流法的教学规则。当然每个章节的学习主题之间都会有一定的关联。教学素材选用目前英语的通用语体，或者是经典文体。文章用语规范，用词精美，行文生动，文章主题思想可以启迪学生思考；素材多样化，现实生活写照居多，科学类、艺术类、人文历史类都占有一定比例；行文语言中书面语和口语都有兼容。

倡导基础课堂教学与网络教学相结合的创新型教学方式。引入互联网教学模式，不但突破了时间和空间对教学的限制，而且有利于学生自主安排学习，进行语言练习和学习效果检测，也有利于师生互动。但这种模式不能太过死板，必须具备灵活性，因为各个学校之间、各个班级之间的学习状况和学习需求都存在着差异性。因此，网络教学和课堂教学之间应当优势互补、相辅相成，共同促进大学英语教育不断发展进步。

主张学生个性化地安排自己的学习，同时注重教师在教学上的重要作用。教师能否统筹好课堂教学和网络教学，是教学是否有效的关键。课堂教学与课外辅导学习，应当统筹兼顾，教师教学的重点，应引导学生找到正确有效的学习方法以及培养学生的学习兴趣。因为每个大学生都须参加大学英语四六级考试，因此教程中会安排部分四六级考题模拟题型，供学生练习。此外，《全新版大学英语综合教程》参考了四六级的考试题目，设计了“自我测试练习”的板块，帮助学生提前了解四六级考试的题型。课后练习题目的设计，以提高学生理解能力和语言应用能力为基础，刻意改进了我国学生英语学习的薄弱环节，以及完善学生学习的实际需要，提倡交互式的学习模式和阶段性任务的学习模式。

着重培养学生的文化内涵和对世界文化的理解。大学英语从其实质上看，不单纯是一门语言基础学科，而是一门拓宽学生知识层面、开阔视野、接触世界文化的综合性教育学科，兼具方法性和学习性。统筹兼顾由说到读、由读到写、由写到译的多角度语言训练，使大学生在今后的学习、工作和生活中，能较好地去应用这门语言，这不仅是大学英语学习所要达到的目的，也是大学生日后学习、生活、工作的切实需要。要想学习好英语，就必须不断地读和听一定量的教学素材，以达到锻炼的目的。因此，必须把课内课外、线上线下的一系列教学活动结合起来，以全面提高学生由说到读、由读到写、由写到译的全方位应用能力。

二、文化自信视角下英语教材开发的主体与维度

大学英语教材的多维度开发需要考虑两个问题：一是开发的主体是谁？二是开发哪些维度？这两个问题也是大学英语教材多维度开发的要素，下面就做具体分析：

（一）跨文化交际视角下大学英语教材的开发主体

在整个课程教学活动中，教师居于主导地位，对整个教学活动有着重要意义。当然，他们也是教材多维度开发的主体。虽然大学英语教师在展开授课之前都配备相应的教材，但是这些教材内容繁多、零散，因此对于大学英语教师而言，他们不仅需要将教学内容加工成与学生密切相关且操作性极强的任务，还需要激发、组织学生积极参与到具体的课堂教学实践中，引导学生完成学习任务。作为课程的实施者，大学英语教师需要不断适应既定课程，了解与挖掘课程设计者的主旨与意图，从而针对现有学生的水平与接受能力，设计恰当的课程资源，提升自身的教学实践能力。

（二）跨文化交际视角下大学英语教材的开发维度

一般来说，大学英语教师在实际的教学中可以对语言、内容与语境、教学过程、课程管理等层面进行加工与改编。教材的多维度开发也可以参考这些层面，具体总结为如下几个维度：

1. 语言维度

语言是一切教材内容的载体，其涉及的领域非常广泛，大体可以划分为两种：语言内容与语言技能，前者包含语音、词汇、语法、话语、语体，后者包含听、说、读、写、译等。这些内容纷纷呈现于教材的各个角落，并渗透于各种解释、课文、练习中。因此，就语言维度来说，大学英语教材的多维度开发大体需要考虑这几个问题：①教材是否符合学生的学习需求；②教材是否包含语音训练，如连读、重音等的训练；③教材中是否保证了恰当的词汇数量，并且难度是否得当；④教材中词汇的呈现是结构化的呈现，还是任意形式的呈现；⑤教材中包含了那些语法项目，是否设计了专门的语法练习；⑥教材中是否充分覆盖了听、说、读、写、译这些项目，是否考虑了这些项目的融合。

2. 内容维度

就内容维度而言，大学英语教材的多维度开发需要考虑的是其中是否包含情感、文化层面的内容。语言与情境有着密切的关系，语言不能脱离语境而独立存在。如果教材开发者仅仅将语言视作抽象系统，那么这样的教材是很难提升学生在具体语境中的语言能力的。这就要求教材中必须呈现真实的语言运用内容，并融入一定的社会文化主题，这样才能真正提升学生的语言运用能力。

3. 结构维度

语言内容是根据一定的结构进行排列的，但是不管选择何种内容、用何种形式进行排列，都需要考虑学生学习的目的。虽然教材的结构体系可能有所不同，但是其与情境、功能等是紧密结合起来的。也就是说，大学英语教师需要从学生的接受水平、认知能力出发，选择合适的内容组织排列教材，在具体的实践中还要不断调整教材的顺序与进度，以满足学生的实际需要。

4. 能力维度

在交际中，知识与能力有着密切的关系，但是二者的获取途径存在明显差异。知识往往通过呈现、发现等手段获得，即便学生当时学会了，以后也可能会忘记；能力是依靠具体联系获得，学生一旦掌握了，那么就很难忘记。

在大学英语教材的多维度开发中，教师除了设计学生需要的语言知识、社会文化知识，还需要设计相应的语言技能。这是因为，语言技能是学生学习的最终目的。具体来说，大学英语教师应该在教材中呈现听、说、读、写、译这五项技能，并保证听力材料、口语材料的真实性与恰当性、阅读材料的地道性与充足性、写作材料、翻译材料的适切性等。

第五节 文化自信视角下英语教学评价的多元化

当今时代，英语教学改革势在必行，这就需要一套与时俱进的教学评价体系与之相契合。要想形成一套完备的评价体系，除了应用本身的传统评价方式，还需要附加多元的评价体系才能实现。简单来说，就是要考虑当前教学的实际情况，用创新的思维丰富英语教学评价的内容与手段，从而提升英语教学跨文化转型中评价的效果。

一、英语教学评价简述

教学评价在长期的发展过程中形成了相对完善的体系，其中也有很多概念、理论依据为人们所熟知。

（一）教学评价的相关概念解析

教学评价是教学目标得以实施的保障，评价内容、评价方式都会对教与学产生直接的影响。教学评价是英语教学的一个重要组成部分，其有助于提升教师的教学能力与学生的主动性。那到底什么是教学评价？下面对其进行简述：

1. 评价、评估与测试

很多人一提到评价，就将其与评估、测试等同起来，其实三者有着一定的区别与联系。简单来说，测试为评估与评价提供依据，评估为评价提供数据，评价是对教与学效果的整体评估。三者有着紧密的联系，又有着明显的区别。就关系层面来说，三者体现了一种包含与层级的关系。测试充当其他两者的支撑信息。在包含与层级关系的同时，三者又存在明显的区别，具体表现为如下三个层面：

（1）目的层面

三者的目标不同。就某一程度来说，测试主要是为了满足家长、学校的需要，因为他们需要知道自己的孩子或学生的情况，与其他学校是否存在差距。当今社会仍旧以应试教育为主，因此测试为家长、学校提供了很多信息，也是家长、学校关心的事情。评估主要是为了教师、学生提供依据，如学习效果、学习中遇到的问题等，有助于教师提高教学的质量，也有助于学生提高自身的学习效率。评价有助于行政部门制定政策，对教学进行合理配置。可见，三者的作用不同，导致开展的范围与采用的方式也有明显的不同。

（2）数据信息层面

测试所搜集的数据一般是学生的试卷信息，反映的也是学生的语言水平。从学生的语言运用能力来说，有些部分是无法用测试来评判的。评估可以划分为终结性评估与形成性评估两大类，前者依据的是测试，后者依据的是教与学的过程，注重学生对任务的完成、概念的理解等层面。当然，其依据更多的是定性分析，而不是定量分析。评价所依据的信息多为问卷、访谈、测试、教师评估等，是定量分析与定性分析的结合，是一种综合性评估。

（3）展示方式层面

测试的展示方式往往是考试，这在前面已经有所论述，最终结果也通过分数排序来展现。相比之下，评估与评价往往是以鉴定描述或等级划分的方式展现出来。

2. 教学评价的界定

评价在人们的社会活动中广泛存在。有人认为，“评价是确定课程能否达到既定目标的一种手段”。也有人认为，“评价是运用不同的渠道，对学生的相关资料加以收集，并将这些收集的资料与预定的标准相比较，进而做出判断与决策的过程”。还有人认为，“评价是对相关信息进行搜集，综合、分析，从而用这些信息促进课程的发展，对课程的效度、参与者的态度进行评定”。但是，更多的人将评价等同于价值判断。就英语教与学来说，评价指的是学生能否达到某项能力，学生能够实现课程目标，教师的教学与学生的学习能否帮助学生实现既定目标的一种判断手段。

3. 教学评价的划分

由于评价的方式、内容等存在明显的差异，因此对评价的划分也有所不同，具体而言可以划分为如下几种：

（1）过程性评价与目标达成评价

所谓过程性评价，即在学习过程中，对学生的学习活动进行评价与判断，目的在于将学生的学习行为能否与学习目的相符解释出来，用于评判学生能否实现学习目标。评价的内容包含学习策略、阶段性成果、学习方式等。

目标达成评价既可以是对课堂教学目标达成情况的评价，也可以是对单元学习目标达成情况的评价，还可以是对学期教与学目标达成情况的评价，其包含理解类、知识类与应用类三种目标达成评价方式。理解类目标评价方式表现为解释与转化，往往会采用阅读理解、听力理解等方式，或对阅读文本、听力文本进行选择与匹配等。知识类目标评价方式主要表现为对知识掌握情况的评价，并采用再次确认的方式，一般选择填空都属于这类评价方式。应用类目标评价方式即采用输出表达的方法，要求学生根据阅读与听力材料，进行转述或表达。

（2）表现性评价与真实性评价

所谓表现性评价，是指让学生通过完成某一项或者某几项任务，将自身所掌握的知识与技能表现出来，从而对其获得的成就进行评价。简单来说，表现性评价就是通过对学生完成任务的表现情况及获得的成就进行的评价。表现性评价属于一种发展性评价，其核心在于通过学生完成现实的任务，将自身所掌握的知识与技能展现出来，从而促进自身学习的进一步发展。一般来说，表现性评价具有这几点特征：其一，属于教学过程的一部分，其要与课程教学相互整合。其二，其关注的是学生知识与技能的发展，而不是对知识与技能的再次确认与回忆。其三，一般情境都是真实的，需要学生将现实学习中遇到的问题进行解决。其四，学生需要完成的任务一般较为复杂，往往需要学生将多个学科的知识与技能相融合。其五，对于学生的发散性思维是非常鼓励的，也允许不同的学生给出不同的答案。其六，其是形成性评价与终结性评价的结合。综合来说，表现性评价有助于对学生的学习过程与学习结果展开更真实、更直接的评价，能够将学生的文字、口头等表达能力以及想象力、应变能力等很好地展示出来，因此对于英语教学是非常适用的。

所谓真实性评价，是指基于真实的语境，对学生的表现进行评价，是一种要求学生完成真实任务之后，对自身所学知识与技能的掌握与运用情况进行的评价。与表现性评价相比，真实性评价更加强调真实，即任务的真实，一般来说，其任务都是人们现实生活中遇到的问题。

真实性评价也具有表现性评价的那些特征，是表现性评价的一大目标。由于真实性评价要求评价成为教学过程的一个重要组成部分，因此真实性评价也具有形成性评价的特征。同时，真实性评价又注重任务的整体性与情境性，对终结性测试有很大的影响，因此真实性评价又具有了终结性评价的特征。可以说，真实性评价融合了多种评价手段，是多种有效评价手段的结合。

（3）形成性评价与终结性评价

所谓形成性评价，即在教与学的过程中，通过对信息进行收集与整合，进而促进教与学的发展。简单来说，形成性评价即在教学过程中，教师与学生获得反馈信息，对教与学加以改进，让学生真正地掌握知识的系统评价手段。一般来说，形成性评价具有这几个特点：其一，往往作为教与学的一部分而在教与学的过程中呈现。其二，不是将等级划分作为目标，而主要将指导、诊断、促进等作为目标。其三，学生往往充当主体的作用参与其中。其四，评价的依据是在各个情境下学生的表现。其五，通过有效的反馈，教师确定学生的水平是否达到预期。

所谓终结性评价，是一种对教师的教学与学生的学习结果的评价，是在教学结束之后，对教与学目标实现程度所进行的评价。因此，其又可以称为“总结性评价”。从定义中可以看出，终结性评价往往出现在教与学结束之后，用于对目标达成情况进行的评价。因此，这一评价方式有时可以等同于之后要讲述的目标达成评价。

（二）英语教学评价理论基础解析

1. 英语教学评价的功能

英语教学评价能够不断促进学生在学习过程中的成功与进步，从而使学生能够真正地认识自我，促进他们综合能力的发展。另外，英语教学评价能够为教师提供反馈信息，从而不断改进自己的教学情况，提升自身的教学水平。总体而言，英语教学评价有如下几点功能：

（1）导向与促进

英语教学评价应该有助于英语教学目标的实现。我们知道，英语教学评价不仅需要评价学生对知识的掌握情况，还需要评价学生的学习态度、发展潜能等，只有通过综合性评价，学生才能在英语学习中保证积极的态度，从而形成有效的学习策略，并且具备跨文化的意识。英语教学评价应该为英语教学目标服务，这样就要求学生从目标出发，对自己的学习计划加以制订，并不断检验自己的学习方法与学习成果，这样才能将自身的潜力挖掘出来，提升自身的学习效率。因此，英语教学评价对于学生来说有着积极的导向作用。

英语教学评价会对学生日常学习表现\学生学习中获得的成绩、学生学习的情感与态度等展开评价，通过对学生学习的激励，可以帮助学生对自己的学习过程加以调整，让他们逐渐获得自信心与成就感，培养学生之间的合作精神。为了让评价与教学过程有机融合，学校与教师应该采用宽松、开放的评价氛围来评价学习活动与效果，可以建立相应的档案袋等，这样对教师与学生进行鼓励，从而实现评价的多元化。

（2）诊断与鉴定

英语教学评价对教与学的情况进行了整体评判。在教学过程中，学生往往会通过评价量表等对教师的教授情况、学生的学习情况展开检测，这样便于学校、教师、学生了解具体的教与学情况，判断学生学习过程中有无偏差，从而找出出现问题的原因，加以改进与提高。

(3) 反馈与调节

师生通过问卷访谈等，发现教与学中的优点与不足，对教与学过程中的得失进行评价。通过评价，教师以科学的方式反馈给学生，促进学生建立更为全面与客观的认识，为下一阶段的教与学规划内容与策略，有效地开展教与学活动。

(4) 展示与激励

英语教学评价对学生的学习过程是非常关注的，让学生认识到自身学习中的成功之处，不断鼓励自己，获得更大的成功。当然，教师还需要适当地提点学生学习中的错误，让他们产生一种焦虑感，从而更加勤奋地参与到英语学习中。这种正反鼓励方式，都会不断提升学生学习的主动性与积极性。

2. 英语教学评价的原则

在英语教学评价中，还需要坚持一定的原则，这样对于评价的实践有更好的指导意义。以这些评价原则为基准，教师才能更好地制定出与学生实际情况相符合的评价手段与方法。

(1) 主体性原则

所谓主体性原则，即英语教学评价主体需要考虑教学价值主体本身——学生的需求，对教学价值客体进行评价。在学习中，学生处于主体地位，但是传统的英语教学评价仅将教师作为核心地位，认为教师充当的是教育主体的地位，是知识的灌输者，而学生仅是知识的被动接受者，这样导致教学评价主要是针对教师来说的，评价的内容也主要是教师的教学情况。

当前的教学强调有效教学，即发挥学生的认知主体地位，因此教学评价的对象需要从以教师为主导转向以学生为主体，对学生学习情况的评价内容与手段应该从单一转向多元，如对学生学习动机、学习兴趣等都可以进行评价。基于此，教学评价的对象才能转向学生，当然这里并不是说不对教师进行评价，只是说以学生的评价为着眼点，为学生创造更多适合学生学习的环境，对教师的评定标准也是考虑学生来制定的。因此，主体性原则要求将学生作为评价主体，即评价活动以学生的发展作为目标，评价设计要有助于学生的多元化、个性化发展，发挥学生的主观能动作用，帮助学生形成积极的态度，同时不能损害学生的自尊心，要对学生予以爱护与尊重。

(2) 过程性原则

英语教学评价应该坚持过程性原则，这主要体现为两点。其一，要全程性，即评价要在学生学习的全过程得以贯穿。其二，要动态性，即对发展过程加以鉴定、诊断、调控等，对整个过程的发展方向加以把握。英语教学评价对于过程评价非常关注，正是这一点，有助于提升学生的学习兴趣，增强学生英语学习的动机与主动性，从而有助于他们的自主学习。

（3）多样化原则

英语教学评价应该坚持多样化原则，这主要体现为三大层面。其一，评价主体要多样化，即不仅涉及教师，还涉及家长、学生等，通过宽松、开放的评价氛围，对教师、家长、学生的参与予以鼓励。其二，评价形式要多样化，即对学习过程予以关注，要从不同的内容与对象出发，考虑采用自评、互评等评价方式的多元化。其三，评价手段要多样化，即可以是教师观察，可以是学生量表等，教师从不同学生的学习差异与策略出发，采用恰当的评价手段，选择适合他们自己的评价方式，从而彰显学生自身的优势，让每一位学生都可以体会到成功的喜悦。

（4）实效性原则

英语教学评价强调实效性，即主要是从教育的现实意义与评价行为等层面考量的，其要求在具体的评价实践中，能够将评价的实用价值体现出来。英语教学评价的实效性原则体现在评价方式上是非常方便的，即不要使用烦琐的程序，但是要保证评价的时机与质量，因此在设计评价内容与方式时，不能与英语教学的目标相脱离，要非常关注评价之后产生的实际效果。

（5）发展性原则

英语教学评价应该为学生的发展服务，注重学生信心的树立，发现学生发展过程中所出现的问题，通过反馈对这些问题进行解决，促进他们更好地向前发展。对于发展性原则，一般包含以下几点：

其一，发展性原则要求英语教学评价应该从学生主体出发，将学生的需求作为出发点与落脚点。其二，发展性原则要求英语教学评价的目的是促进学生的发展，即只要是对学生发展有利的层面，任何手段与技术都可以运用其中。其三，发展性原则要求英语教学评价对每一位学生的个性特点与原有基础有所把握与关注，从而为每一位学生获得最佳的发展而做出努力。

通过评价，教师才能更好地引导学生对学生的原有基础、认知水平等进行鉴定，认识自己在发展过程中的不足，从而有针对性地进行改进与调整，对自己的学习过程进行优化，使学生获得最佳的发展。除此之外，发展性原则还要求教师对学生的态度、情感等进行关注，以帮助学生形成正确的价值观。

二、文化自信视角下英语文化教学评价方法多元化的必要性

（一）传统教学评价落后于前沿理论

目前，我国教育体系已经进行了多方面的改革，取得了较大的成果，这导致传统教学评价已经落后于当前的教学系统，表现在重视结果、轻视过程；重视定量，轻视定性；重视教师、轻视学生。

1. 重结果、轻过程

在传统英语教学中，教师多使用终结性评价方式来评价学生，很少使用形成性评价方式。利用终结性评价，教师往往只重视对结果的评价，无法对学生学习过程中的情况进行把握。换言之，教师只有在期中、期末考试中才能了解学生掌握知识的情况，是否达到了学习目标，而对学生学习过程中的学习情况丝毫不知情。此外，期中、期末考试题目设计有限，教师并不能把一个学期所讲授的所有内容都放在考试题目中，因而所选择的考试题目或许存在片面性、偶然性，这对于学生的整体学习而言都是极其不利的。

2. 重定量、轻定性

在传统英语教学评价中，教师往往只重视定量评价学生，完全忽视了从定性层面来评价学生。虽然定量评价具有一定的优点，如可以准确反映评价对象的学习成果，并且方便对评价成果进行统计与分析，然而对于学生学习过程中并不能进行量化的内容，定量评价就无法进行合理评价，所以想要全方位对学生展开评价，就不能仅采用定量评价方式，而需要将定量评价与定性评价相结合来进行。然而，定性评价在大学英语教学中受到的重视程度依然不够，还需要教师在这方面为其努力改进才可以。

3. 重教师、轻学生

在传统教学与评价过程中，教师都是主体，是不可或缺的部分，教师对于学生而言，始终处于居高临下的地位，学生往往被动或者被忽略，这对于学生自主学习积极性的培养来说是十分不利的。

（二）传统教学评价难以适应时代发展

在我国英语教学的发展过程中，很长一段时间采用的都是应试教育方式，教学评价的目的很明确，即选拔人才，将考试作为评价教师教学成果以及学生学习成绩的重要方式。然而，时代在发展，社会在进步，全球化格局的形成将世界上的各个国家带入一个多元化

的格局中，各国文化都进行着前所未有的交流与碰撞。另外，科学技术也飞速发展，将人类带入信息化时代。在这样的发展趋势下，我国应试教育的弊端也越来越明显。应试教育不合理的评价方式导致英语教学评价内容的不全面，仅重视学生学习中认知的发展情况而忽视智力的发展情况。事实上，兴趣、态度、情感、习惯等非智力因素对学生的英语学习产生着重大影响。如果在教学过程中仅重视对语言知识的学习，忽视对语言能力的培养，那么就会造成学生只是记住了英语知识，并不能将这些英语知识运用到具体的交际实践中。由此可以看出，对传统英语教学评价进行改革十分必要。

三、文化自信视角下英语教学评价多元化的体现

评估反映的是大学英语教学的目标和内容，而文化评估必然反映的是大学英语文化教学的目标和内容。当前，文化评估是大学英语文化教学中的薄弱环节，也是最难解决的问题，其主要原因有两点：一是缺乏一套与真实文化能力相关，同时又能被观察与分析的教学目的；二是传统大学英语教学中评估的思想和方法过于陈旧，亟待更新。基于这些问题的存在，对大学英语文化教学中评估的内容进行分析显得尤为重要。

（一）评估文化意识

在大学英语教学中，培养学生的文化意识显得十分必要，因为这样有助于学生在跨文化交际实践中了解不同背景下人们的行为方式，对他国文化有所了解，并采用积极的心态对他国文化进行学习与认知。因此，大学英语教学评估的内容必然包含文化意识评估这一项。

（二）评估文化知识

在跨文化交际视角下，文化知识评估也是大学英语教学评估的一项重要内容，具体表现为两点：其一，交际双方的社会文化知识。其二，交际双方在交际过程中，需要运用到的对交际进程加以控制的社会文化规则等知识。

（三）评估文化技能

除了文化意识与文化知识，文化技能评估也是跨文化交际视角下大学英语教学评估的一项重要内容，具体包含两点：其一，对两种文化进行理解与说明的技能。其二，对新信息得以发现并在交际中得以运用的技能。

四、文化自信视角下英语教学评价方法创新的表现

（一）文化意识评价的方法

1.“社会距离”量表

在跨文化交际中，文化背景不同，学生的社会心理距离也必然存在差异，社会距离量表就是对他们进行的社会心理距离测试。

2. 问卷评价

在跨文化交际视角下，问卷评价是一种常用的评价方式，主要对学生的自尊心进行检测。一般来说，问卷评价的方式可以是口头的，也可以是书面的，受试者通过回答同意与不同意来进行测试。

3. 单一文化态度评价

单一文化态度评价是由格赖斯提出的，受试的题目是对多种态度的描述，受试者需要根据自身情况来进行评判。

（二）网络系统文化评价法

在网络影响下，英语文化教学评价体系也得到了进一步完善与发展。当前，基于网络技术构建的英语文化评价系统有如下几个方面：

1. 网络实时评价系统

网络实时评价系统以网络通信手段为依托，通过利用文字、图像、音频、视频等方式进行相互交流，在沟通过程中实现具体的评价。利用这一评价系统，学生可以不再受时间、空间方面的限制，及时获取教师的有效反馈。这一系统可以帮助教师有效监控、管理学生的学习，可以大大提升学习效率。

2. 网络考试系统

网络考试系统通常涉及针对学生的考试系统、题库系统、自动批阅系统等。学生可以随时随地登录这一系统，通过从题库中抽取试题进行回答，在完成之后就会给出结果，系统会对学生的题目回答情况进行评判。教师可以利用这种系统进行阶段性测试或者综合性测试，学生也可以自由控制题型、时间、难度等。网络考试系统通常可以自动生成答案，并且给出评估报告，对学生的学习风格、学习效果、学习倾向等进行汇报。

3. 网络答疑系统

网络答疑系统一般包括在线讨论、互动交流两种形式。当前，很多外语教学网站中都设置了在线互动讨论区，学生在这个讨论区中可以自由发帖发表自己的学习看法与成果，并通过回帖与其他学生进行沟通与互动。网络答疑系统可以对学生提出的知识难点进行记录，教师可以通过系统记录的难点分析学生的学习情况，进而发现自己教学中存在的问题，及时调整与改变教学策略。通过网络答疑系统的搜索引擎功能，学生可以通过关键字搜索等技术快速得到问题的答案。

4. 网络多媒体考试系统

网络多媒体考试系统是针对网络在线考试系统的进一步改进之后所形成的。在传统文本考试的试卷上，网络多媒体考试系统增加了一些多媒体数据，如音频、视频、图像、漫画等，利用虚拟现实技术组建虚拟的考试环境，非常适合运用到英语网络教学评价中，网络多媒体考试系统使得全面、多元的评价成为可能。

参考文献

[1] 蔡玲. 大学英语教学实践探索 [M]. 长春：吉林文史出版社，2021.

[2] 陈璐，罗颖，汪银萍. 英汉文化翻译教学与实践研究 [M]. 广州：广东旅游出版社，2021.

[3] 李延林，钟佳，刘亚梅. 论英汉语言和翻译的理论与实践 [M]. 西安：三秦出版社，2021.

[4] 丽娜. 大数据驱动下的大学英语教学革新与探索 [M]. 长春：吉林人民出版社有限责任公司，2021.

[5] 李琨，吴碧宇. 大学英语案例教学实践探索 [M]. 郑州：黄河水利出版社，2021.

[6] 杨岸青，李淑琼. 英语语言文学与学科教学研究 [M]. 北京：知识产权出版社有限责任公司，2021.

[7] 王永祥，朱有义. 主体间性教学模式视域下的大学英语教学改革 [M]. 苏州：苏州大学出版社有限公司，2021.

[8] 张云鹤，黎海情. 跨文化交际研究 [M]. 成都：电子科技大学出版社，2020.

[9] 徐坤. 当代英语文学翻译研究 [M]. 成都：电子科技大学出版社，2020.

[10] 史艳云. 大学英语中的跨文化交际 [M]. 长春：吉林人民出版社，2020.

[11] 朱光好. 中国文化与大学英语教育融合研究 [M]. 北京：北京交通大学出版社，2020.

[12] 许丽云，刘枫，尚利明. 大学英语教学的跨文化交际视角研究与创新发展 [M]. 北京：中国商务出版社，2020.

[13] 李爱华. 认知隐喻视角下的大学英语教学研究 [M]. 长春：吉林出版集团股份有限公司，2020.

[14] 蔺蕴洲，史雨红. 大学英语文化教学理论阐释及创新视角研究 [M]. 长春：吉林大学出版社，2020.

［15］余玲．文学翻译与大学英语教学［M］．北京：原子能出版社，2019.

［16］李婷．跨文化交际研究与高校英语教学创新探索［M］．北京：九州出版社，2019.

［17］罗海燕，王湛，宋玉芳．英语翻译理论与教学研究［M］．长春：吉林出版集团股份有限公司，2019.

［18］何树勋．跨文化交际下的大学英语教学改革模式研究［M］．成都：四川大学出版社，2019.

［19］卢璨璨．英语翻译教学方法理论研究［M］．天津：天津人民出版社，2019.

［20］张富庄，董丽．当代高校英语翻译教学研究［M］．长春：吉林人民出版社，2019.

［21］周榕，郭沫，秦波．英语翻译与语言学［M］．合肥：安徽师范大学出版社，2019.

［22］刘涵．英语人才跨文化交际能力研究［M］．北京：知识产权出版社，2019.

［23］张雪莉．文化自信视角下英语教学中跨文化交际能力培养路径探索［M］．北京：九州出版社，2020.

［24］慕爱静．英语教学中跨文化交际能力培养研究［M］．北京：北京工业大学出版社，2019.

［25］范燕华，米锦平．跨文化交际研究与翻译行为策略［M］．重庆：重庆大学出版社，2020.

［26］黄净．跨文化交际与翻译技能［M］．天津：天津大学出版社，2019.

［27］李攀攀．跨文化交际与翻译理论研究［M］．长春：吉林大学出版社，2019.

［28］阮国艳．跨文化交际英语教学与研究［M］．北京：中国纺织出版社，2020.

［29］郭晶晶．跨文化交际与英语教学的融合研究［M］．北京：北京工业大学出版社，2019.

［30］张健坤．跨文化交际英语教学与研究［M］．北京：冶金工业出版社，2019.